U0948927

# “一带一路”西亚北非国家技术性贸易措施指南

林春贵 李志勇 李冠斯 魏 霜 主编

中国质量标准出版传媒有限公司
中 国 标 准 出 版 社

北 京

**图书在版编目（CIP）数据**

“一带一路”西亚北非国家技术性贸易措施指南 / 林春贵等主编．—北京：中国质量标准出版传媒有限公司，2019.12

ISBN 978-7-5026-4726-1

Ⅰ.①一…　Ⅱ.①林…　Ⅲ.①对外贸易—技术贸易—中国、西亚—指南 ②对外贸易—技术贸易—中国、北非—指南　Ⅳ.①F752.67-62

中国版本图书馆 CIP 数据核字（2019）第 164524 号

中国质量标准出版传媒有限公司
中　国　标　准　出　版　社　出版发行

北京市朝阳区和平里西街甲 2 号（100029）

北京市西城区三里河北街 16 号（100045）

网址：www. spc. net. cn

总编室：（010）68533533　发行中心：（010）51780238

读者服务部：（010）68523946

中国标准出版社秦皇岛印刷厂印刷

各地新华书店经销

*

开本 787×1092　1/16　印张 12.75　字数 225 千字

2019 年 12 月第一版　　2019 年 12 月第一次印刷

*

定价：65.00 元

# 编 委 会

# 前　言

2013年9月和10月，习近平总书记分别提出建设“新丝绸之路经济带”和“21世纪海上丝绸之路”的倡议构想。2015年，国家发展改革委、外交部和商务部联合发布《推动共建丝绸之路经济带和21世纪海上丝绸之路的愿景与行动》，标志着“一带一路”建设进入了全面推进阶段，该文件指出要“降低非关税壁垒，共同提高技术性贸易措施透明度，提高贸易自由化便利化水平”。

技术性贸易措施是时下变动最频繁、最难应对的贸易壁垒。随着经济全球化和贸易自由化的推进，技术性贸易措施以其名义上的合理性、技术上的先进性、形式上的复杂性、手段上的隐蔽性，逐步取代传统的关税和非关税壁垒成为新的主要贸易障碍。联合国贸易和发展会议《2018年贸易政策重要数据及趋势》报告指出，2017年技术性贸易壁垒（TBT）影响到70%的世界贸易，卫生与植物卫生措施（SPS）几乎影响了所有农产品贸易。

西亚北非地处“一带一路”的重要节点，其各国是我国推进“一带一路”建设的重要合作伙伴。但随着贸易往来日渐频繁，以技术性贸易措施为代表的贸易保护手段也逐渐增多。自1995年至2018年底，西亚北非各国共提交了5543件TBT通报和1444件SPS通报。《中国技术性贸易措施年度报告（2018年）》显示，因西亚国家技术性贸易措施导致我国出口产品被国外扣留、销毁、退货等直接损失额达50.9亿元，为适应进口国要求进行技术改造、检验、建议、认证等新增成本达28.0亿元。

本书由7章组成。第1章介绍本书的背景和意义，对技术性贸易措施的相关研究进行了简单阐述。第2章介绍西亚北非贸易及技术性贸易措施概况，包括中国出口西亚北非贸易额及发展趋势、TBT/SPS通报和特别贸易关注情况。第 3 章分国别介绍西亚北非技术性贸易措施体系，包括管理机构和职责、法律法规和标准体系、监管机制等。第 4 章分机电、纺织、化工、食品、动物产品和植物卫生六大重点领域介绍西亚北非技术性贸易措施。第 5 章对西亚北非各国技术性贸易措施典型案例进行剖析。第 6 章介绍我国应对西亚北非技术性贸易措施现状及存在的问题。第 7 章分政府、行业协会和企业三个层面提出我国应对西亚北非技术性贸易措施的对策建议。

在本书编撰出版的过程中，得到了海关总署国际检验检疫标准与技术法规研究中心、汕头海关和广州海关的指导和大力支持，在此一并表示衷心的感谢。由于西亚北非技术性贸易措施资料极其缺乏，且时间仓促，编写水平有限，书中难免有疏误和纰漏之处，敬请广大读者、专家和同仁予以批评指正。

编　者

2019 年 5 月 1 日

# 目 录

# 第 1 章　导　论

## 1.1　背景与意义

西亚北非指古丝绸之路经过的西亚北非 16 个国家，即沙特阿拉伯、阿联酋、阿曼、伊朗、土耳其、以色列、埃及、科威特、伊拉克、卡塔尔、约旦、黎巴嫩、巴林、也门、叙利亚、巴勒斯坦。西亚北非地处“一带一路”的重要节点，其各国是中国推进“一带一路”建设的重要合作伙伴。中国与西亚北非各国交往历史悠久，汉唐时期的丝绸之路，联通了中国与中东地区的贸易往来，丝绸、香料等商品得以出现在西亚北非各国和中国广州、泉州、宁波等重要港口，促进了东西方文化经济的交流融合。

进入 21 世纪，以海湾国家为代表的西亚北非经济体总体经济增速迅猛，近十年国内生产总值（GDP）一直在 5% 到 7% 区间内稳步上涨。从 2008 年到 2017 年，中国对西亚北非贸易出口额由 753.43 亿美元增长到了 1261.83 亿美元，增长了 67.5%。十年间，中国出口西亚北非贸易额的增长率有 3 年高于同期出口增长率，尤其在增速大幅度放缓的 2014 年，出口西亚北非贸易额的增长率是同期出口增长率的 3 倍。西亚北非国家已成为中国“一带一路”倡议下重要的外贸合作伙伴。

随着经济全球化和贸易自由化的推进，国外技术性贸易措施每年对我国出口造成较大的经济影响。有关数据显示，中国加入世界贸易组织（以下简称 WTO）以后，技术性贸易措施每年对我国出口额的影响约为 450 亿美元 ~500 亿美元。西亚北非主要贸易国所发布的技术性贸易措施对我国也有严重影响，埃及 2016 年 3 月 17 日发布的进口产品新规（992 号令）正式生效，我国摩托车、电风扇、家具、灯具、罐头等超 30 亿美元出口产品受到影响；2016 年 7 月 1 日，海湾阿拉伯国家合作委员会（简称海合会，GCC）7 个成员国（包括阿联酋、阿曼、巴林、卡塔尔、科威特、沙特阿拉伯、也门）发布《海合会低电压电气设备技术法规》，将家用电风扇、冰箱等 13 类家电产品列为该法规强制认证目录，此后均需完成认证并标记海湾合格标志方可进入海合会国家市场，新规将冲击我国家电产品逾 100 亿美元。《中国技术性贸易措施年度报告

（2018 年）》显示，因西亚国家技术性贸易措施导致我国出口产品被国外扣留、销毁、退货等直接损失额达 50.9 亿元，为适应进口国要求进行技术改造、检验、建议、认证等新增成本达 28.0 亿元。然而，当前中国对技术性贸易措施的研究绝大部分集中在欧美日韩等发达国家和地区，涉及西亚北非的研究极少。随着“一带一路”倡议的实施，西亚北非市场的重要性将日益凸显。加强西亚北非技术性贸易措施的研究，有助于服务企业开拓西亚北非市场，促进我国外贸健康持续发展。

## 1.2 技术性贸易措施及相关概念介绍

### 1.2.1 技术性贸易措施

“技术性贸易措施”是我国自创的非世界贸易组织词汇。从内涵看，技术性贸易措施是指 WTO 规则允许的出于保护人类、动植物生命和健康、保护消费者权益、保护环境、保护国家安全、反欺诈等合法目标而制定的必要的技术法规、标准、合格评定程序、动植物卫生和食品安全等措施。从外延看，是《技术性贸易壁垒协定》（TBT 协定）和《实施卫生与植物卫生措施协定》（SPS 协定）管辖的影响货物贸易的技术措施。

### 1.2.2 《技术性贸易壁垒协定》（TBT 协定）

《技术性贸易壁垒协定》是 WTO 管辖的一项多边贸易协定，是在关贸总协定东京回合同名协定的基础上修改和补充的，由前言和 15 条及 3 个附件组成，主要条款有：总则、技术法规和标准、符合技术法规和标准、信息和援助、机构、磋商和争端解决、最后条款。

### 1.2.3 《实施卫生与植物卫生措施协定》（SPS 协定）

《实施卫生与植物卫生措施协定》是 WTO 管辖的一项多边贸易协定，在《1994 年关贸总协定》第 20 条第 2 款内容基础上进一步细化，由 14 条 42 款及 3 个附件组成，主要条款有：各成员方在实施卫生与植物卫生措施方面的权利和义务、各成员方之间采取有关措施的协调、风险评估制度的建立和适当的卫生与植物卫生保护水平的确定、适应地区条件，包括适应病虫害非疫区和低度流行区的条件、透明度、对发展中国家成员方的特殊和差别待遇、管理机构及争端解决等。

## 1.3　技术性贸易措施相关研究介绍

《2012年世界贸易报告》以“贸易与公共政策：近距离观察21世纪的非关税措施”为主题，是WTO历史上第一次以技术性贸易措施TBT/SPS为重点，剖析非关税贸易措施现状、趋势、影响，并呼吁各国共同努力增加非关税措施的透明度，减少非关税措施中的贸易保护主义的文件。时任WTO的总干事拉米认为，非关税措施越来越关注公共目标的实现，而非保护本国企业。随着公共政策议题的不断发展，非关税措施不会像关税措施那样逐年下降，而是一个逐渐上升的过程，其重要性不会随时间的推移而削弱，并指出，今后各国能否在技术性贸易措施等非关税措施领域开展有效的合作，将是WTO面临的主要挑战之一[①]。

技术性贸易措施起源于何时何地已无从考证，但可以确定的是，其具有现代意义，源于近代国际贸易的兴起，当一国对另一国产品进行检验时，技术性贸易措施就已运用于贸易实践中。

关于技术性贸易措施的动因，WTO（2017）认为，相比于关税和其他政策工具，技术性贸易措施等非关税壁垒的不透明度有助于政府隐藏真正的政治动机，从而保持追求公共利益政策的形象。此外，一个国家在贸易协定中做出的承诺将约束其执行某些贸易政策的能力，这样未被规制的措施就有可能作为一项保护或支持国内产业的辅助手段。由于WTO的例外规定，TBT/SPS措施被广泛应用。杨波（2007）用博弈论和经验检验的方法进行了分析，认为技术水平发展的不对称导致国家间技术性贸易壁垒通报数量的差距，指出政府干预仅仅是技术性贸易壁垒形成的重要步骤和外在因素，技术水平差异才是技术性贸易壁垒形成的内在原因[②]。Thomsbury（1998）通过一个政治经济模型，指出政策选择是利益最大化的生产者、消费者和政府决策者的内生行为，市场结果是经济个体行为作用的均衡解，技术性贸易壁垒政策的形成是追求利益最大化的利益集团与追求自身偏好的政府互相作用最终达到均衡的结果[③]。邓雪琴

---

① WTO.WTO Annual Report2012［DB/OL］. https：//www.wto.org/english/res_e/publications_e/anrep12_e.htm，2016-06-01.

② 杨波.技术性贸易壁垒成因：博弈与实证分析［J］.世界经济研究，2007，（10）：41-47.

③ Thomsbury Suzanne.Technical Regulations as Agrad-turad Trade，Phd Dissertation of Virginia Polytechnic Institute and Stare University，1998.

(2014)通过模型假设得出“贸易保护主义的技术性贸易壁垒形成的根本原因在于其隐蔽性从而较好地替代了关税壁垒”的结论[①]。谢娟娟(2007)认为，经济发展水平的差异和科学技术的不断发展是其产生的客观基础，保障人类健康和生态环境合法目标是其产生的“合法”原因，战后多边贸易体制使传统贸易保护措施受到抑制使其重要性进一步凸显，发达资本主义国家农业生产的过剩和对夕阳产业的保护也是重要的原因之一[②]。

关于技术性贸易措施的影响效应，国际贸易中心(ITC)在11个发展中国家进行的商业调查结果显示，2010年，在被出口商视为负担的所有非关税措施中，TBT/SPS措施占48%，位居第一[③]。原国家质检总局随机抽取分布于全国31个省(市)、自治区的5051家出口企业，就2016年度国外技术性贸易措施对我国出口企业的影响进行了问卷调查，结果显示，2016年度，我国有34.1%的出口企业受到国外技术性贸易措施不同程度的影响。全年出口贸易直接损失额为3265.6亿元，占同期出口额的2.4%。企业因国外技术性贸易措施而新增加的成本为2047.4亿元，占同期出口额的1.5%[④]。此外，有大量学者运用均衡分析和引力模型对技术性贸易措施的影响进行定性或定量分析，如陈晓娟[⑤](2014)和徐维[⑥](2011)等。

关于技术性贸易措施应对策略，徐战菊、李柏洲(2009)认为，一是要充分利用国际贸易规则，积极参加通报评议、国标标准制定等相关领域的国际活动，二是要完善技术性贸易措施体系，三是要加大政策研究、人才培养、检验检疫等基础建设[⑦]。蔡宋宇(2003)提出，利用非政府行为构筑我国的技术性贸易壁垒，逐步构建起政府机构以行政指导和宏观调控为主，非政府机构以标准制定和适用为主的分层技术贸易壁垒体系，充分发挥非政府机构在技术标准和认证制度方面的积极作用，把一些与行业

---

① 邓雪琴.技术性贸易壁垒的经济和贸易效应[D].广州：暨南大学，2014.

② 谢娟娟.技术性贸易壁垒研究——理论、实证、对策[M].北京：中国财政经济出版社，2007，21.

③ WTO.WTO Annual Report 2012[DB/OL].https://www.wto.org/english/res_e/publications_e/anrep12_e.htm.2016-06-01.

④ 中华人民共和国国家质量监督检验检疫总局.中国技术性贸易措施年度报告(2017)[M].北京：中国质检出版社，2017：150-177.

⑤ 陈晓娟，穆月英.技术性贸易壁垒对中国农产品出口的影响研究——基于日本、美国、欧盟和韩国的实证研究[J].经济问题探索，2014，(01)：115-121.

⑥ 徐维，贾金荣.技术性贸易壁垒对我国农产品出口的影响——基于引力模型的实证研究[J].中国经济问题，2011，(02)：45-51.

⑦ 徐战菊，李柏洲.技术性贸易措施发展的新趋势及我国宏观管理对策研究[J].中国软科学，2009(09)：68-74.

技术紧密相关的、非强制性的工作交给非政府机构来完成[①]。邓雪琴（2014）认为，签订国际技术法规和标准互认条约是解决技术性贸易壁垒的较好方式。从WTO/TBT协定及其他自由贸易区的技术性贸易壁垒协定来看，大部分都要求缔约方尽可能统一技术法规、标准和合格评定程序，或实现技术法规标准的互认或对等化，或互认合格评定结果，并保持缔约方之间技术法规和标准的透明度[②]。

关于西亚北非技术性贸易措施系统性的研究几近空白，现有的研究集中在标准体系、认证和具体的技术性贸易措施。阮裕铭（2013）旨在对海合会技术性贸易措施的技术法规、标准与合格评定程序及其特点进行剖析，系统地为产品出口到海合会国家提供技术支持和对策建议，有利于我国出口海湾国家对外经济贸易形成可持续发展的良好态势[③]。EZGI CANPOLAT（2016）分析了“一带一路”倡议背景下中国与土耳其合作面临的机遇与挑战。在挑战和问题层面，从政治和经济层面考察了中国与土耳其合作缺失的因素，继而分析了中国与土耳其双方不同的期待以及其他大国的影响，并探析了解决问题的几种路径。同时，分析了该倡议背景下中国与土耳其可能获得的收益和面临的机遇，考察了该倡议对于两国的多边经济与文化合作等方面的影响。另外，探析了中国和土耳其双边关系上升为战略伙伴关系后，该倡议对双方经济、能源和地缘政治领域可能产生的影响[④]。刘春卉（2016）阐述了埃及的技术性贸易措施的形式和主要内容，将形成贸易壁垒的埃及标准与我国标准进行了比较，并针对与埃及有出口和投资贸易合作的企业提出对策建议[⑤]。童生华（2010）研究了埃及的标准体系、质量管理体系和认证制度，对准入要求进行概要介绍[⑥]。李晓峰（2015）研究了沙特阿拉伯标准局认证的市场准入、流程及能效要求[⑦]。具体的技术性贸易措施如沙特阿拉伯坐便器标准[⑧]（赵江伟，2016）、家用插头及插座标准[⑨]（颜卓，2010）、冰箱能效标准[⑩]（董文

---

① 蔡宋宇.技术性贸易壁垒中的非政府行为研究［J］.国际贸易问题.2003，（03）：19-23.

② 邓雪琴.技术性贸易壁垒的经济和贸易效应［D］.广州：暨南大学，2014.

③ 阮裕铭.海合会技术性贸易措施体系初探［J］.中国检验检疫，2013（01）：15-16.

④ EZGI CANPOLAT.“一带一路”倡议下中国—土耳其关系发展分析［D］.吉林：吉林大学，2016.

⑤ 刘春卉.埃及技术性贸易措施分析研究［J］.中国标准化.2016（11）：15-18.

⑥ 童生华.埃及的标准体系与认证制度概况［J］.标准科学，2010（07）：76-79.

⑦ 李晓峰.海上丝绸质量不能不知道的沙特认证制度［J］.质量与认证，2015（06）：35-37.

⑧ 赵江伟，刘亚民，罗兰华，等.各国坐便器用水量及冲洗功能测试方法的研究［J］.佛山陶瓷，2016，26（06）：47-50.

⑨ 颜卓，李百胜，楼健松.沙特家用插头及插座新标准与我国标准技术差异浅析［J］.检验检疫学刊，2010，20（01）：52-54.

⑩ 董文惠.冰箱沙特能效标准换版解析［J］.日用电器，2015（06）：44-46.

惠，2015），以色列电动玩具安全标准[①]（中国 WTO/TBT 通报咨询中心，2011）等。西亚北非作为“一带一路”倡议的重要地区，技术性贸易措施相关研究远不如东盟、中东欧、中亚和北亚等其他“一带一路”区域。

现有研究多集中于欧美日等发达国家和地区实施的技术性贸易壁垒对我国出口的影响，而西亚北非作为近年来我国越来越重要的出口贸易伙伴，作为“一带一路”倡议的重要地区，现有相关研究较少，而系统性研究其技术性贸易措施体系、分析我国出口各行业受西亚北非技术性贸易措施影响的研究更是少之又少。

---

① 以色列修订玩具安全标准 G/TBT/N/ISR/500—501［J］. 中国标准化，2011（06）：99.

# 第 2 章　西亚北非贸易及技术性贸易措施概况

## 2.1　2008 年—2017 年中国出口西亚北非贸易情况

2017 年，外需经济有所回暖，中国出口西亚北非 1261.83 亿美元，同比增长 2.5%。近十年，中国出口西亚北非贸易额增长了 67.5%，年增长率 5.9%。除 2009 年受美国次级信贷危机影响下降 14.3%，2015 年及 2016 年开始受外需低迷影响下降外，中国出口西亚北非贸易额一直保持稳步增长。见图 2–1。

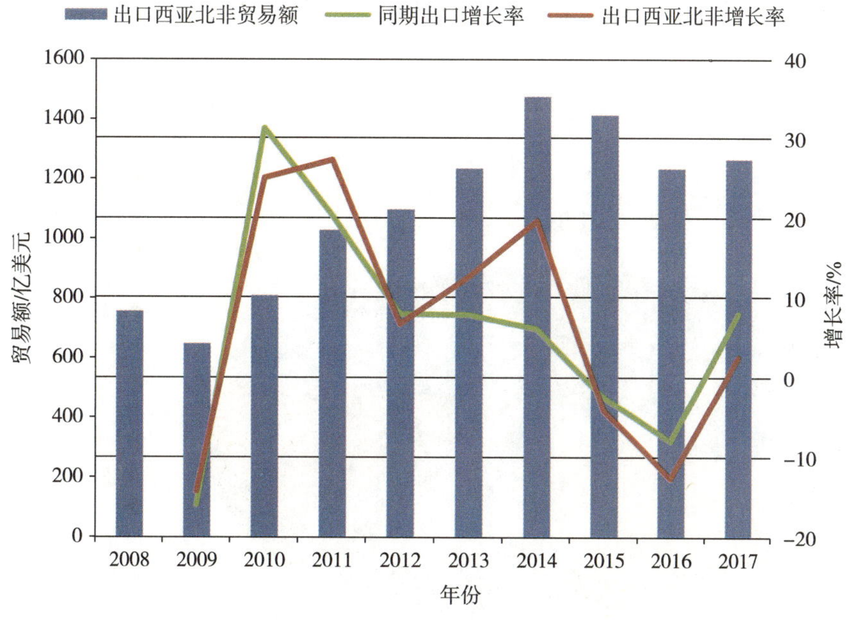


图 2–1　近十年中国出口西亚北非贸易额

近十年，中国出口西亚北非贸易额占出口的比例从 5.3% 增长到 5.6%，十年内有 5 年的比例略微下滑，其余年份均是增长，尤其 2014 年出口占比达到 6.3%，为近十年最高。2015 年—2017 年出口占比有所下滑。见图 2–2。

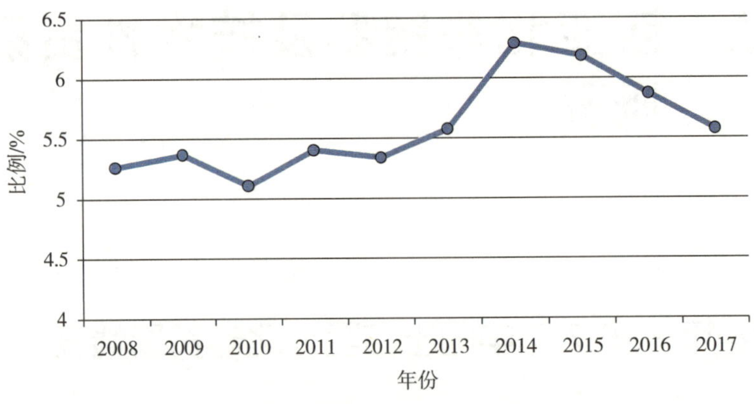


图 2-2　近十年中国出口西亚北非贸易额比例

2017 年，中国出口西亚北非货值前五位的国家依次是阿联酋、伊朗、沙特阿拉伯、土耳其和埃及，占出口西亚北非货值的 74.0%。其中，出口阿联酋 287.2 亿美元，占比 22.8%；出口伊朗 185.8 亿美元，占比 14.7%；出口沙特阿拉伯 183.8 亿美元，占比 14.6%；出口土耳其 181.2 亿美元，占比 14.4%；出口埃及 94.9 亿美元，占比 7.5%。见图 2-3。

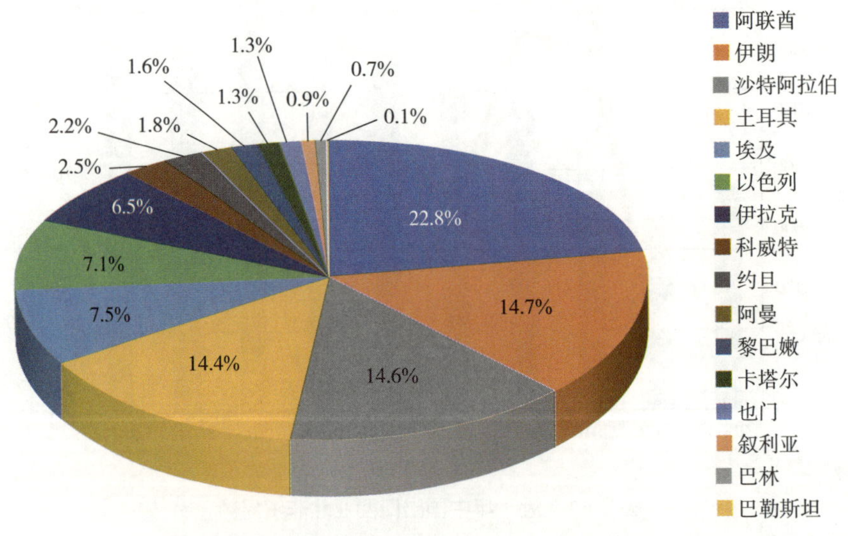


图 2-3　2017 年中国出口西亚北非贸易额比例

近十年，中国出口贸易额年增长率最高的是伊拉克（23.2%），其次是阿曼（12.6%），第三是伊朗（9.5%）。贸易额一直位列中国出口西亚北非贸易额前四位的国家分别是阿联酋、伊朗、沙特阿拉伯和土耳其，其中阿联酋一直占据中国出口西亚北非各国贸易额首位，但与其他各国的贸易额差距逐渐缩小。见图 2-4。

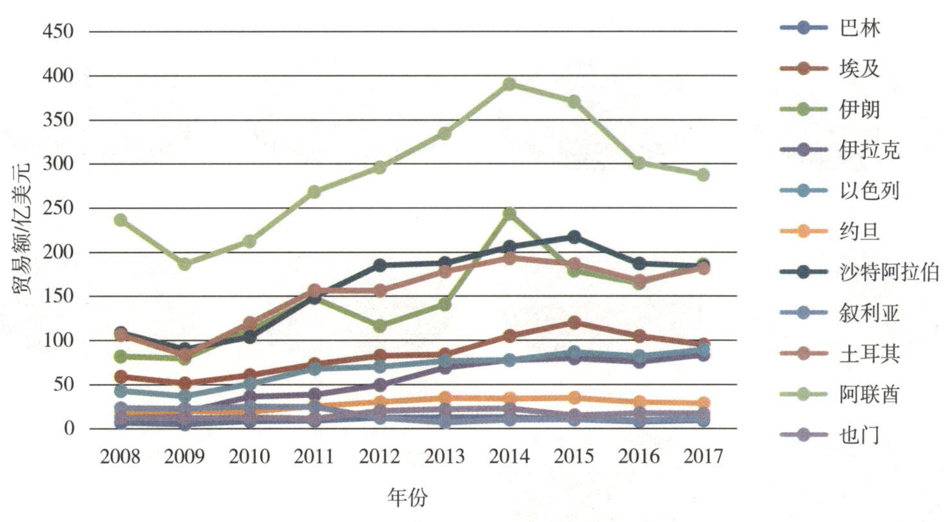


图 2-4　近十年中国出口西亚北非各国贸易额

2017 年，中国出口西亚北非主要是机电仪器类、纺织鞋帽类和化矿金属类，三者占了出口的 77.1%。贸易额最大的产品是机电仪器类，出口额 530.8 亿美元，占 42.1%；其次是纺织鞋帽类，出口额 228.5 亿美元，占 18.1%；第三是化矿金属类，出口额 212.7 亿美元，占 16.9%。见图 2-5。

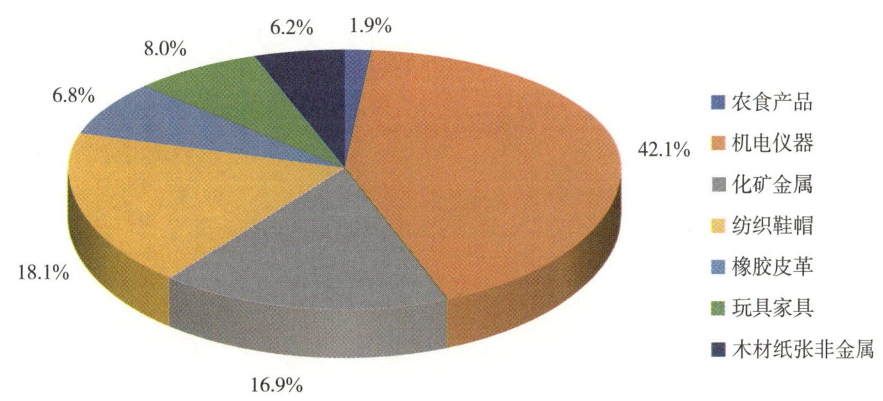


图 2-5　2017 年中国出口西亚北非产品类别分布

2017 年，出口阿联酋、埃及、以色列、伊朗、伊拉克、土耳其、沙特阿拉伯、科威特和黎巴嫩的产品与图 2-5 大体类似，都是化矿金属类、机电仪器类和纺织鞋帽类占比较大，只是这三类产品的比例略微有点不同。卡塔尔则是化矿金属、机电仪器和玩具家具占主要，其他类别产品占的比例都比较少。见图 2-6。

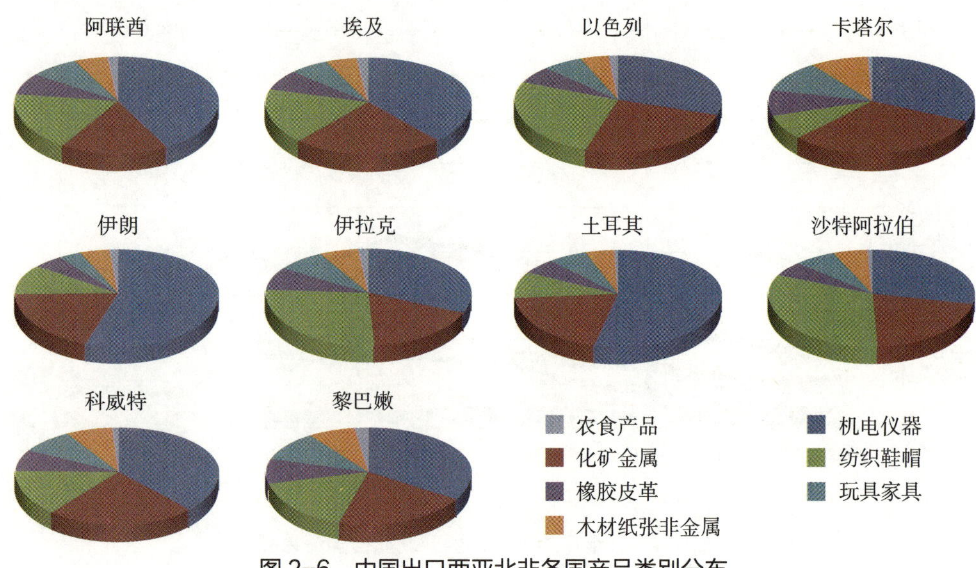


图 2-6　中国出口西亚北非各国产品类别分布

2017 年中国出口西亚北非各国贸易额，见表 2-1。

表 2-1　2017 年中国出口西亚北非各国贸易额一览表

单位为万美元

| 海关编码（HS）章 | 巴林 | 埃及 | 伊朗 | 伊拉克 | 以色列 | 约旦 | 科威特 | 黎巴嫩 | 阿曼 | 卡塔尔 | 沙特阿拉伯 | 巴勒斯坦 | 叙利亚 | 土耳其 | 阿联酋 | 也门 | 总计 |
|---|---|---|---|---|---|---|---|---|---|---|---|---|---|---|---|---|---|
| 1 | 0 | 0 | 0 | 0 | 0 | 0 | 1 | 0 | 0 | 0 | 0 | 0 | 0 | 0 | 1 | 0 | 2 |
| 2 | 2055 | 0 | 0 | 1443 | 19 | 23 | 38 | 0 | 0 | 0 | 0 | 52 | 0 | 0 | 247 | 0 | 3877 |
| 3 | 52 | 4669 | 5784 | 56 | 4921 | 228 | 32 | 121 | 58 | 217 | 1293 | 0 | 0 | 1083 | 3857 | 0 | 22371 |
| 4 | 16 | 51 | 16 | 71 | 9 | 45 | 45 | 15 | 156 | 0 | 491 | 0 | 13 | 45 | 254 | 12 | 1239 |
| 5 | 0 | 639 | 7 | 0 | 134 | 66 | 0 | 0 | 0 | 0 | 1 | 0 | 0 | 727 | 186 | 0 | 1760 |
| 6 | 15 | 9 | 1 | 3 | 4 | 24 | 18 | 48 | 20 | 110 | 59 | 0 | 0 | 140 | 544 | 0 | 995 |
| 7 | 382 | 324 | 2583 | 793 | 1917 | 739 | 875 | 1117 | 857 | 829 | 7200 | 4 | 128 | 1499 | 12934 | 648 | 32829 |
| 8 | 29 | 70 | 157 | 77 | 2111 | 169 | 81 | 266 | 193 | 294 | 1979 | 18 | 0 | 913 | 3678 | 0 | 10035 |
| 9 | 120 | 583 | 2071 | 344 | 1253 | 287 | 302 | 318 | 339 | 375 | 4207 | 0 | 289 | 1343 | 5119 | 14 | 16964 |
| 10 | 0 | 21 | 0 | 0 | 7 | 0 | 0 | 395 | 3 | 0 | 6 | 0 | 90 | 2501 | 14 | 176 | 3213 |
| 11 | 2 | 120 | 0 | 0 | 114 | 9 | 0 | 7 | 4 | 11 | 165 | 0 | 9 | 120 | 58 | 30 | 649 |
| 12 | 106 | 7566 | 15899 | 6507 | 944 | 1300 | 384 | 2685 | 21 | 18 | 2006 | 0 | 21 | 5420 | 1017 | 148 | 44042 |
| 13 | 1 | 479 | 663 | 30 | 134 | 46 | 9 | 8 | 7 | 0 | 145 | 3 | 58 | 1275 | 239 | 0 | 3097 |
| 14 | 1 | 0 | 0 | 4 | 43 | 3 | 6 | 30 | 0 | 1 | 43 | 0 | 0 | 69 | 27 | 0 | 227 |
| 15 | 0 | 154 | 91 | 17 | 169 | 46 | 27 | 22 | 347 | 0 | 104 | 0 | 18 | 739 | 95 | 0 | 1829 |
| 16 | 165 | 86 | 145 | 40 | 2736 | 257 | 46 | 321 | 0 | 11 | 330 | 9 | 0 | 632 | 628 | 0 | 5406 |
| 17 | 66 | 389 | 595 | 126 | 1198 | 391 | 376 | 249 | 124 | 127 | 1980 | 73 | 99 | 858 | 2337 | 1087 | 10075 |
| 18 | 15 | 22 | 17 | 32 | 162 | 40 | 28 | 27 | 12 | 12 | 440 | 19 | 20 | 240 | 317 | 64 | 1467 |
| 19 | 13 | 15 | 299 | 94 | 744 | 55 | 49 | 119 | 27 | 29 | 1002 | 45 | 35 | 345 | 489 | 137 | 3497 |

表 2-1（续）

单位为万美元

| 海关编码（HS）章 | 巴林 | 埃及 | 伊朗 | 伊拉克 | 以色列 | 约旦 | 科威特 | 黎巴嫩 | 阿曼 | 卡塔尔 | 沙特阿拉伯 | 巴勒斯坦 | 叙利亚 | 土耳其 | 阿联酋 | 也门 | 总计 |
|---|---|---|---|---|---|---|---|---|---|---|---|---|---|---|---|---|---|
| 20 | 796 | 1147 | 3576 | 3736 | 2568 | 1663 | 740 | 2366 | 1070 | 351 | 6451 | 88 | 287 | 3245 | 4932 | 5213 | 38229 |
| 21 | 34 | 458 | 320 | 1559 | 588 | 138 | 74 | 152 | 61 | 66 | 849 | 40 | 125 | 778 | 2297 | 818 | 8357 |
| 22 | 0 | 0 | 0 | 1 | 65 | 1 | 0 | 1 | 4 | 3 | 3122 | 0 | 0 | 51 | 2304 | 1 | 5553 |
| 23 | 5 | 332 | 907 | 24 | 881 | 232 | 12 | 33 | 22 | 4 | 142 | 0 | 52 | 1350 | 72 | 46 | 4114 |
| 24 | 218 | 5446 | 1728 | 0 | 36 | 1087 | 0 | 0 | 0 | 0 | 0 | 0 | 301 | 683 | 7548 | 0 | 17047 |
| 25 | 503 | 1155 | 3127 | 63 | 77 | 76 | 722 | 25 | 76 | 333 | 2858 | 1 | 61 | 2978 | 1169 | 45 | 13269 |
| 26 | 1 | 98 | 102 | 140 | 1 | 4 | 732 | 6 | 136 | 709 | 664 | 0 | 0 | 227 | 3596 | 0 | 6416 |
| 27 | 5631 | 760 | 8592 | 128 | 779 | 19 | 95 | 49 | 3515 | 7968 | 4885 | 0 | 57 | 13198 | 38780 | 1 | 84457 |
| 28 | 2989 | 4883 | 10661 | 444 | 4579 | 1067 | 386 | 286 | 671 | 4724 | 8567 | 14 | 960 | 14409 | 13936 | 605 | 69181 |
| 29 | 327 | 27672 | 40877 | 1888 | 47350 | 6416 | 1960 | 2681 | 17566 | 1014 | 14803 | 8 | 3212 | 86012 | 20431 | 979 | 273196 |
| 30 | 69 | 3654 | 4212 | 2487 | 1278 | 1156 | 477 | 535 | 422 | 235 | 3228 | 24 | 485 | 4724 | 1660 | 1729 | 26375 |
| 31 | 0 | 1354 | 10484 | 11 | 586 | 558 | 21 | 164 | 43 | 0 | 1001 | 4 | 98 | 6537 | 2289 | 788 | 23938 |
| 32 | 365 | 9411 | 15196 | 1678 | 4917 | 1391 | 726 | 621 | 419 | 367 | 3932 | 11 | 693 | 23448 | 6293 | 362 | 69830 |
| 33 | 32 | 741 | 787 | 1861 | 1486 | 319 | 167 | 349 | 128 | 200 | 2886 | 7 | 58 | 1722 | 10196 | 364 | 21303 |
| 34 | 198 | 2474 | 5798 | 6098 | 2117 | 922 | 528 | 434 | 359 | 453 | 3866 | 9 | 834 | 2308 | 5955 | 2628 | 34981 |
| 35 | 50 | 1663 | 3359 | 1016 | 1245 | 407 | 342 | 284 | 208 | 434 | 1012 | 27 | 352 | 5532 | 2683 | 482 | 19096 |
| 36 | 0 | 0 | 2 | 4 | 165 | 0 | 0 | 0 | 0 | 2 | 43 | 0 | 0 | 108 | 76 | 0 | 400 |
| 37 | 23 | 915 | 1760 | 173 | 620 | 125 | 111 | 287 | 23 | 49 | 397 | 2 | 57 | 3137 | 1009 | 78 | 8766 |
| 38 | 685 | 7774 | 15236 | 3274 | 3440 | 768 | 684 | 1135 | 966 | 1141 | 6165 | 16 | 576 | 12835 | 8082 | 1538 | 64315 |
| 39 | 3317 | 43991 | 64144 | 44086 | 36377 | 11224 | 12401 | 10726 | 7227 | 6405 | 71735 | 301 | 6048 | 76708 | 83084 | 9527 | 487301 |

表 2-1（续）

单位为万美元

| 海关编码（HS）章 | 巴林 | 埃及 | 伊朗 | 伊拉克 | 以色列 | 约旦 | 科威特 | 黎巴嫩 | 阿曼 | 卡塔尔 | 沙特阿拉伯 | 巴勒斯坦 | 叙利亚 | 土耳其 | 阿联酋 | 也门 | 总计 |
|---|---|---|---|---|---|---|---|---|---|---|---|---|---|---|---|---|---|
| 40 | 1583 | 12824 | 30225 | 21949 | 11615 | 4421 | 6270 | 4190 | 5615 | 6287 | 45908 | 308 | 4779 | 13102 | 43962 | 4216 | 217254 |
| 41 | 0 | 6 | 15 | 0 | 27 | 1 | 12 | 0 | 1 | 0 | 44 | 0 | 0 | 42 | 51 | 0 | 199 |
| 42 | 937 | 8860 | 10202 | 10393 | 14487 | 3396 | 4170 | 2591 | 1210 | 2263 | 40260 | 42 | 592 | 5934 | 50005 | 1844 | 157186 |
| 43 | 2 | 28 | 3 | 7 | 6 | 0 | 16 | 68 | 0 | 25 | 54 | 0 | 4 | 1092 | 178 | 0 | 1483 |
| 44 | 2207 | 8287 | 5912 | 9361 | 15338 | 3063 | 4573 | 1599 | 3896 | 5130 | 21710 | 2 | 216 | 3786 | 31719 | 203 | 117002 |
| 45 | 4 | 0 | 0 | 0 | 7 | 0 | 0 | 1 | 0 | 0 | 11 | 0 | 0 | 2 | 19 | 0 | 44 |
| 46 | 5 | 48 | 161 | 22 | 2126 | 22 | 149 | 69 | 14 | 34 | 567 | 0 | 3 | 841 | 781 | 0 | 4842 |
| 47 | 0 | 0 | 237 | 2 | 0 | 0 | 3 | 0 | 4 | 0 | 2 | 0 | 0 | 44 | 27 | 0 | 319 |
| 48 | 1206 | 10361 | 36997 | 13421 | 10372 | 6462 | 6488 | 3443 | 2113 | 2344 | 33438 | 58 | 2400 | 27317 | 30853 | 3610 | 190883 |
| 49 | 37 | 714 | 815 | 617 | 999 | 165 | 164 | 157 | 72 | 106 | 1346 | 1 | 95 | 584 | 1999 | 114 | 7985 |
| 50 | 52 | 3 | 23 | 226 | 15 | 0 | 14 | 72 | 0 | 11 | 84 | 0 | 4 | 2809 | 1611 | 3 | 4927 |
| 51 | 0 | 1159 | 130 | 12 | 34 | 523 | 114 | 97 | 0 | 3 | 271 | 0 | 18 | 5232 | 371 | 0 | 7964 |
| 52 | 268 | 20932 | 8849 | 428 | 2886 | 4059 | 2228 | 1007 | 1933 | 53 | 2362 | 14 | 2668 | 13340 | 10852 | 479 | 72358 |
| 53 | 10 | 139 | 41 | 1 | 69 | 17 | 106 | 14 | 26 | 18 | 33 | 0 | 8 | 2760 | 482 | 1 | 3725 |
| 54 | 341 | 48843 | 40712 | 8283 | 5556 | 7202 | 3987 | 2545 | 1521 | 572 | 23808 | 23 | 5165 | 57263 | 47772 | 9939 | 263532 |
| 55 | 227 | 26947 | 24406 | 8934 | 8008 | 3146 | 2162 | 1144 | 1689 | 122 | 7665 | 18 | 3402 | 26101 | 20241 | 4356 | 138568 |
| 56 | 322 | 3485 | 2253 | 1316 | 2149 | 555 | 607 | 532 | 330 | 920 | 5799 | 9 | 895 | 3747 | 4429 | 814 | 28162 |
| 57 | 307 | 463 | 588 | 2579 | 3284 | 372 | 737 | 434 | 542 | 650 | 9111 | 5 | 21 | 891 | 5830 | 116 | 25930 |
| 58 | 0 | 0 | 0 | 0 | 0 | 0 | 0 | 0 | 0 | 0 | 0 | 0 | 0 | 0 | 0 | 0 | 0 |
| 59 | 161 | 8907 | 14518 | 1790 | 2466 | 1092 | 726 | 1278 | 233 | 329 | 4719 | 16 | 2187 | 17719 | 6202 | 824 | 63167 |

表 2-1（续）

单位为万美元

| 海关编码（HS）章 | 巴林 | 埃及 | 伊朗 | 伊拉克 | 以色列 | 约旦 | 科威特 | 黎巴嫩 | 阿曼 | 卡塔尔 | 沙特阿拉伯 | 巴勒斯坦 | 叙利亚 | 土耳其 | 阿联酋 | 也门 | 总计 |
|---|---|---|---|---|---|---|---|---|---|---|---|---|---|---|---|---|---|
| 60 | 47 | 30406 | 23299 | 6093 | 5580 | 14536 | 2113 | 3508 | 2288 | 257 | 8758 | 19 | 7312 | 25199 | 15584 | 3134 | 148133 |
| 61 | 1965 | 17616 | 28712 | 63808 | 74667 | 26731 | 12560 | 3130 | 2468 | 2968 | 111167 | 176 | 2339 | 10973 | 170699 | 15537 | 545516 |
| 62 | 3779 | 22904 | 20579 | 42392 | 42676 | 15742 | 12567 | 9041 | 2083 | 3190 | 160372 | 67 | 2477 | 21927 | 141530 | 9257 | 510583 |
| 63 | 714 | 2882 | 11148 | 22597 | 15101 | 2388 | 5439 | 1780 | 1616 | 3154 | 26188 | 101 | 249 | 7232 | 45940 | 3373 | 149902 |
| 64 | 436 | 12646 | 14481 | 32806 | 26004 | 12374 | 3471 | 3173 | 2399 | 2043 | 47448 | 71 | 5172 | 12839 | 88338 | 9732 | 273433 |
| 65 | 59 | 1012 | 1888 | 1873 | 2088 | 484 | 329 | 500 | 69 | 181 | 3466 | 6 | 59 | 3025 | 3738 | 304 | 19081 |
| 66 | 13 | 213 | 1005 | 353 | 1029 | 108 | 95 | 396 | 46 | 44 | 992 | 14 | 53 | 1040 | 1388 | 106 | 6895 |
| 67 | 160 | 902 | 3392 | 1525 | 2445 | 233 | 681 | 382 | 135 | 244 | 4203 | 7 | 48 | 2030 | 6811 | 148 | 23346 |
| 68 | 703 | 4501 | 7237 | 10484 | 10385 | 2778 | 3243 | 2313 | 2765 | 4390 | 19375 | 41 | 272 | 5884 | 16728 | 1372 | 92471 |
| 69 | 2192 | 8729 | 26298 | 15189 | 20537 | 5197 | 5747 | 5964 | 7337 | 3275 | 52299 | 428 | 1172 | 18764 | 46372 | 2101 | 221601 |
| 70 | 952 | 10279 | 23101 | 9565 | 8876 | 3787 | 3436 | 3159 | 2052 | 2265 | 24200 | 93 | 2331 | 23016 | 28719 | 2630 | 148461 |
| 71 | 188 | 1517 | 2061 | 2436 | 7771 | 383 | 302 | 282 | 64 | 187 | 6362 | 15 | 202 | 2715 | 16831 | 323 | 41639 |
| 72 | 3743 | 27705 | 62900 | 12721 | 26880 | 5789 | 8463 | 7332 | 11935 | 8308 | 72920 | 16 | 1376 | 65137 | 63208 | 5333 | 383766 |
| 73 | 4212 | 47207 | 87900 | 39024 | 29223 | 11189 | 44482 | 7405 | 30303 | 11941 | 76000 | 148 | 3017 | 45405 | 95745 | 5401 | 538602 |
| 74 | 765 | 4667 | 1441 | 400 | 2863 | 246 | 573 | 598 | 141 | 345 | 3728 | 20 | 288 | 3129 | 4459 | 64 | 23727 |
| 75 | 20 | 83 | 965 | 1 | 13 | 4 | 177 | 0 | 715 | 7 | 34 | 0 | 3 | 223 | 535 | 0 | 2780 |
| 76 | 2766 | 18311 | 24898 | 12196 | 21928 | 3367 | 5165 | 3350 | 2453 | 3215 | 30562 | 178 | 883 | 19866 | 41866 | 1978 | 192982 |
| 78 | 0 | 5 | 315 | 2 | 2 | 0 | 9 | 0 | 4 | 3 | 18 | 0 | 0 | 6 | 4 | 0 | 368 |
| 79 | 3 | 94 | 154 | 30 | 159 | 19 | 256 | 25 | 22 | 5 | 359 | 3 | 6 | 258 | 588 | 5 | 1986 |
| 80 | 1 | 16 | 393 | 112 | 36 | 6 | 10 | 29 | 6 | 2 | 48 | 0 | 2 | 2 | 23 | 22 | 708 |

表 2-1（续）

单位为万美元

| 海关编码（HS）章 | 巴林 | 埃及 | 伊朗 | 伊拉克 | 以色列 | 约旦 | 科威特 | 黎巴嫩 | 阿曼 | 卡塔尔 | 沙特阿拉伯 | 巴勒斯坦 | 叙利亚 | 土耳其 | 阿联酋 | 也门 | 总计 |
|---|---|---|---|---|---|---|---|---|---|---|---|---|---|---|---|---|---|
| 81 | 1041 | 584 | 1147 | 10 | 1910 | 1 | 16 | 8 | 16 | 910 | 405 | 0 | 0 | 3105 | 3017 | 0 | 12170 |
| 82 | 285 | 9985 | 20536 | 13297 | 7484 | 2214 | 1219 | 2267 | 518 | 805 | 11573 | 88 | 1239 | 11538 | 19161 | 2179 | 104388 |
| 83 | 737 | 14790 | 24218 | 13028 | 9811 | 3507 | 2435 | 4267 | 1740 | 1388 | 21191 | 113 | 2207 | 11334 | 36363 | 2766 | 149895 |
| 84 | 15799 | 132432 | 330740 | 142496 | 110096 | 28999 | 45081 | 31229 | 44011 | 28956 | 227002 | 2055 | 10837 | 376906 | 495861 | 11362 | 2033862 |
| 85 | 12551 | 149277 | 264152 | 118580 | 126221 | 45213 | 54092 | 29421 | 30191 | 18853 | 262490 | 1172 | 17024 | 404689 | 683010 | 15733 | 2232669 |
| 86 | 251 | 234 | 24901 | 64 | 734 | 5 | 9 | 22 | 7 | 141 | 1725 | 0 | 0 | 10668 | 1243 | 0 | 40004 |
| 87 | 3052 | 40412 | 302015 | 29207 | 27715 | 4037 | 15002 | 10016 | 6458 | 8776 | 48403 | 120 | 6306 | 58029 | 57460 | 5854 | 622862 |
| 88 | 1 | 3 | 318 | 2 | 4198 | 17 | 118 | 20 | 0 | 62 | 86 | 0 | 0 | 690 | 3582 | 0 | 9097 |
| 89 | 6 | 61 | 2442 | 45 | 69 | 2 | 254 | 11 | 1 | 699 | 21520 | 0 | 0 | 13283 | 6792 | 8 | 45193 |
| 90 | 562 | 48075 | 58944 | 8046 | 18282 | 3470 | 2757 | 2753 | 4213 | 1040 | 15698 | 131 | 1573 | 101850 | 26443 | 2101 | 295938 |
| 91 | 65 | 1385 | 2358 | 1745 | 1095 | 795 | 235 | 468 | 127 | 352 | 5924 | 4 | 144 | 2616 | 5100 | 216 | 22629 |
| 92 | 16 | 202 | 895 | 111 | 620 | 68 | 55 | 137 | 36 | 50 | 353 | 0 | 38 | 1565 | 1579 | 12 | 5737 |
| 93 | 0 | 0 | 52 | 34 | 1 | 2 | 8 | 18 | 0 | 0 | 10 | 0 | 0 | 4 | 30 | 24 | 183 |
| 94 | 5613 | 31323 | 34992 | 41083 | 50129 | 11714 | 18491 | 12248 | 16522 | 11244 | 155316 | 295 | 2288 | 30119 | 135119 | 2576 | 559072 |
| 95 | 1035 | 11915 | 26143 | 17015 | 18879 | 4511 | 4329 | 6874 | 3417 | 2163 | 37477 | 128 | 727 | 26440 | 63132 | 2431 | 226616 |
| 96 | 390 | 9262 | 17695 | 13391 | 7125 | 3262 | 1988 | 2707 | 800 | 837 | 18488 | 116 | 2016 | 18123 | 21982 | 2868 | 121050 |
| 97 | 4 | 6 | 20 | 0 | 42 | 2 | 17 | 9 | 1 | 5 | 72 | 0 | 0 | 14 | 101 | 0 | 293 |
| 总计 | 90076 | 942772 | 1849018 | 829410 | 887892 | 278977 | 310245 | 199965 | 231242 | 167664 | 1831481 | 6896 | 109153 | 1800188 | 2854898 | 162989 | 12552866 |

十年来，贸易顺差总额最多的是阿联酋（1950 亿美元），其次是土耳其（1213 亿美元），第三是埃及（725 亿美元），以色列、约旦、黎巴嫩、叙利亚、巴林和巴勒斯坦都有略微的顺差。逆差最大的是沙特阿拉伯（–2178 亿美元），其次是阿曼（–1281 亿美元），第三是伊朗（–639 亿美元）。见图 2–7。

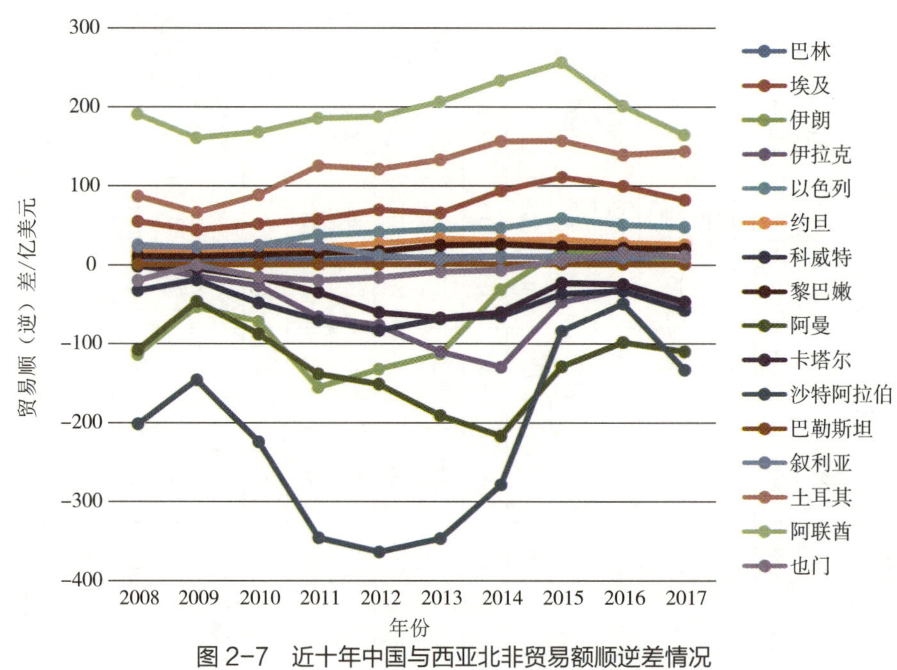


图 2–7　近十年中国与西亚北非贸易额顺逆差情况

## 2.2　西亚北非 TBT/SPS 通报情况分析

### 2.2.1　西亚北非 TBT 通报总体情况[①]

#### 2.2.1.1　通报数量及类型

自 1995 年 TBT 协定实施以来至 2018 年 12 月 31 日，西亚北非各国共提交了 5197 件技术法规和合格评定程序的常规通报（包含 35 个修订），还有 252 件通报补遗和 94 件通报的勘误。见图 2–8。

#### 2.2.1.2　通报国家及类型

自 1995 年 TBT 协定实施以来至 2018 年 12 月 31 日，西亚北非各国提交 TBT 通报数量前六位的国家依次是以色列、沙特阿拉伯、卡塔尔、巴林、科威特和阿联酋。各国通报数量及通报类型见表 2–2。

① 本节中涉及的统计数据来源于 TBT-IMS。

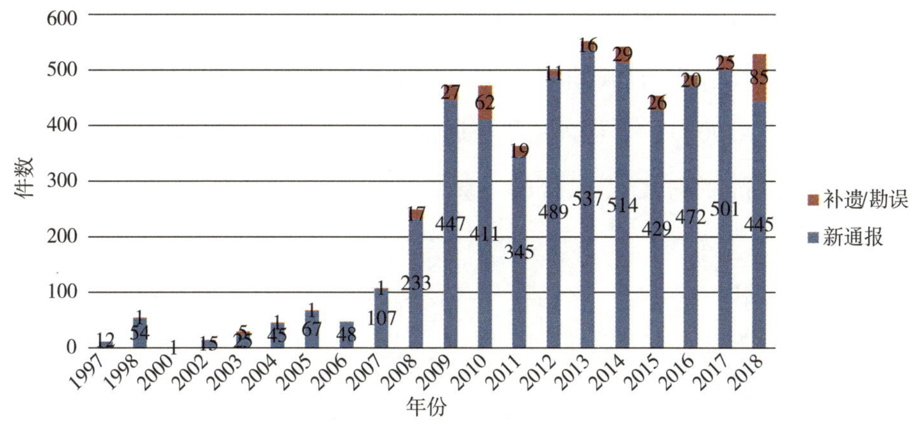


图 2-8　1995 年—2018 年西亚北非 TBT 通报总数

表 2-2　西亚北非各国 TBT 通报情况一览表

| 通报国家 | 通报数量 | 所占比例 | 通报类型 | | | |
|---|---|---|---|---|---|---|
| | | | 常规通报 | 修订 | 补遗 | 勘误 |
| 以色列 | 1269 | 22.89% | 1097 | 8 | 128 | 36 |
| 沙特阿拉伯 | 1113 | 20.08% | 1097 | 5 | 1 | 10 |
| 卡塔尔 | 597 | 10.77% | 557 | 3 | 23 | 14 |
| 巴林 | 569 | 10.27% | 558 | 2 | 6 | 3 |
| 科威特 | 461 | 8.32% | 445 | 4 | 4 | 8 |
| 阿联酋 | 459 | 8.28% | 454 | 1 | 1 | 3 |
| 阿曼 | 402 | 7.25% | 392 | 4 | 2 | 4 |
| 埃及 | 302 | 5.45% | 207 | 4 | 78 | 13 |
| 土耳其 | 162 | 2.92% | 149 | 3 | 7 | 3 |
| 也门 | 160 | 2.89% | 158 | 1 | 1 | 0 |
| 约旦 | 49 | 0.88% | 48 | 0 | 1 | 0 |
| 总计 | 5543 | 100.00% | 5162 | 35 | 252 | 94 |

#### 2.2.1.3　通报根据条款

各成员主要依据 TBT 协定中的如下条款对技术法规和合格评定程序进行通报：

第 2.9.2 条：关于中央政府机构拟议的技术法规的通报要求；

第 2.10.1 条：关于中央政府机构针对紧急情况通过的技术法规的通报要求；

第 3.2 条：关于地方政府机构（在直属中央政府的层次上）拟议的或针对紧急情况通过的技术法规的通报要求；

第 5.6.2 条：关于中央政府机构拟议的合格评定程序的通报要求；

第 5.7.1 条：关于中央政府机构针对紧急情况通过的合格评定程序的通报要求；

第 7.2 条：关于地方政府机构（在直属中央政府的层次上）拟议的或针对紧急情况通过的合格评定程序的通报要求。

自 1995 年 TBT 协定实施以来至 2018 年 12 月 31 日西亚北非国家的 5543 件 TBT 通报中，有 5255 件为技术法规通报，25 件为紧急情况通过的技术法规通报，0 件地方政府技术法规通报；390 件为合格评定程序通报，1 件为紧急情况通过的合格评定程序通报，0 件地方政府合格评定程序通报[①]。见图 2-9。

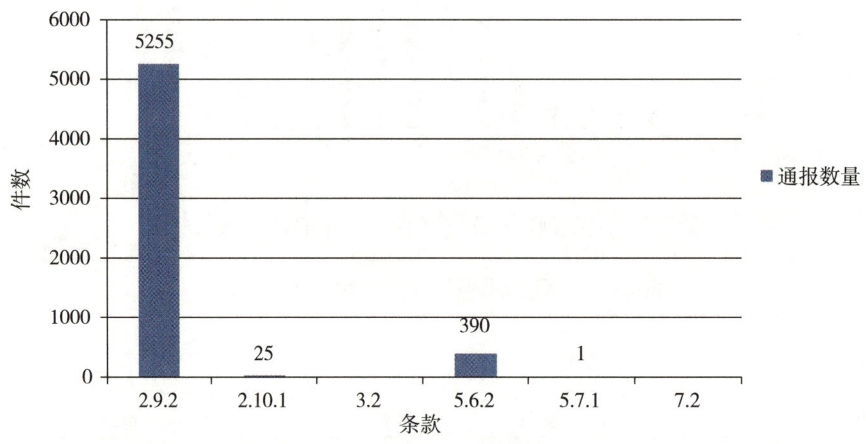


图 2-9　1995 年—2018 年西亚北非各国 TBT 通报条款分类

### 2.2.1.4　通报目的和理由

自 1995 年 TBT 协定实施以来至 2018 年 12 月 31 日，在"目的和理由"可统计的通报中，各成员提出了保护人类健康或安全、防止消费者欺诈与消费者保护、质量要求、降低或消除贸易壁垒、保护环境、向消费者提供信息和标签、采用国内法律、保护植物或动物的生命健康、协调、国家安全要求、贸易便利化、节约成本和提高生产效率等通报理由。见图 2-10。

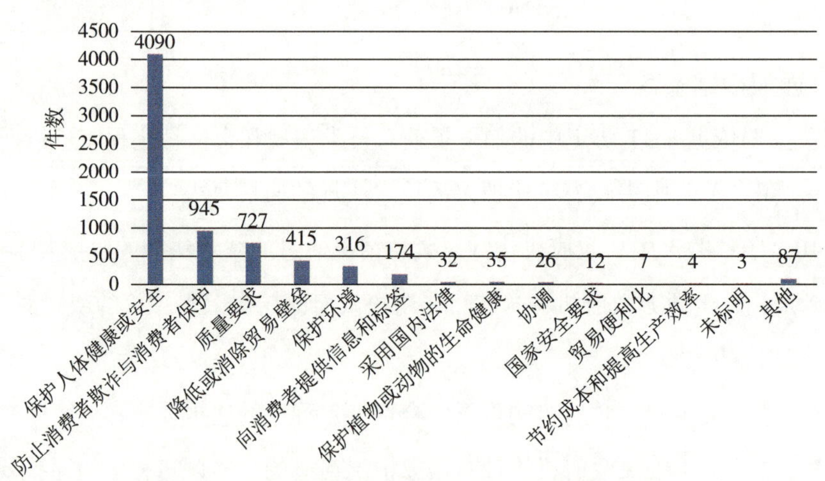


图 2-10　1995 年—2018 年西亚北非各国通报理由

① 部分通报涉及多个领域。

#### 2.2.1.5　通报产品

自 1995 年 TBT 协定实施以来至 2018 年 12 月 31 日，在“通报产品”可统计的通报中[①]，机电仪器 560 件占 35%，农食产品 335 件占 21%，化矿金属 278 件占 17%。见图 2–11。

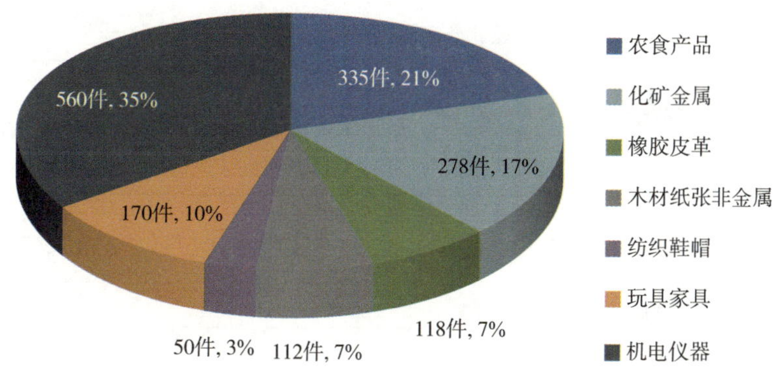


图 2–11　1995 年—2018 年西亚北非各国 TBT 通报产品

### 2.2.2　西亚北非 SPS 通报总体情况[②]

#### 2.2.2.1　通报数量及类型

自 1995 年 SPS 协定实施以来至 2018 年 12 月 31 日，西亚北非各国共提交了 1444 件 SPS 通报，其中常规通报 904 件、紧急通报 457 件、补遗 / 勘误 83 件。见图 2–12。

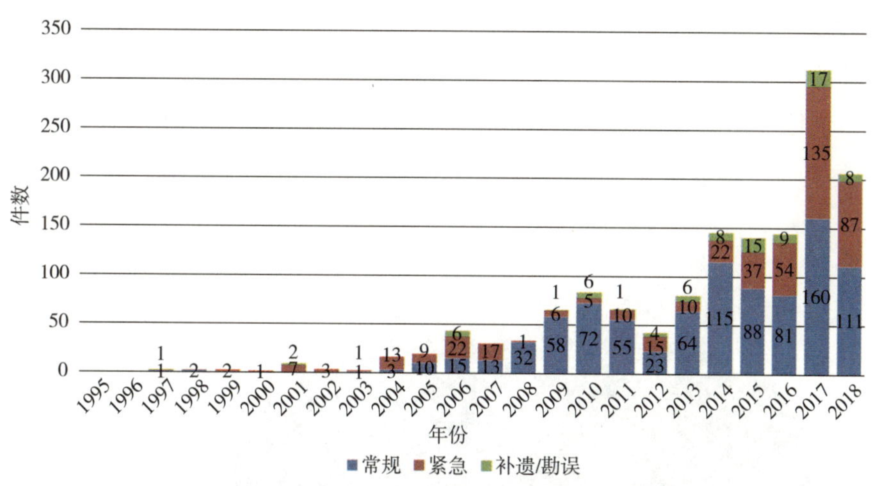


图 2–12　1995 年—2018 年西亚北非各国 SPS 通报总数

① TBT-IMS 官网西亚北非各国 5543 件 TBT 通报仅有 1623 件能查询通报产品，部分通报涉及多个领域。

② 本节中涉及的统计数据来源于 SPS-IMS。

### 2.2.2.2 通报国家及类型

自 1995 年 SPS 协定实施以来至 2018 年 12 月 31 日，西亚北非各国提交 SPS 通报数量最多的是沙特阿拉伯，占 31.0%，其次是阿联酋和巴林，均占 14.0%。各国通报数量及通报类型见表 2-3。

表 2-3 西亚北非各国 SPS 通报情况一览表

| 通报国家 | 通报数量 | 所占比例 | 通报类型 | | |
|---|---|---|---|---|---|
| | | | 常规通报 | 紧急通报 | 补遗 / 勘误 |
| 沙特阿拉伯 | 447 | 31.0% | 203 | 233 | 11 |
| 阿联酋 | 202 | 14.0% | 66 | 128 | 8 |
| 巴林 | 202 | 14.0% | 191 | 8 | 3 |
| 土耳其 | 134 | 9.3% | 104 | 5 | 25 |
| 埃及 | 111 | 7.7% | 74 | 15 | 22 |
| 卡塔尔 | 102 | 7.0% | 97 | 0 | 5 |
| 阿曼 | 100 | 6.9% | 75 | 22 | 3 |
| 科威特 | 49 | 3.4% | 39 | 8 | 2 |
| 约旦 | 45 | 3.1% | 10 | 34 | 1 |
| 也门 | 39 | 2.7% | 38 | 0 | 1 |
| 以色列 | 13 | 0.9% | 7 | 4 | 2 |
| 总计 | 1444 | 100% | 904 | 457 | 83 |

### 2.2.2.3 通报领域

自 1995 年 SPS 协定实施以来至 2018 年 12 月 31 日，在"通报领域"可统计的通报共有 2125 件（部分通报涉及多个领域），其中涉及食品安全的 1077 件、保护人类免受动 / 植物有害生物危害的 534 件、动物健康 360 件，植物保护 99 件、保护国家免受动 / 植物有害生物危害的 55 件。见图 2-13。

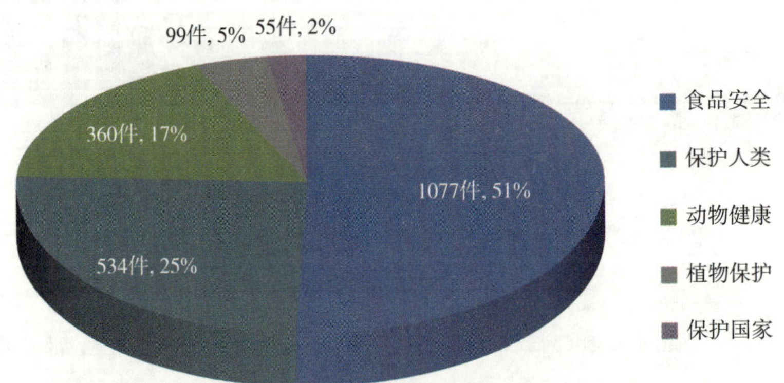


图 2-13 1995 年—2018 年西亚北非各国 SPS 通报领域

## 2.3　西亚北非 TBT/SPS 特别贸易关注概况

### 2.3.1　TBT 特别贸易关注概况

#### 2.3.1.1　关注年份

自 1995 年 TBT 协定实施以来至 2016 年，西亚北非国家共被提了 90 项特别贸易关注，其中 35 项为新关注。被提出的 TBT 特别贸易关注呈增长态势，近 7 年新关注占了过去 22 年的 51.4%，与 WTO/TBT 整体增长趋势趋同。特别贸易关注年份分布见表 2–4。

表 2–4　西亚北非国家被提出特别贸易关注年份分布表

| 关注年份 | 新关注 | 原有关注 | 总计 |
| --- | --- | --- | --- |
| 1995—1997 | 3 | 1 | 4 |
| 1998—2000 | 3 | 5 | 8 |
| 2001—2003 | 1 | 0 | 1 |
| 2004—2006 | 3 | 3 | 6 |
| 2007—2009 | 7 | 12 | 19 |
| 2010—2012 | 5 | 10 | 15 |
| 2013—2015 | 11 | 18 | 29 |
| 2016 | 2 | 6 | 8 |
| 总计 | 35 | 55 | 90 |

#### 2.3.1.2　关注次数

根据统计数据表明，西亚北非被提出 1 次 ~2 次的关注占 68.57%；被提出 3 次 ~5 次的关注占 20%；被提 6 次及以上的占 11.43%；最多的一项关注被提了 10 次，为土耳其药品合格评定程序。见表 2–5。

表 2–5　1995 年—2016 年西亚北非被提出 TBT 特别贸易关注的次数分布表

| 被提次数 | 关注数量 |
| --- | --- |
| 1 | 15 |
| 2 | 9 |
| 3 | 3 |
| 4 | 3 |
| 5 | 1 |
| 6 | 1 |
| 7 | 1 |
| 8 | 1 |
| 10 | 1 |

### 2.3.1.3 被提出关注的成员

被提出关注最多的成员是沙特阿拉伯，其次是埃及、以色列、土耳其、阿联酋、科威特、巴林、卡塔尔和约旦。部分国家是海合会成员国，因此作为共同关注国。见表 2–6。

表 2–6 1995 年—2016 年西亚北非被作为 TBT 特别贸易关注的成员分布表

| 被提出关注成员 | 分布数量 |
| --- | --- |
| 沙特阿拉伯 | 22 |
| 埃及 | 20 |
| 以色列 | 19 |
| 土耳其 | 19 |
| 阿联酋 | 6 |
| 科威特 | 3 |
| 巴林 | 3 |
| 卡塔尔 | 2 |
| 约旦 | 1 |

### 2.3.1.4 提出关注的成员

提出关注最多的是欧盟，其次是美国、墨西哥、加拿大等其他国家。见表 2–7。

表 2–7 1995 年—2016 年提出西亚北非 TBT 特别贸易关注的成员分布表

| 提出关注成员 | 分布数量 |
| --- | --- |
| 欧盟 | 24 |
| 美国 | 17 |
| 墨西哥 | 4 |
| 加拿大 | 4 |
| 土耳其 | 3 |
| 瑞士 | 3 |
| 日本 | 2 |
| 韩国 | 2 |
| 阿根廷 | 1 |
| 新西兰 | 1 |
| 智利 | 1 |
| 中国 | 1 |
| 南非 | 1 |
| 挪威 | 1 |
| 乌克兰 | 1 |

#### 2.3.1.5　关注类型

关注类型最多的是“进一步提供信息、澄清”，其次是“透明度”“其他（免费文本）”。见表 2–8。

表 2–8　1995 年—2016 年西亚北非被提出 TBT 特别贸易关注类型分布表

| 关注类型 | 关注数量 |
|---|---|
| 进一步提供信息、澄清 | 23 |
| 透明度 | 19 |
| 其他（免费文本） | 17 |
| 不必要的贸易障碍 | 16 |
| 歧视 | 10 |
| 合理性 | 7 |
| 国际标准 | 7 |
| 合理期限 | 5 |

#### 2.3.1.6　TBT 特别贸易关注分析

##### 2.3.1.6.1　关注内容

西亚北非地区被提出的 TBT 特别贸易关注主题集中在以下几个方面：标签、合格评定程序、机动车及其配件、玩具、医疗（一个通报可能涉及多个主题）。特别贸易关注以不符合 WTO/TBT 协定的形式被提出，其本质往往是要求比较苛刻、对外贸影响大。

（1）标签

根据埃及 1997 年 465 号法令，关于肉类标签，要求包装内部和外部均需设置标签。纺织品标签要求规定产品的详细信息，对于纺织原料，每 3 米都要有一个标签。

2007 年 7 月 24 日，土耳其规定酒精类饮料产品必须粘贴安全编码标签，否则将禁止这些产品的销售。

针对进口汽车，以色列要求原产地标签，而据美国通报，以色列不仅要求提供原产国标签，同时要求标签包括汽车制造的州及汽车制造商信息。

2012 年 7 月 17 日，以色列酒精饮料警告法规规定，针对不同的酒精饮料要设置两个不同的警告标签。含有超过 15.5% 的酒精量需规定为烈酒，并需要警告“过度饮酒有害生命健康”。酒精含量低于 15.5% 的酒规定为会醉人的酒，须说明这个产品含有酒精，应避免过度饮酒。同时，也严格规定了相关标签的文本位置、大小、颜色及黑色框架。

2013 年 3 月 4 日，沙特阿拉伯提出了能量饮料的销售和营销法令。规定相关的标签要求如下：1）提供饮用对象声明的标签。能量饮料需要注明强制性声明，任何能量饮料标签应当规定，产品不适合怀孕或哺乳期妇女、16 岁以下的青少年、对这类产品过敏的人，或遭受疾病、可能会影响他们健康的人群，尤其是心脏病病人、糖尿病患者和运动员。本产品对健康无益，每天超过 2 罐可能导致健康损害。2）提供摄入量的标签。建议能量饮料每日摄入量不应超过能量饮料的消费者和生产者应当承担的最大责任的消费建议。3）提供含量水平标签要求。规定饮料中咖啡因含量高于 14.5mg/100mL，需贴上标签。

2013 年 8 月 11 日，土耳其规定针对国内外销售的酒精及酒精类饮料须设置标签，标签上需要注明“酒精不是你的朋友”，且要求标注酒精饮料与不含酒精饮料的品牌和区分标志。

2015 年 11 月 1 日，阿联酋提出了电器能效标签的要求，这种能量标签法案要求公司在每个产品及其包装上放置由阿联酋标准化与计量局批准的独特的序列号。

（2）合格评定程序

2009 年 12 月，土耳其卫生部发布了一项针对人用药物产品合格评定程序的修正案，该法案于 2010 年 3 月 1 日生效。土耳其当局规定，外国制造商须拥有自己的制造工厂，检验合格后会发布良好生产证书，除非制造商国家是国家计量基（标）准互认和国家计量院签发的校准与测量证书互认（MRA）的成员国。

2012 年 9 月 1 日，阿联酋关于汽车轮胎的合格评定程序生效。日本认为，阿联酋作为海合会标准化组织（GSO）成员，应认可 GSO 认证，而不应该引入重复的合格评定程序。

（3）机动车及其配件

2006 年 9 月，卡塔尔提出关于机动车轮胎的相关规范。规范指出，关于轮胎胎面磨损、轮胎的温度和牵引阻力，需要在所有轮胎标记这些特定的指标，且未对越野轮胎提出豁免。

2014 年 11 月和 2015 年 2 月，巴林、科威特、沙特阿拉伯和卡塔尔发布了机动车一般要求的通知。通知要求：1）机动车挡风玻璃和夹层玻璃必须使用安全玻璃，且机动车玻璃窗或塑料窗的最小光传播性不得少于 70%。2）需要汽车制造商在汽车内部的左手边提供一个标签显示油耗效率，并在车辆认证时提交，对于只有两个门的机动车允许将标签放置在车辆前挡风玻璃。3）要求的最大燃料泄漏率不应超过 28g/min。4）所有指示司机显示器显示文字可以用阿拉伯语和英语。5）要求额外的安全设施用于切断车辆设备电池。

2015 年 11 月 1 日，沙特阿拉伯提出 C1 和 C2 轮胎的标签要求并开始执行符合这些要求所需的一系列行动，包括实验室批准、轮胎家庭申报、提交轮胎性能值，由第三方在每个轮胎和船舶上印刷和粘贴标签。

（4）玩具

根据土耳其玩具公报规定：1）通过欧洲统一认证（简称 CE 认证）的玩具仍需每批抽样 3 个 ~4 个样品送实验室进行邻苯二甲酸盐和阻燃测试。2）土耳其对欧盟玩具豁免检测。根据 1995 年欧盟关税联盟协定，欧盟是土耳其进口玩具扣留检测的唯一例外。3）除要求邻苯二甲酸盐和燃烧性能外，还要对从未检出偶氮的塑料玩具进行偶氮测试。根据 2016 年土耳其最新公报，土耳其所有验证玩具进口的检查已经于 2016 年停止。但是根据土耳其风险贸易分析控制系统，一旦发现有风险产品，该产品仍将会受到安全性和一致性检查。

沙特阿拉伯规定，进入沙特阿拉伯国内市场的玩具要符合海合会技术监管，测试要求为每个玩具模型须包含一个单独的注册号，并在测试合格的产品包装上或在附带文本上张贴或放置 G 标志；与此同时，还须满足沙特阿拉伯的测试要求，符合沙特阿拉伯要求的产品将获得沙特阿拉伯的合格证。

（5）医疗

2009 年 1 月 1 日，土耳其进口医疗设备检测公报正式生效。公报规定针对国内与进口医疗设备检测具有两项不同的适用措施，由于欧洲共同体和土耳其之间的关税同盟，免除对欧盟进口制造的医疗设备的检测。

针对医疗器械监管，在土耳其有三种不同的立法监管：1）对体外诊断医疗器械的监管；2）对植入式医疗器械的监管；3）对其他医疗器械的监管。要求进入土耳其市场的医疗设备必须符合适用的技术规范，并具有“CE”标志。任何拥有“CE”标志的医疗设备，无论进口的还是国内生产的，都可以自由进入土耳其市场。土耳其卫生部规定，截至 2010 年 6 月，所有使用的医疗设备生产商在特定领域，特别是创伤学骨科关节成形术和脊柱手术方面需要符合土耳其社会保障研究所（SGK）相关要求。根据土耳其规定，SGK 要求相关公司提供设备的相关文档，包括产地、产品的安全性和有效性。

（6）制造商登记系统

根据埃及的43/2016号法令规定，某些商业用途产品必须提供其制造厂或进口企业的商标或是其配送中心须在埃及进出口控制总局（GOEIC）建立的相关注册登记。这项措施也是“符合性评估程序”的一个类型。规定如下：1）外国产品进口到埃及进行注册，须提供相关文档列表，如给定的工厂和生产的产品的清单、质量证书。2）证书建立质量控制系统须由第三方审核，埃及给定的25种产品部门应当服从第三方评估审核。3）认证的阿拉伯语翻译所有文件都要求提交原始版本。本地和阿拉伯语版本的所有文件都需要由埃及领事馆批准。4）登记表和其他所需文件，必须由工厂的法定代表提交到埃及的GOEIC登记办公室。

#### 2.3.1.6.2 关注类型

“进一步提供信息、澄清”和“其他（免费文本）”属于比较基本的需求，在所有类型中出现最多。涉及“合理性”的多涉及“不必要的贸易障碍”。涉及“合理期限”的多涉及“透明度”。

（1）进一步提供信息、澄清

根据TBT协定第2.9.3条、第5.6.3条和第10.7条等，应向其他成员提供拟议的技术法规或合格评定程序的细节或副本，讨论其他成员国提出的意见。针对土耳其药品合格评定程序，美国提出四个问题：1）该合格评定程序既没有被发表在土耳其的官方公报上，也未告知WTO。2）是否曾在美国进口药物中发现健康或者安全问题导致土耳其停止接受外国监管机构颁发的生产质量管理规范（GMP）证书。3）土耳其当局没有足够能力检查所有的制造工厂，会导致大批产品滞留或延迟销售。针对以色列的酒精饮料警告法规，其他成员国提出：1）针对进口酒精饮料，这个措施是否会影响国产酒精饮料；特别是，国内产品是否也会携带那些严重警告标签。2）对于警告标签的粘贴位置、标识大小如何规定。

（2）不必要的贸易障碍

针对“不必要的贸易障碍”多在标签、注册系统、许可证、检测等环节。对于土耳其的玩具公报，美国认为：1）通过CE认证的玩具仍需每批抽样3个~4个样品送实验室检测。检测时间需花费3周~4周，检测完成前商船需在港口等待，算上检测费和港口费每卡车增加380美元。美国认为土耳其接受了CE认证就不应该再进行额外测试，亦希望土耳其接受ISO 17025认证实验室出具的报告，减少造成不必要的贸易障碍。2）除要求邻苯二甲酸盐和燃烧性能外，还对从未检出偶氮的塑料玩具进行偶氮测试，而偶氮一般在含纺织品的玩具中才会被检出，如布艺玩偶等。这些措施均造成了不必要的贸易障碍。

（3）国际标准

巴林、科威特、沙特阿拉伯、卡塔尔规定的机动车一般安全要求如下：1）机动车挡风玻璃和夹层玻璃必须使用安全玻璃。2）机动车玻璃窗或塑料窗的最小光传播性不得少于 70%。3）最大燃料泄漏率不应超过 28g/min。根据联合国欧洲经济委员会法规第 43 条和全球技术法规第 6 条规定，允许使用玻璃和塑料合成的玻璃窗户，包括挡风玻璃，除了挡风玻璃所有车窗允许使用纯塑料玻璃。联合国欧洲经济委员会法规第 43 条也包含挡风玻璃的最小光传播性的要求，但没有强调后侧窗的最小光传播性和后窗两外后视镜安装的情况。按照联合国欧洲经济委员会法规第 34 条，最大连续泄漏率设定为 30g/min。

（4）无歧视、合理期限

TBT 协定声明，成员国遵循无歧视原则，允许其他成员合理时间书面发表评论，讨论这些评论要求，并把这些评论和这些讨论结果列入考虑范畴。针对埃及的制造商登记系统，这项措施发表在 2016 年 1 月 16 日埃及的官方公报，于 2016 年 3 月 16 日生效，在年底前 60 天至 2016 年 4 月 1 日为评议时间。根据 TBT 协定第 5.9 条规定，在合格评定程序生效前应当允许产品出口国有一个合理的时间间隔来适应进口国的产品或方法要求，特别是发展中国家成员。土耳其认为测量的注册要求一旦实施，会进一步加大生产商和公司的负担。土耳其相信该规定是有效并适用于埃及的制造商登记制度。然而，对于其广泛的产品范围和繁重的新需求，却没有向生产商提供有意义的过渡时期来适应新的登记制度。

（5）合理性

针对能量饮料，沙特阿拉伯规定：1）对于咖啡因含量高于 14.5mL/100mL 的能量饮料，需要贴上标签，并强制声明“本产品对健康无益，每天超过 2 罐可能导致健康损害。孕妇和哺乳期妇女、患有心脏病、高血压和糖尿病人群、16 岁以下的青少年、对咖啡因过敏人群和运动员禁止服用该产品”。2）限制针对能量饮料的任何形式的广告，包括任何事件的赞助，并强加一些市场限制，包括额外的警告。相关关注国认为有理由提到咖啡因的含量，并提高怀孕或哺乳期妇女和儿童的认识，但消极的强制性声明似乎并不能实现这一目标。相关关注国要求沙特阿拉伯解释这些措施的科学依据。

### 2.3.2 SPS 特别贸易关注概况

本研究的资料来源于 WTO/SPS-IMS 官网提供的 SPS 通报数据，1995 年—2016 年西亚北非 16 国作为被关注方的特别贸易关注议题。1995 年—2016 年，其他贸易成员对西亚北非国家提出的 SPS 特别贸易关注议题共 16 项（见表 2–9）。

表 2–9 1995 年—2016 年对西亚北非国家提出的 SPS 特别贸易关注统计表

| 序号 | 编号 | 措施描述 | 采取措施的成员方 | 提出关注的成员方 | 状态 | 时间年份 |
|---|---|---|---|---|---|---|
| 1 | 22 | 牛肉进口影响措施 | 以色列 | 乌拉圭 | R | 1997 |
| 2 | 48 | 牲畜进口禁令 | 土耳其 | 匈牙利<br>美国 | PR | 1998 |
| 3 | 55 | 土耳其标准学会 – 相关的活牛的进口限制 | 以色列 | 欧盟 | R | 1998 |
| 4 | 76 | 宠物食品进口禁令 | 土耳其 | 匈牙利 | R | 2000 |
| 5 | 77 | 限制金枪鱼罐头 | 埃及 | 泰国 | NR | 2000 |
| 6 | 92 | 限制进口香蕉 | 土耳其 | 厄瓜多尔 | R | 2001 |
| 7 | 165 | 西班牙橄榄油进口限制 | 巴林<br>科威特<br>阿曼<br>卡塔尔<br>阿联酋 | 欧盟 | PR | 2003 |
| 8 | 232 | 疯牛病欧共体牛肉进口限制 | 以色列 | 欧盟 | R | 2005 |
| 9 | 233 | 植物检疫进口立法 | 以色列 | 欧盟 | R | 2005 |
| 10 | 262 | 与禽流感有关的热处理产品限制 | 埃及 | 欧盟 | R | 2008 |
| 11 | 273 | 国家大使馆认可的健康证书 | 阿曼 | 欧盟 | R | 2008 |
| 12 | 279 | 由于 A/H1N1 流感猪肉产品的进口限制 | 巴林<br>约旦 | 墨西哥 | NR | 2009 |
| 13 | 302 | 生物制品限制 | 土耳其 | 美国 | NR | 2010 |
| 14 | 340 | 进口羊肉要求 | 土耳其 | 澳大利亚 | NR | 2012 |
| 15 | 365 | 家禽进口条件 | 沙特阿拉伯 | 欧盟 | NR | 2013 |
| 16 | 367 | 禁止传统食品里某些食品添加剂 | 土耳其 | 日本 | NR | 2013 |
| 注：编号为 SPS 委员会依据时间顺序针对每一项特别贸易关注的专用号码；R 为已经解决，PR 为部分解决，NR 为未通报解决。 | | | | | | |

#### 2.3.2.1 被提出关注的成员

被提出关注最多的成员是土耳其和以色列，两者被提议题数量占总数的 47.6%，关注次数占总次数的 56.9%，其次是巴林、阿曼、埃及等国。见表 2–10。

表 2–10　1995 年—2016 年西亚北非国家被提出 SPS 特别贸易关注的成员分布表

| 成员 | 议题数 | 关注次数 |
|---|---|---|
| 土耳其 | 6 | 27 |
| 以色列 | 4 | 10 |
| 巴林 | 2 | 6 |
| 阿曼 | 2 | 5 |
| 埃及 | 2 | 2 |
| 阿联酋 | 1 | 4 |
| 科威特 | 1 | 4 |
| 卡塔尔 | 1 | 4 |
| 约旦 | 1 | 2 |
| 沙特阿拉伯 | 1 | 1 |

#### 2.3.2.2　提出关注的成员

对西亚北非国家所提出的 17 项 SPS 特别贸易关注议题，提出最多的成员为欧盟，其次是美国和匈牙利。见表 2–11。

表 2–11　1995 年—2016 年提出西亚北非国家 SPS 特别贸易关注的成员分布表

| 成员 | 议题数 | 关注次数 |
|---|---|---|
| 欧盟 | 7 | 14 |
| 美国 | 2 | 12 |
| 匈牙利 | 2 | 10 |
| 澳大利亚 | 1 | 8 |
| 乌拉圭 | 1 | 3 |
| 厄瓜多尔 | 1 | 3 |
| 墨西哥 | 1 | 2 |
| 日本 | 1 | 1 |
| 泰国 | 1 | 1 |

#### 2.3.2.3　年度分布

1995 年—2016 年，SPS 委员会每届会议均有成员国对西亚北非国家提出新的特别贸易关注，如果某些特别贸易关注未能解决，成员国可在下届及以后召开的会议上继续提出关注。其中 2004 年—2006 年提出的关注次数最多，1995 年—1997 年提出的关注次数最少。见表 2-12。

表 2-12 1995 年—2016 年西亚北非国家被提出 SPS 特别贸易关注的年份分布表

| 年份 | 1995—1997 | 1998—2000 | 2001—2003 | 2004—2006 | 2007—2009 | 2010—2012 | 2013—2015 |
|---|---|---|---|---|---|---|---|
| 关注次数 | 2 | 7 | 8 | 10 | 5 | 6 | 9 |

### 2.3.2.4 关注次数

16 项议题中，被提出 1 次 ~2 次关注的占 50%，被提出 3 次 ~5 次关注的占了 37.50%，被提 6 次及以上的占了 12.50%，最多的一项关注被提了 8 次，为土耳其进口羊肉要求。见表 2-13。

表 2-13 1995 年—2016 年西亚北非国家被提出 SPS 特别贸易关注的次数分布表

| 关注次数 | 1 | 2 | 3 | 4 | 5 | 6 | 7 | 8 |
|---|---|---|---|---|---|---|---|---|
| 议题数量 | 6 | 2 | 3 | 2 | 1 | 0 | 1 | 1 |

### 2.3.2.5 主要内容

16 项特别贸易关注议题中，涉及动物健康、人类健康、食品安全、人畜共患病、国际标准 / 协调、控制 / 检查和批准程序、植物卫生等 11 个主题。见表 2-14。

表 2-14 1995 年—2016 年西亚北非国家被提出 SPS 特别贸易关注类型分布表

| 关注类型 | 关注次数 |
|---|---|
| 动物健康 | 11 |
| 人类健康 | 9 |
| 食品安全 | 6 |
| 人畜共患病 | 5 |
| 国际标准 / 协调 | 3 |
| 控制 / 检查和批准程序 | 3 |
| 植物卫生 | 3 |
| 转基因生物 | 2 |
| 害虫 / 疾病状态 | 1 |
| 临时措施 | 1 |
| 透明度 | 1 |

### 2.3.2.6 解决情况

西亚北非国家受到关注的 16 项议题中，有 8 项得以解决，2 项部分解决，其余 6 项未报告解决情况。

#### 2.3.2.7 SPS 特别贸易关注主题分析

##### 2.3.2.7.1 动物、人类健康 / 人畜共患病

SPS 措施的显著特征之一就是其目的是保护人类和动物健康，免受食源性风险；保护人类健康，免受动植物携带的传染病风险；保护动植物，免受病虫害侵袭。在各类被关注议题中，与动物、人类健康 / 人畜共患病相关的关注占比较多，被提关注措施都与防止传染病在国内传播而采取的限制进口措施有关，例如：以色列对于牛肉进口的卫生措施、土耳其牲畜进口禁令、以色列关于疯牛病活牛进口限制、土耳其宠物食品进口禁令、埃及与禽流感有关的热处理产品限制等。大多数与进口限制措施相关的 SPS 措施，都被提出科学理由不充分、不合理甚至缺乏科学性。1997 年，以色列卫生措施要求出口到以色列的牛肉所来源的牛最高年龄为 36 个月，巴西和阿根廷、乌拉圭表示，以色列该措施不符合 SPS 协定，科学依据不充分。1998 年，欧盟对以色列关于疯牛病活牛进口限制的通知提出关注，欧盟质疑以色列疯牛病状态分类基础参数，如监测、进口限制和疯牛病病例记录，质疑以色列禁止进口和使用所有哺乳动物的肉骨粉饲料背后的科学依据。

##### 2.3.2.7.2 食品安全

在全部 16 项贸易关注中，共有 6 项关注与食品安全有关。该关注涉及措施的制定目的是保护人类健康，在措施制定的目的上符合 SPS 协定所允许的合法目标，与食品安全相关的关注领域扩大化趋势明显，且关注均与风险评估或透明度有关。例如，2012 年，澳大利亚对土耳其进口羊肉要求提出关注，澳大利亚认为土耳其在该措施上有不当延误，违反 SPS 协定第 2 章、第 7 章和附录 b 的要求，土耳其应保持透明性并确保 SPS 措施基于科学依据。2013 年，日本对土耳其禁止传统食品里的某些食品添加剂提出关注，日本要求土耳其对禁止使用食品添加剂法典标准中所列的谷氨酸相关要求提供科学依据并及时通报给 SPS 委员会，因为土耳其该措施未通报即生效，没有给贸易伙伴提供一个有意义的评议机会，未遵守 SPS 协定第 7 条透明度要求。现今各国在执行 SPS 协定时，在通报等环节基本能较好地遵守透明度要求，透明度问题一般是法规和措施具体执行时信息不对称等情况所导致，因此加强做好通报工作是必须和必要的。

##### 2.3.2.7.3 国际标准 / 协调

成员间的互认和等同采用是达成全球范围内标准协调的第一步，在 WTO/TBT-SPS 框架下，国际标准 / 协调的定义是：不同的 WTO 成员制定、承认和实施共同的技术法

规、标准、符合性评定程序。1998 年，欧盟对以色列关于疯牛病活牛进口限制的通知（G / SPS / N / ISR / 2）提出关注，欧盟质疑以色列风险评估的指导方针以及疯牛病状态分类标准未能遵守 SPS 协定第 2.2 条和第 3.1 条规定。2008 年，欧盟指出埃及只允许从无禽流感的国家进口热处理产品，措施与风险不成比例，是不符合世界动物卫生组织（OIE）标准的，未与 SPS 协定保持一致。这些都充分说明了西亚北非国家在国际标准协调方面存在一些缺陷，具体表现为协调不充分，没有通过磋商与进口国成员达成相互认可协定，不能接受其他成员国的法规标准。

#### 2.3.2.7.4 控制 / 检查和批准程序

“审核”“进口检查”“认证”等内容在 WTO/SPS 中统一归在“控制 / 检查和批准程序”条款中，WTO/SPS 关于检查和确保执行动植物卫生检疫措施的任何程序，各成员应确保：在执行和完成这类程序时没有不适当的延误，给予进口产品的待遇不低于类似的国内产品，西亚北非国家 16 项被关注中，有 3 项涉及控制 / 检查和批准程序，说明控制 / 检查和批准程序也是西亚北非各国被提出特别贸易关注的着眼点之一。其中值得注意的是，2008 年欧盟对阿曼健康证书需要大使馆认可提出关注，欧盟认为主管机构签发的《健康证明书》不应该需要大使馆批准，因为会导致额外的步骤、费用和不必要的延误，且有时大使馆拒绝提供这样的批准，建议应该简化行政程序，尊重 WTO 的规定。

#### 2.3.2.7.5 植物卫生

有 3 项关于植物卫生的特别贸易关注，其中 2 项被指出相关措施没有根据已有国际标准或指南操作，或具体措施与国际标准有较大差异。2001 年，厄瓜多尔对土耳其进口香蕉限制提出关注，厄瓜多尔认为土耳其当局发行植物检疫证书“Kontrol Belgesi”限制了香蕉的正常贸易，造成了不必要的和不合理的行政负担，土耳其表示“Kontrol Belgesi”证书在进口过程中使用的海关和食品安全分析程序，符合 SPS 协定和食品法典。2005 年，欧盟对以色列没有植物检疫立法提出关注，欧盟提出以色列植物检疫立法依旧出于草案阶段，对欧盟的植物和植物产品出口商产生了不可预测性，敦促以色列尽快确定立法并与国际植物保护公约（IPPC）标准相符。

#### 2.3.2.7.6 转基因生物

转基因食品的食品安全问题也成了特别贸易关注的重要内容。2001 年，泰国对埃及金枪鱼罐头进口限制提出关注。2010 年，美国对土耳其生物制品监管体制发展提出关注，美国认为土耳其新措施禁止婴儿和儿童产品中存在生物技术，新措施没有遵循公开共享原则，法律的制定和实施不透明不及时，未进行风险评估，导致审批流程缺乏可预测性。美国是最大的转基因食品国家，转基因生物科技领先全球，美国将科学作为管理体系的基石，把“可靠科学原则”作为安全监管的立法原则，该原则的基本观点是：倘若按照充分的科学依据和理由不能证实转基因食品不安全，那就推定其为安全，不应当过多限制其发展和市场化。各国对转基因食品安全监管立法模式及其相关制度的不同，导致了特别贸易关注的产生。

### 2.3.2.8　SPS 特别贸易关注特点分析

#### 2.3.2.8.1　发达国家和地区占据关注主导地位

从对西亚北非国家提出贸易关注的成员构成来看，欧盟、美国发达国家和地区提出特别贸易关注次数较多，可见发达国家和地区是西亚北非国家特别贸易关注的主要成员。发达国家和地区因其经济优势决定其在食品安全方面的标准和要求更严苛，因此在贸易中占有竞争优势。

#### 2.3.2.8.2　土耳其为最易受关注国家

西亚北非国家被提 SPS 特别贸易关注国家中，土耳其最易受关注。分析原因可能是因为土耳其政府在向 WTO 成员通报拟议的动植物检疫要求方面，未能按照 WTO《实施卫生与植物卫生措施协定》相关规定进行，在执行方面存在任意性；出口商在获取卫生与植物卫生认证信息方面非常困难；在食品、人用和兽用药物进口时，土耳其政府经常要求对一些项目进行实验室测试，而这些测试项目通常没有科学依据。

#### 2.3.2.8.3　动物及动物产品是重点关注主题

共有 11 项议题是针对动物及动物源性食品。涉及动物源性食品的特别贸易关注涉及的主题范围广。一方面，西亚北非国家因其局势动荡经济落后，国家卫生体系面临的挑战严峻，动物传染病 / 人畜共患病爆发频繁，在检验检疫措施标准水平上与发达国家和地区相距甚远；另一方面，随着一些国家转移出口重点，逐渐开拓新兴市场，西亚北非国际贸易面临的经济压力增大，使得西亚北非国家开始设置更加严厉的贸易壁垒，因此动物及动物源性食品关注程度较大。

#### 2.3.2.8.4　以科学依据为前提的原则

西亚北非国家被提起的 16 项特别贸易关注议题中，绝大多数以不符合 WTO/SPS 协定的形式被提出，认为西亚北非国家的措施并没有基于科学依据。特别贸易关注被提形式主要有以下 3 点：1）未进行风险评估，不符合 SPS 协定、OIE 标准或《食品法典》标准；2）措施或规定未及时通报，不透明，缺乏可预测性；3）控制 / 检查和批准程序相对繁琐且缺乏科学依据。

#### 2.3.2.8.5 宗教信仰是关注特色

西亚北非地处三洲两洋的交通要冲，由16个国家和地区组成，主要信奉伊斯兰教，清真食品的消费者众多。2013年，日本对土耳其禁止传统食品里的某些食品添加剂提出关注，土耳其强调出于宗教敏感性，猪源性添加剂不能用于食品、食品添加剂、食品酶；食品标签应注明食品添加剂来源以考虑素食者的偏好。我国应及时掌握首届清真食品标准技术委员会主席国——阿联酋关于标准化与计量局进行清真食品标准统一工作的进展，加快清真食品法规和国家标准的制修订工作。

# 第 3 章　西亚北非主要贸易国家技术性贸易措施体系

## 3.1　阿联酋技术性贸易措施体系

阿联酋位于阿拉伯半岛东南端，地处海湾进入印度洋的海上交通要冲，石油、天然气资源丰富，石油探明储量约 978 亿桶，天然气探明储量 6.09 万亿 $m^3$，均居世界第 7 位。石油产业是阿联酋的支柱产业，巨额稳定的石油收入是阿联酋财政收入的主要来源，使其成为海湾地区第二大经济体和世界上富裕国家之一。与此同时，为减少对石油产业的依赖，减少石油价格波动对经济增长的影响，实现可持续发展，阿联酋致力于推行经济多元化政策，鼓励创新发展，已逐步成为中东地区的金融、商贸、物流、旅游中心和商品集散地。

### 3.1.1　管理机构和职责

#### 3.1.1.1　经济部

经济部的职能主要包括：制定经济贸易政策；制定规范经济贸易活动的法律法规；检测经济运行情况，保护消费者权益；管理国内投资，吸引外资；协调政府部门和企业间的关系。

#### 3.1.1.2　外贸部

外贸部的职能主要包括：制定贸易政策和法律法规并监督实施；与其他国家同级别贸易部委签订贸易协定；在国际贸易组织、展会和会议中代表阿联酋与其他国家相关部门合作。

#### 3.1.1.3　工商会

工商会属半官方机构，主要职能包括：贯彻执行本酋长国有关工商业政策；管理本酋长国私人公司和企业，负责公司和企业的登记注册，发放营业执照和工商会会员证书等事宜；为本酋长国工商会会员提供有关经济贸易和市场等方面的信息。七个酋长国工商会联合组成阿联酋联邦工商会（FCCI），总部设在阿布扎比，主要负责协调各酋长国工商会之间的关系、组织参加酋长国间工商会活动、推动阿联酋企业家对外交往与合作。

#### 3.1.1.4 标准化与计量局

阿联酋标准化与计量局，是政府授权的阿联酋标准化机构，负责制定、批准、出版、审查、修改、发布标准和技术法规以及建立国家计量系统。其技术委员会主要包括动物产品技术委员会、农产品技术委员会、建筑材料和建筑技术委员会、化工及塑料产品技术委员会、石油产品和润滑油技术委员会、机械产品和汽车技术委员会、电气及电子产品和家电技术委员会。

为了实现规定的目标及利用当地现有能力，阿联酋标准化与计量局实行下列权力和任务：

（1）编制、核准、发布、修订及发行被批准的标准；

（2）建立国家计量体系，并监督其执行情况；

（3）发展和统一计量、校准的方式和方法；

（4）采用国际、区域、海湾地区和国家标准作为阿联酋的国家标准，并由董事会决定用阿拉伯语或其他的任何语言发行这些标准；

（5）确定商品和产品的标准及其有效日期，并在商品和产品上标示；

（6）在联邦及地方政府主管部门、私营部门认可测试及在校准实验室专门进行商品和材料测试和分析；

（7）对符合已批准的国家标准的产品发放质量证书以及合格证书和标志，此外管理此类证书的发放和控制其用途；

（8）发布、出版、分配和销售关于已批准的国家标准的出版物；

（9）根据董事会颁布的规则与其他组织和机构签订关于标志、质量证书和符合证书互认的协议；

（10）代表阿联酋参与相关会议、组织、机构和委员会。

### 3.1.2 法律法规体系

阿联酋是联邦制国家，除国防、外交相对统一外，经济、贸易、投资等方面各酋长国自成一体，联邦政府的一些法律在一些酋长国未得到严格执行。阿联酋实施自由经济政策，对外贸易进出口自由。政府大型项目采购由政府统一招标进口，对一般消费品和机械设备等没有限制。阿联酋现行有关贸易的法律主要有《商业公司法》《商业代理法》《商标法》《商业交易法》等。

#### 3.1.2.1 《商业公司法》

根据阿联酋《商业公司法》的规定，除在自由区内设立公司或经相关部长与部门协商并报请内阁批准后允许作为例外处理的公司，一般来讲，外国公司不得在阿联酋境内直接从事经营活动。只有通过阿联酋公民或由阿联酋公民完全所有的企业法人作为保人或代理，外国公司方可从阿联酋经济部取得营业执照。

#### 3.1.2.2 《商业代理法》

根据阿联酋《商业代理法》有关规定，外国公司可以在阿联酋境内委托一家代理，也可在一个或几个酋长国委托一家代理，但不得在一个酋长国委托多家代理。双方必须签订书面代理协议。外国公司在阿联酋境内以代理的名义销售产品和提供售后服务，没有合理的理由，外国公司不得任意终止代理协议。除非原代理协议到期失效或双方同意解除原代理协议或经法院判决解除原代理协议，否则，外国公司不得更换代理人。代理协议终止所造成的任一方的损失，可以要求另一方的补偿。

#### 3.1.2.3 《商标法》

在阿联酋注册商标，应通过商业代理或阿联酋国内商标注册代理机构提出申请。如申请被主管机关受理，则在阿联酋官方公报上发布公告，申请费用由申请人承担。公告期间如无他人提出异议，则公告期届满，注册商标自申请日起计算保护期，商标注册保护期为十年。商标保护期前五年内，商标所有人连续使用该商标且无他人对商标的有效性提出异议，则任何人无权再对商标的所有权提出争议。商标所有人可在保护期最后一年提出续展申请，申请续展十年。无论是申请注册商标还是专利，申请人均可通过阿联酋经济部网站的网上服务获得有关申请文件和具体资料。

#### 3.1.2.4 《商业交易法》

《商业交易法》是阿联酋专门管辖商业活动的法律。《商业交易法》定义了商业活动的范围；确立了一些基本概念，例如经纪、商业代理、运输（海运除外）等；就某些类型的商业交易做出了明确规定，包括公开拍卖、通常为连锁店和百货公司采用的分期付款方式销售商品和降价销售商品等。还包括国际商品销售、商标（商誉）、不正当竞争、商业抵押、电子交易与电子商务、银行业活动、商业票据和破产等内容。

### 3.1.3 监管机制

#### 3.1.3.1 进口管制

出于宗教、政治、健康和安全原因，阿联酋对部分产品实行进口管制：

（1）禁止进口的产品

部分药类（麻醉剂、可卡因、海洛因等）；伪造及复制的货币；与宗教、道德不符且会引起社会动荡的出版物、照片、油画、卡片、书籍、杂志及雕刻等。

（2）限制进口的产品

一切武器及军火；酒精及酒；治疗用药品；化学品、有机肥料、农业用定色剂及致命流感植物；种子及农业植物；医学用药；出版物、可视及可听磁带；电话交换设备；一切食品；活蜂及蜂王；烟花及爆炸物；骆驼；猎鹰；马科动物（马、驴、骡及斑马）。

（3）进口的要求

由于阿联酋为伊斯兰国家，所以进口食品时须符合伊斯兰教的教规要求，猪肉产品进口还需经特别许可。

原产地证明必须提供3份。在原产地证明书背面，出口商必须声明非以色列生产，并做有法律约束力的签字。如进口商明确要求说明生产者，则应在原产地证明书中补充以下字句：“该商品由……制造”。原产地证明书需经领事处签证。主管商会对原产地证明书背面的声明进行公证后，领事处才能对证明书予以签证。

#### 3.1.3.2 食品进口监管

阿联酋采用与海合会标准基本一致的进口商品标准，除对影响公共生活、健康、安全、环境的商品控制较为严格外，其他进口商品准入标准相对宽松。

在食品进口方面，阿联酋实行严格的检验检疫制度。一旦世界卫生组织（WHO）宣布哪个国家有某种疫病，或海合会总秘书处宣布禁令，阿联酋便宣布禁止从该国进口相关产品。此外，阿联酋各酋长国政府均有权视具体情况对当地口岸的进口产品实施进口禁令。所有进口食品需提供相关单证，符合联邦有关法律对有效期、标签等方面的规定，在确认单证无误、标签与日期符合规定且实地检验合格后方可入关。清真食品必须符合伊斯兰教对屠夫、被宰杀动物、宰杀工具及方法等方面的要求，并获得阿联酋驻出口国使领馆或其授权机构、阿联酋有关机关认可的伊斯兰组织颁发的认证。阿联酋进口食品监管部门有：环境与水资源部、阿布扎比食品管理局、各酋长国市政厅。各类食品进口的具体要求可向上述机构咨询。

#### 3.1.3.3 动植物进口检验检疫

阿联酋有关动植物进口检验检疫的法律法规主要有：1979 年阿联酋第 5、6 号联邦法及其修订本、2001 年阿联酋农业水产部（现为环境与水资源部）第 109 号行政决定转发的《海湾合作委员会国家第 460 号动物检疫规定》、2005 年第 383、511 号部长决议、2009 年第 539 号部长决议等。此外，还参照世界动物卫生组织（OIE）、联合国粮农组织（FAO）、世界卫生组织（WHO）和欧盟的相关规定。其中，《海湾合作委员会国家第 460 号动物检疫规定》对进口各类动物及动物源性产品规定了严格的检验检疫程序及通关办法，并规定进口动物及动物源性产品必须符合欧盟制定的卫生标准，需由进口商事先向农业水产部（现为环境与水资源部）申领进口许可证。

#### 3.1.3.4 代理制

根据阿联酋《商业代理法》的规定，外国公司或外国人必须通过阿联酋国籍的商业代理商，才能在阿联酋市场销售产品或提供服务；商业代理商必须为阿联酋独资公司。在销售时，必须起草商业代理协议，规定商品和合同覆盖的区域，由委托人和代理人双方签订协议。这份协议必须在联邦经济与商业部和商业活动所在的酋长国登记，如在迪拜签订协议，则还须由宫廷公证人公证。然后要请在阿联酋持照并已宣誓的翻译人员将协议译成阿拉伯语。如果协议是在阿联酋国土以外签字，必须由当地公证人进行公证，这种当地公证人的签名印鉴必须得到该国外交部的认可。外国委托人可以挑选一个代理人处理全国业务，也可以在每个或几个酋长国中指定一个代理人。向代理人支付的佣金数量或佣金的计算方法应在协议中明确规定。

如果外国公司或外国人要解除与阿联酋籍代理商的代理关系，必须征得阿联酋籍代理商的同意，并提出实质性理由，该理由还需得到阿联酋当地法院的认可，如没有经当地法院认可的实质性理由而解除代理关系，外国公司或外国人需向当地代理支付高额赔偿，或退出阿联酋市场。

#### 3.1.3.5 产品认证

阿联酋标准化与计量局下属的合格评定部从 2004 年 8 月 1 日起实施一个产品认证计划，即阿联酋合格评定计划（ECAS）。该计划保证产品符合核定标准，不仅是产品质量方面而且也包括了安全方面。若产品符合该计划，则授予其标志“AlAlama”。除了产品，生产商或制造商也要进行评估。该计划对内阁条例 No.114/2 列出的所有产品是强制性的，随后阿联酋又逐渐添加了其他产品。该计划也可以对由客户或其他相关方要求进行认证的符合阿联酋国家标准的产品进行认证。

所有涉及公众生活、健康和安全的产品以及影响环境和阿联酋经济的产品都属于在该计划内。此外，ECAS将把本地生产的产品也列入该计划内，以确保这些产品的质量，使这些产品在全球市场中具有竞争力。以下为ECAS管制的具体产品清单：儿童玩具、汽车电池、涂料、汽车发动机油、洗涤剂（家庭配方）、水泥管、瓷砖、家庭电热水器。

#### 3.1.3.6 质量标志

阿联酋质量标志是授予某些产品的特殊标志，证明携带该标志的产品符合核定标准，且其生产系统符合阿联酋标准化与计量局（ESMA）制定的其他要求。核定标准主要由ESMA批准。该质量标志是自愿性的，但ESMA鼓励制造商进行申请。在机构满足下列要求后，才能授予该机构许可证使用质量标志：

（1）工业单位有权在产品上打印、雕刻或粘贴质量标志，使标志难以消除。如果产品上没有足够的空间，或因为产品的性质不可以直接附加在产品上，那么该商标可以雕刻、印刷或粘贴在产品的容器上，或以ESMA或授权机构批准的任何方式附加。

（2）在从ESMA取得许可证后，被授权使用质量标志的机构有权将该产品的质量标志用于该公司的专有文件中，如媒体、广告和任何涉及公司活动的文件以及其他文件。但不许用在未认证的其他产品上。

（3）如果产品不符合标志要求的情况，则不允许该产品使用质量标志。

（4）若该产品的质量标志许可证被停止，则公司必须立即在所有领域停止使用关于该产品的质量标志。

（5）机构有权使用标志的所有产品认证，应确保质量标志不会使用在相同的未认证产品上。

一旦确认产品有资格使用质量标志，ESMA将会签发标志证书授权生产商使用质量标志。该质量标志适用于阿联酋境内的所有企业，包括根据国家核定标准生产的产品和应用ESMA签发的证书使用质量标志。质量标志也适用于ESMA批准的申请同样证书的外国公司。

其产品范围包括：家用电器产品、粮食产品、玩具、化妆品、洗涤剂、建筑材料（水泥）、润滑油、涂料、电线电缆。

#### 3.1.3.7 食品标签规定

阿联酋执行了海合会海湾标准［Gulf Standard（GS）9/1995］，该标准对食品标签做了规定。标签可以只用英语表示。

（1）任何包装的食品标签必须：不易去掉或更改；若产品含有动物脂肪、酶、胶或其他任何动物产品，该标签应明示产品来源；标签上的信息必须清楚、易认。

（2）标签必须显示的内容：生产日期及有效期；食品名称（品名）；原料按其含量降序排列；添加剂名称或国家编码（若有）；食品净重（或体积）；生产厂家的名称及地址；商标；原产国；贮藏条件要求（如必要）；食用方法（如需要）。

此外，香烟的包装上必须用阿拉伯语印上“政府警告，吸烟有害健康”“我们劝你戒烟”。

（3）标签不得出现以下情况：虚假、误导或具有欺骗性；与包装内的食品不一致；标签资料被覆盖、更改或涂擦。

（4）食品的生产日期和有效期要求：每一种食品都必须显示生产日期及有效期；日期不能手写或用标贴；日期不能被轻易擦掉；对于有效期在 6 个月以下的产品，必须标明其生产及有效期的年月日，有效期所在月的最后一天为有效期；对于有效期在 6 个月以上的产品必须标明其生产及有效期的年月；日期必须用机器印制、凸印或油印。进口食品的生产日期和有效期不得在迪拜或杰贝 · 阿里自由贸易区内印制或修改；食品不能有双重日期。

（5）其他：所有作为食品成分的脂肪和油必须在标签上明确标出；猪肉和含猪肉的产品在符合标签一般要求的同时，还要明确指出该产品含有猪肉。标签可以不用图案表示，也可以不列出猪肉或酒精的配方；对于特殊食品如减肥、保健、婴儿食品等必须标有关于产品维生素、矿物质含量，每 100 克所含营养价值、恰当使用和保存方法等详细信息；宠物食品除用英语标签外，还要求标有阿拉伯语，标签上还需写明“不适用于人消费”并标明生产日期和消费期限；目前，阿联酋还没有转基因食品生产和进出口的有关规定，因此阿联酋对转基因食品没有标签要求。

#### 3.1.3.8　食品的清真认证

阿联酋目前主管清真认证的部门主要是市政总秘书处和地方食品管理机构。目前，阿联酋对清真认证的要求如下：

（1）每一批出口的肉类制品都必须拥有能够证明其符合清真要求的认证，具体包括：由海湾国家驻出口国使领馆或他们授权的机构颁发的认证；由得到海湾国家有关机关认可的伊斯兰组织颁发的认证。该认证必须经海湾国家驻出口国使领馆或他们授权的机构检查，同时该认证上的印章必须是防伪的，且使用的墨迹需清晰且对健康无害。认证上必须有该伊斯兰组织授权人的签字，证明该产品的生产过程符合伊斯兰律法。

（2）阿联酋对可颁发清真食品认证的伊斯兰组织的要求，具体包括：该组织必须得到阿联酋市政总秘书处及原产国政府的核准承认；该组织必须在原产国有永久的总部，该机构能够详细说明每名员工的职责分工，同时提供有权在清真产品认证上签字人的职务、姓名及其缺席时代理其工作人的职务、姓名，以及带有该组织标识的正式文件；该组织必须有足够的技术和人员，以保证能够有效监督出口国进行清真屠宰的屠宰场；该组织必须确保所有出口至阿联酋供消费的牲畜在屠宰时都符合卫生要求和伊斯兰律法规定；该组织对清真产品的认证必须以阿联酋核准认可的形式开展，同时必须采用序列编码系统；该组织必须有一个单独的部门负责屠宰相关事务（该部门必须存有以下文件以备市政总秘书处的相关机构查验：屠宰监督者登记记录、屠夫登记记录、屠宰场登记记录、该组织已经颁发的清真认证的登记记录以及其他相关文件。屠宰监督者必须接受该组织的监督和管理，在一个地区或一个城市里，每一名监督者所监督的屠宰场最多不能超过 3 个；不允许贸易公司负责监督清真屠宰；该伊斯兰组织应该有一个选拔屠夫和屠宰监督者的制度，并且向他们颁发工作证；该组织必须为屠夫和屠宰监督者提供培训，以不断提高他们的技术和能力）；该组织必须有进行慈善活动的记录，例如建造学校、清真寺、穆斯林公墓，教授阿拉伯语和古兰经以及帮助需要帮助的人等；该组织必须有一套制度用以规范认证的颁发、印章以及经认可的签字的保管；该组织必须向市政总秘书处提供有权在清真产品认证上签字人的签字复印件以及其缺席时代理其工作人的签字复印件；该组织必须向市政总秘书处提供年度报告，说明其当年的活动、成果及已颁发的认证。

（3）认证程序：有关伊斯兰组织必须首先通过官方渠道向市政总秘书处递交申请，并附上能够证明其资格能力的相关文件。市政总秘书处有关委员会审议了申请之后，会做出是否承认该伊斯兰组织的决定。如有关委员会承认该伊斯兰组织，则申请将被转至市政总秘书处的常务委员会审查。市政总秘书处的常务委员会将最终决定承认该组织颁发的清真食品认证，或者派遣代表团赴该组织考察以确认该组织是否符合要求。如有关委员会未承认该伊斯兰组织，或者市政总秘书处的常务委员会决定派往考察该组织的代表团认为该组织不符合要求，市政总秘书处将会通过官方渠道通知该伊斯兰组织并说明理由。

## 3.2 沙特阿拉伯技术性贸易措施体系

沙特阿拉伯位于亚洲西南部阿拉伯半岛，东濒波斯湾，西临红海，地处亚、非、欧三大洲交汇处，是我国“一带一路”倡议的重要节点之一。沙特阿拉伯是中东最大的经济体和消费市场，2017 年 GDP 总额为 6882 亿美元，是 WTO、石油输出国组织和二十国集团成员国，其在中东地区乃至世界范围内的政治、经济和宗教领域，发挥着举足轻重的作用。沙特阿拉伯拥有丰富的油气资源，素有“石油王国”之称，石油储量和剩余可采量均居世界首位，其已探明原油储量为 2642 亿桶，占世界储量的 19%，原油日产能达 1250 万桶。石油产业为沙特阿拉伯贡献了 50% 的 GDP、70% 的财政收入、90% 的外贸收入。沙特阿拉伯天然气剩余可采储量 8.2 万亿 $m^3$，占世界储量的 4.1%，居世界第四位。沙特阿拉伯每平方米每天接受的太阳能照射平均达到 2200kW · h，是全球接受太阳能辐射能量最多的国家。此外，沙特阿拉伯还有丰富的金、银、铜、铁、锡、铝、锌等金属，以及其他非金属矿产资源。

### 3.2.1 管理机构和职责

沙特阿拉伯与贸易相关的机构有以下部门。

#### 3.2.1.1 沙特阿拉伯工商理事会

根据沙特阿拉伯皇家法令 M/6 号文件，沙特阿拉伯工商理事会成立于 1980 年 3 月，负责支持国家发展方案，与行政机关协调，制定与企业有关的制度和政策，监测经济变化、分析其对沙特阿拉伯营商环境的影响、对外贸易的发展、为投资环境发展做出的贡献，升级中小企业部门等。

#### 3.2.1.2 沙特阿拉伯经济和规划部

是沙特阿拉伯政府机构和内阁组成部分之一，总部位于利雅得。该部门负责制定和实施沙特阿拉伯长期经济计划。沙特阿拉伯经济部在 1953 年成立，之后在 1954 年解散。成立于 2003 年的沙特阿拉伯经济和规划部是由规划部和经济部合并而来，主要职能是制定国家发展计划。它拥有多个机构，包括统计数据的中央部门和国家计算机中心。

#### 3.2.1.3 沙特阿拉伯标准局

沙特阿拉伯标准局主要职责有：1）以合适的方式发布批准的标准；2）发布商品、产品和服务合格评定程序规定；3）制定和实施符合本地和进口产品许可证程序的规定；

4）颁发质量管理体系注册证书程序的规定；5）给予产品质量标志；6）提高对标准、质量、合格评定程序、计量学和校准的认识；7）协调与沙特阿拉伯的标准、质量、合格评定程序、计量和校准有关的工作；8）执行国家计量和校准工作；9）向本地和出口产品提供合格证书；10）进行认证工作，包括认可实验室和授予质量管理体系认证的实体；11）为本机构建立数据库，并与当地、区域和国际机构交流信息；12）进行研究和提供咨询服务，并与公司、大学、研究中心等其他类似实体合作；13）审查与本机构有关的法律和管理条例，按照质量和安全要求提出修改建议，并根据适用的程序将其转交主管机关审查和发放；14）作为 WTO 贸易技术措施协定的查询点；15）加入有关标准、计量、校准和质量的区域和国际组织。

#### 3.2.1.4 沙特阿拉伯能源、工业和矿产资源部

沙特阿拉伯能源、工业和矿产资源部是负责制定和实施沙特阿拉伯有关石油和石油产品的政策部门，也是沙特阿拉伯政府机构和内阁组成部分。（原沙特阿拉伯石油和矿产资源部于 1960 年 12 月成立，负责监督和监测有关勘探、开发、生产、炼制、运输、配送相关石油和石油产品的活动）

#### 3.2.1.5 沙特阿拉伯经济和发展事务委员会

通过指导和引导利益相关者参与政府的监督和发展，努力提高政府部门的业绩，确保经济活力。

#### 3.2.1.6 沙特阿拉伯一般投资管理局

旨在改善投资环境，促进竞争，引导投资，建立有竞争力的经济部门，提出投资营销和吸引策略。

#### 3.2.1.7 沙特阿拉伯发展基金会

政府的援外机构，只同外国政府部门建立关系并签约。

### 3.2.2 法律法规和标准体系

为适应现代化建设需要以及 WTO 的要求，沙特阿拉伯的法律体系近年有了很大完善，建立了涉及商业纠纷、所得税、商业登记、标准规则、工业保护、矿业、外资、企业、商标、银行、政府投标、土地分配、劳动保护、社会保险、投资基金和交通运输等内容的一系列法律法规。这些专门法规由沙特阿拉伯大臣会议制定，国王以敕令方式颁布，数目已达数百项。尽管如此，沙特阿拉伯在履行经济管理职能的过程中，无法可依或法律依据不足的现象仍较为普遍。对于当前的货物贸易、服务贸易和

知识产权三大项以及今后的环境保护、劳工标准和电子商务等方面，沙特阿拉伯现有的相关立法要么存在设计缺失，要么与 WTO 规则差距明显，如在对外贸易方面，沙特阿拉伯尚未构建一套以《对外贸易法》为核心，包括市场准入法、反倾销法、反补贴法、保障措施法、幼稚工业保护法、进出口货物原产地法、进出口商品检验和检疫法、国际服务贸易法、与贸易有关的环境保护和与贸易有关的知识产权法等在内的一整套法律和法规。除法律尚不完善外，沙特阿拉伯在执行法律法规的连续性方面也存在问题，美国传统基金会 2008 年发表的《全球经济自由度研究报告》就指出："沙特阿拉伯的法律环境缺乏保障性""投资者质疑沙特阿拉伯法院保证商业合同有效执行的能力""沙特阿拉伯与知识产权有关的法律被修订符合加入 WTO 时关于知识产权保护（TRIPS）的承诺，但是执行不力，存在矛盾"。另一个很典型的例子是，沙特阿拉伯《外商投资法》规定取消代理制，在一定条件下允许外商独资，但沙特阿拉伯投资总局于 2007 年 4 月又宣布停发外国投资者的独资企业许可。此外，由于长期缺乏对商业贿赂行为的法律治理，目前在沙特阿拉伯回扣和佣金已成为不成文的规定。在美国传统基金会公布的《世界经济自由指数报告》中，沙特阿拉伯的商业自由指数为 72.5%，贸易自由指数为 76.8%，财税自由指数为 99.9%，货币自由指数为 76.7%，以上数据在中东国家中均处前列，而廉政指数却只有 33.3%，位于海湾国家之末，商业腐败已成为制约沙特阿拉伯吸引外商投资和开展贸易的重要因素之一。

沙特阿拉伯标准组织（SASO）负责为所有的日用品及产品制定国家标准，标准中还涉及度量制度、标识等。事实上，SASO 标准中有很多是在相关的国际电工委员会（IEC）等国际组织的安全标准基础上建立的。像很多其他的国家一样，沙特阿拉伯根据自己国家的民用及工业电压、地理及气候环境、民族宗教习惯等在标准中添加了一些特有的项目。为了实现保护消费者的目的，SASO 标准不只针对从国外进口的产品，对于在沙特阿拉伯本土生产的产品也同样适用。

沙特阿拉伯商工部及 SASO 要求所有 SASO 认证标准包含的产品在进入沙特阿拉伯海关时有 SASO 认证证书。没有 SASO 认证证书的产品会被沙特阿拉伯港口海关拒绝入境。

根据 SASO 的规定，SASO 认证包含所有成人及儿童在住所、办公或娱乐场所使用的产品，所有机动车及零配件以及建筑产品。这些产品主要可以分为以下类别：空调、制冷设备、采暖设备；电池；化妆品；玩具；压缩机及风扇；家用电子电气设备；电线电缆；传真机；灯具及照明设备；电梯及升降系统；发动机；办公用电子电气设备；个人电脑；电源；电话；机动车及零配件；建筑产品、涂料等。

### 3.2.3 监管机制

#### 3.2.3.1 代理制

按照沙特阿拉伯《沙特阿拉伯商业代理规定及执行细则》(以下简称《商业代理规定》）规定，在沙特阿拉伯的任何贸易活动，需通过沙特阿拉伯人或者全资的沙特阿拉伯公司来进行。所谓商业活动包括进口及采购本地商品再零售。因此，要从事上述贸易活动的外国公司，必须指定沙特阿拉伯代理或经销商，代理协议要在沙特阿拉伯商工部进行登记。代理必须持有有效的允许其从事代理业务的商业登记证，方可从事代理业务。从事代理业务的主管人员或代表，必须是沙特阿拉伯人。《商业代理规定》禁止"借壳代理（shell agent）"，即代理权直接或间接被外国委托人掌控。因此，沙特阿拉伯代理必需独立于外国委托人。

代理不一定是唯一的，但商工部通常不会为同一个外国委托人注册一个以上的代理协议。

《商业代理规定》中还明确了终止代理协议要为代理提供补偿。依据商工部代理协议样本，在业务已经取得明显的成功的情况下终止代理协议，应给予代理合理的补偿。

在未与原代理解除代理关系之前，商工部不会为新代理登记注册代理协议。解除代理协议通常需要原代理出具同意解除代理关系的确认函，或在代理协议到期后，由商工部来解除代理关系。

#### 3.2.3.2 关税管理制度

沙特阿拉伯进口的大多数产品的应用税率为 5%，对于大多数其他成员国来说相对较低。2014 年，海关征收的简单加权平均关税为 5.3%，2014 年海关收入总额为 279 亿美元，总进口额为 1730 亿美元。根据海合会的共同关税制度，海关免税的金额达到了 73 亿美元。

沙特阿拉伯对多数基本消费品免税，如糖、大米、茶叶、未经焙烧的咖啡、豆蔻、大麦、玉米、牲畜、肉类（鲜肉或冻肉）；最高关税为 20%，以此保护沙特阿拉伯自己的产业，如家具、食盐、矿泉水等；其他一些商品关税以成本加保险费加运费价格的 12% 征收；还有一些进口商品的海关关税是按照质量或体积，而不是按价计算，关税可能更低；对海合会成员国，只要出具原产地证明或认证证书即免征关税；签有贸易促进协定的阿拉伯国家联盟成员国可享受优惠的关税；签有双边经贸协定的阿拉伯国家享有更优惠的关税。

沙特阿拉伯按照 HS 编码，将进出口商品分为 7177 个条目，1993 年沙特阿拉伯首次申请加入关贸总协定时，当中 75% 的商品条目的关税为 12%。至 2004 年，由于海合会国家统一关税的协定，85% 的商品条目的税率低于 5%。2012 年 1 月 1 日，沙特阿拉伯实施了 2012 年协调制度 HS 修正案。

2005 年，沙特阿拉伯加入 WTO 后承诺关税税率限定税率，而目前沙特阿拉伯所执行的关税税率大多低于这一限定税率。沙特阿拉伯无意将关税税率上升到限定税率水平，但沙特阿拉伯政府仍保留调整关税税率的权利，以应付一些被迫调整的状况发生，如反倾销，或者认为应对本国某一产品实施贸易保护。后一种情况下，沙特阿拉伯将在和海合会国家商讨后共同实施。

在过去的几年里，沙特阿拉伯已经大大简化了其海关程序。沙特阿拉伯实施了《海合会共同关税法》（CCL）及其实施细则和解释性说明，并详细介绍了海关程序（阿拉伯语和英语）。2015 年，通过了统一的海关程序指南，以方便简化海合会关税同盟的海关手续，指南强调了在“单一入境口岸”原则下确保海关程序和文件要求在海合会成员国中相同的目的。沙特阿拉伯海关部门在大多数情况下都采用完全自动化的系统，允许电子提交和处理进口声明。一般来说，提供相关的要求（包括文件），货物的清关需要一天的时间，而不考虑运输方式。在到达前的文件核查程序可以应用于某些产品，以允许直接通关，而且有意图扩大这些程序所覆盖的货物范围。沙特阿拉伯海关通过了一项经授权的经济经营者（AEO）计划，其中的条件和要求符合世界海关组织制定的有关指导方针。

### 3.2.3.3　进出口管理制度

#### 3.2.3.3.1　进口管理制度

沙特阿拉伯对一般产品实行自由贸易政策，对进口商品没有数量或价格限制。但法律禁止进口 83 类商品，包括酒精饮料、猪肉制品、狗类（猎狗除外）、赌博器具、致幻毒品和其他与伊斯兰教义相违背的物品。还有一些禁止进口商品是出于对公共安全和文化教育原因的考虑，如卫星网络接收装置、沙林毒气等。

“非自动进口许可”表示需要取得进口许可后才能进口的商品，共分 73 类，其中多数具有危险性，如炸药、杀虫剂、动物用医药产品等；或者是具有军用和民用两种用途的商品。而另外的一小部分则是因为特殊原因，如禁止进口活马，是为了保护阿拉伯马血统的纯正。进口蒸馏设备需要事先取得商工部的进口许可，是因为曾发生过违法分子进口蒸馏设备后在沙特阿拉伯国内违法酿酒案件。进口农业机械需申请进口许可是出于两个目的：1）根据沙特阿拉伯加入 WTO 的承诺，沙特阿拉伯需建立完善的管理制度对农业机械进口商进行补贴；2）为了保证进口的农业机械不会对沙特阿拉伯的自然环境产生影响。进口的种子也需要申请进口许可，以防止进口腐烂的种子，滋生真菌或者黄曲霉素，或者是没有达到沙特阿拉伯规定的杂草含量标准。进口种子需要由专人在装船前进行检查方可出港。

另外，沙特阿拉伯要求一些商品必须接受强制认证后才能进入沙特阿拉伯市场，这些商品共分 5 类，包括玩具、电气和电子设备、汽车、化学药品及其他一些商品，进行强制认证的理由是这些都是关系到公共安全的商品。沙特阿拉伯民用电力系统普遍同时使用 110V 和 220V、频率为 60MHz 的电压。家电产品须考虑安装两种电压可自动互为转换的开关装置。家电产品的使用说明书应同时具有英、阿两种文字以及简单的操作和安装图示。

进口食品须遵守有关健康和卫生法规，并要求加贴原产地标识。沙特阿拉伯商工部已发布一系列指示，防止超过保质期的食品进口，并要求食品加贴原产地标识。

#### 3.2.3.3.2 出口管理制度

13 种商品被认为属于沙特阿拉伯特有的物种，包括纯正血统的阿拉伯马、跑马、小型马、牛、绵羊、山羊、骆驼，属于珍稀品种的椰枣树、鲜草和干草料，以及古董、有历史和考古价值的工艺品，这些物品禁止出口。

沙特阿拉伯规定需事先取得出口许可的商品共有 47 种，主要为原油、各种能源气体、沥青、大理石和沙土。这些产品的出口要事先取得沙特阿拉伯能源、工业和矿产资源部的许可。一些农产品的出口也要事先得到财政部的许可，如大麦、玉米、面粉。面粉出口前需要得到“粮食储备和生产组织”的许可，以证明此农产品所享受的国家补贴已经在出口前全额退回。医药产品出口也需要事先取得出口许可。

### 3.2.3.4 符合性认证计划

沙特阿拉伯对进口的所有消费产品实施产品符合性认证计划（PCP：Product Conformity Program），该计划的前身为 1995 年 9 月起率先执行的国际符合性认证计划（ICCP：International Conformity Certification Program）。2008 年起，该计划由沙特阿拉伯标准局下属的“实验室和质量控制部”负责，名称也由 ICCP 改为 PCP。这是一项规定对产品进行包含测试、装船前核查及认证的综合计划，以保证进口的商品出运前能全面符合沙特阿拉伯的产品标准。

PCP 要求每批到达沙特阿拉伯口岸的货物均须附有统一的符合性认证（CoC：Certificate of Conformity）证书，无证载运到沙特阿拉伯进口港的货物将被拒绝入港。客户可依据产品出口的频次，选择三种不同途径来取得 CoC 证书。

#### 3.2.3.4.1　符合性验证

出口商或供应商在每次出货前申请装船前的现场核查及测试，以确定产品满足沙特阿拉伯技术法规所规定的必要的安全、环境或其他准则。结果合格后即可获得 CoC 证书。此途径适用于出口频次不高的情况，如每年出口频次低于 3 次，推荐采用此途径。

#### 3.2.3.4.2　注册及装船前的现场核查

出口商或供应商提供发货样品进行测试，测试合格后该型号（或系列型号）的产品可获得注册证书，注册有效期 1 年。在该期限内，注册过的产品在每次出货发运前只需进行现场核查，核查结果合格后即可获得 CoC 证书。当注册产品发生变更时，要求对变更后的型号或规格重新进行注册。该模式的优势在于每次装船前的现场核查虽然是必须的，但每批货无须再做装船前测试。

#### 3.2.3.4.3　质量标志（QM：Quality Mark）证书

此程序基本遵照 ISO/IEC 导则 28——典型的第三方产品认证制度的通用要求，对申请的产品进行型式试验及初始工厂检查，合格后可获得 QM 认证证书，该证书的有效性通过后续年度的监督检查来维持。正常情况下，已获得 QM 证书的产品在出货前无需再进行测试及现场核查，而是通过资料审查方式来保证发运产品与获证产品的一致性，经资料审查合格后即可获得 CoC 证书。

这种方式既能节省每次出货前的时间和费用，简化重复的申请程序，又能保证交货时间，故为出货较频繁或规模较大、注重质量及信誉的大公司所青睐。出口商或制造商的产品经检测完全符合进口国强制标准、并经过工厂质量体系审核后才能获得型式批准许可。

### 3.2.3.5　出口沙特阿拉伯所需单证清单

#### 3.2.3.5.1　商业发票

用出口公司的文头纸制作，包含发货人和收货人的名称和地址、准确的货物描述及货物构成，还包括 6 位 HS 编码、商标、船名、启运日期、装船港、卸货港、毛重、净重、数量、单价、每种商品总价、货物总价、每个包装货集装箱里面的内容、币别、信用证号、运费和保险等。沙特阿拉伯海关要求对货物的描述必须十分详细。

对于仪器设备要包括如下信息：数量、尺寸；型号；商标；制造商全名；任何其他有助于理解出口商品的信息。

对于其他货物：全面的原材料描述，包括种类、尺寸、质量、各成分所占百分比等；制造商全名；商标；任何其他有助于理解出口商品的信息。

商业发票上应带有认证声明，并由出口商主管官员签字，声明内容为：“I certify this invoice to be true and correct and in accordance with our books，also that the goods referred to are of ××× origin”。

#### 3.2.3.5.2 原产地证明

须由制造商或出口商出具原产地证明，其中要包括船（航班）名、启运日期、所有商品的制造商的名字、国籍、带有街道名称的地址。另外，所有商品或部件都必须详加说明。要有一段文字声明该文件真实准确，并经签字生效。如果货物不是出口国特有的产品，需要另外附上一份经公证的附加声明。原产地证明中还要包括沙特阿拉伯进口商的名称和地址、货物描述及船运公司的地址。

#### 3.2.3.5.3 提货单（或航运收据）

提货单需要递交到沙特阿拉伯使（领）馆，内容要与商业发票相符。内容包括所发运货物的描述、价值、净重、毛重、体积、尺寸、唛头、包装数量、收货人（沙特阿拉伯进口商）名称及地址、运输公司及（或者）运输代理的名称及地址、船名、启运日期、装船港、卸货港。唛头及数量需与发票一致。

#### 3.2.3.5.4 轮船证书

由船运公司（或航空公司）出具，作为提单附件使用，至少要有一份正本，而且是经认证的证书。包括如下信息：货船（飞机）名及原名（如有）；货船（飞机）国籍；货船（飞机）主；停靠港（机场）名，包括装、卸或港口（机场）。轮船证书中还要声明，除了已经提到的港口（机场）外，不停靠任何其他港口（机场），证书中的所有信息均真实、准确。标准证书格式可在沙特阿拉伯使领馆网站下载。

#### 3.2.3.5.5 保险单

由保险公司出具，至少有一份正本，内容包括保险金额、船名、装船港、沙特阿拉伯的卸货港、受益人的名称和地址。另外，保险单附加说明（Appended Declaration to Insurance Policy）可在沙特阿拉伯使领馆网站下载，需声明该保险公司是具备资质的、指定的保险代理公司，或者是在沙特阿拉伯的代表，需提供名称及地址。如果在沙特阿拉伯的保险公司投保，出口商需用其公司文头纸说明保险公司的名称和地址。

#### 3.2.3.5.6 装箱单

包括发货人和收货人的名称及地址、货物描述、价值、净重和总质量、包装数量及内容、集装箱数及内容、铅封数目、信用证号码（如有）等。

#### 3.2.3.6　其他要求

沙特阿拉伯监管机制的其他要求有：

（1）植物、水果、蔬菜、种子、活畜及禽类对沙特阿拉伯出口，必须事先获得沙特阿拉伯有关部门颁发的许可证。实际出口时，还要有卫生检疫证明，确认货物不含病害。所有的植物达到沙特阿拉伯港口后还要进行检验。

（2）根据沙特阿拉伯皇家法令 5/E/27748（Royal Decree No.5/E/27748 dated 24/11/1402H），出口到沙特阿拉伯所有货物，必须提供原产地证明。

（3）地毯厂家或者供应商，必须用阿语标明厚度（或者每平方米的质量）、种类、堆重、原产国。每 5 米长及每卷要有一个标识。厂家、供货商及分销商，都必须在发票上加以说明。

（4）修面刷和其他由毛发制成的商品，必须附有无炭疽病菌的证明。

（5）旧服装要有消毒证明，并需要检疫人员进行检验。

（6）沙特阿拉伯严格禁止进口、销售和使用酒精饮料、致幻毒品和武器。用于狩猎及体育的武器须经特殊审批方可进口。

（7）书籍等印刷品由海关进行检查，淫秽、色情的印刷品禁止进口。

（8）旅客允许携带少量额度自用药品，但须准备好出具医生处方，以证明所携带的药品确实为个人所用。

（9）商品样品进口，需征收关税及其他额外费用，费用可以押金或银行保函方式支付。如果货物在 12 个月内出境，可退还税款。如果样品被卖掉，则不再退还关税。进口样品，须事先获得海关批准。珠宝和手表样品征收的关税，将有 12% 不予退还。样品发货单据也需要认证。

## 3.3　土耳其技术性贸易措施体系

土耳其文化积淀深厚，地理位置优越，自然风光优美，古希腊和东罗马遗迹在此汇聚，亚洲和欧洲两洲在此分界，黑海、马尔马拉海、爱琴海和地中海将此环绕。十多年来，土耳其政治、社会总体稳定，经济高速发展，投资环境日益改善，越来越受到外国投资者的青睐。过去 10 年，土耳其 GDP 平均增长速度接近 5%，2017 年土耳其为全球第 17 大经济体。迅猛的发展势头、良好的发展前景，使得土耳其成为继中国、俄罗斯、印度、巴西、南非等"金砖国家"之后又一不折不扣的新兴经济体。2017 年，中土双边贸易额 219.1 亿美元，同比增长 12.5%；当年中国在土耳其新签工程承包合同额 8.28 亿美元，同比增长 26.3%，实现营业额 12.04 亿美元；当年中国对土耳其直接投资 4289 万美元，直接投资存量 13 亿美元。中国对土耳其投资意愿显著上升，投资领域也逐渐从传统的矿业向农业、制造业、交通、能源、电信、金融等行业扩展。

## 3.3.1 管理机构和职责

### 3.3.1.1 经济部

原名外贸署，主管对外贸易。其职责包括：制定、贯彻、协调对外贸易政策，收集整理国内其他部门、机构针对贸易问题所提出的意见和建议，并提交立法部门进行审议等。

### 3.3.1.2 海关署

主要负责制定海关政策、参与制定关税税率、征收关税和其他税费、控制和检验货物和车辆、编纂海关数据、打击走私等。

### 3.3.1.3 工业和贸易部

主要负责土耳其贸易类法律的制定与贯彻，例如与技术性贸易壁垒、知识产权保护、工业及商业产权、竞争保护及消费者权利等相关的法律。

### 3.3.1.4 国家计划署

主要通过设定经济发展目标和优先公共投资项目，制定土耳其五年发展计划，也负责实施地区发展激励及扶持项目。

### 3.3.1.5 国库署外国投资总司

土耳其向外商企业提供一站式服务的机构，职能包括指导和协助外商企业在土耳其开拓投资机会，接受并处理外商投资申请及给予投资优惠，办理许可证、技术及管理协议，代表政府与外商进行双边投资促进及保护协议的谈判等。

### 3.3.1.6 土耳其标准局（TSE）

根据《建立土耳其标准局法》而设立的一个具有法人地位的独立的公益性社团组织，代表政府工作，但不受政府干预。其职责是管理土耳其全国标准化和质量认证工作（包括进口产品的认证工作）。主要任务有：组织制定、审批、发布土耳其标准（TS）、组织产品认证、质量体系认证以及认证标志的管理、建立和认可检测实验室、开展保护消费者活动、代表国家参加国际或者区域性标准化与认证活动、与外国标准化机构进行多边和双边合作。

## 3.3.2 法律法规体系

### 3.3.2.1 贸易法规体系

主要包括关税体系、进口管理、出口管理和贸易救济。贸易法律法规主要有《对外贸易法》《海关法》《进口加工机制》《配额及关税配额行政法》《增值税法》《进口产品不公平竞争预防法》《自由贸易区法》《出口促进关税措施》《出口机制法规》《出口加工体系法》《政府促进出口税收措施法》等。

### 3.3.2.2 进出口检验检疫立法

主要有《卫生法》《农业检疫法》《动物卫生检疫法》《食品的生产、消费和检验法令》《水产品法》《土耳其食品药典法规》以及中土两国在 2006 年共同签订的《中土两国政府关于动物检疫及动物卫生的合作协定》。

### 3.3.2.3 外贸技术法规和标准化法令

自从 1996 年土耳其加入欧洲关税联盟之后，为促进本国经济的发展与欧盟贸易的自由流通，在贸易和技术立法方面不断与欧盟协调，在与市场准入有关的技术法规、标准体系等方面很大程度上参照和采用欧盟的现有体系。其外贸技术法规和标准化体系主要由部级法令、一个法规、相关的外贸标准化公报组成。部级法令为外贸技术法规和标准化体系的法令；一个法规为《关于外贸技术法规和标准化体系的法规》；相关的外贸标准化公报包括一份《关于加贴 CE 标志产品的进口公报》。外贸技术法规和标准化体系的法令主要有《关于产品技术立法的准备和执行的法律》《土耳其和欧盟之间标准和技术立法通告的法规》《关于在产品上贴附和使用 CE 符合性标志的法规》《产品市场监督和检验的法规》《关于符合性评定机构和指定机构的法规》。

## 3.3.3 监管机制

### 3.3.3.1 关税制度

自从 1996 年土耳其与欧盟形成共同关税同盟后，土耳其对从第三国进口的工业品和加工农产品的工业组件开始实施与欧盟相同的关税。2004 年 8 月 25 日，土耳其颁布新法令，将欧盟普惠制下的所有工业品纳入土耳其的普惠制下，执行与欧盟一致的给惠方案。2005 年，加工农产品的工业组件适用欧盟的共同关税税率。此外，为增强国内生产商的竞争力，大幅度削减或取消某些产品的进口关税，主要包括在化工和电子工业上用作原料或者中间投入物的产品。

土耳其对进口产品征收 5 种税费：1）海关关税；2）货物税；3）民众住宅基金税（针对鱼类产品）；4）特别消费税（SCT）；5）增值税。其关税结构分为 5 种：从价税率、从量税率、混合税率、复合税率和形式税率。对所有贸易伙伴（包括非 WTO 成员）均采用最惠国税率，且不含季节性税率。

#### 3.3.3.2 进口管理制度

##### 3.3.3.2.1 海关程序

海关申报的形式与欧盟海关使用的单一管理单据一致，所有进口货物报关时均需向海关提供统一管理文件及其他相关单据。对于从非欧盟国家但与土耳其签订了自由贸易协定的国家进口的报关使用欧盟税号（EORI）表格。

某些货物进口只能通过指定的海关站点，比如汽车、拖拉机、摩托车及其零配件进口的海关手续只能在耶西勒廓伊和盖布泽海关办理，纺织纤维的进口在布尔萨和哈尔卡勒海关办理，一些石油产品的进口在盖布泽海关办理，植物与植物产品的进口在梅尔辛海关办理。

##### 3.3.3.2.2 原产地规则

土耳其采用两种不同的原产地规则：非优惠原产地规则和优惠原产地规则。根据土耳其《海关法》第 17 条和第 21 条，非优惠原产地规则主要适用于原产地为“产品最终实质性改变和重要生产阶段所在地”的进口产品。优惠原产地规则主要适用于与土耳其签订过双边或多边贸易优惠协定的国家的进口产品，该原产地规则设定了相关产品的加工及增值标准。

##### 3.3.3.2.3 进口限制及许可证

出于环境、公共安全、健康等因素的考虑，土耳其限制进口麻醉剂、大麻、鸦片、消耗臭氧物质、蚕卵和用于农业的任何种类土壤、茎、叶、秆、自然肥料、游戏机、违反保护工业产权国际公约的产品等 11 大类产品。土耳其农业与村民事务部发布公告，自 2008 年 10 月 9 日起禁止进口含有中国生产的牛奶及奶制品的婴儿食品以及巧克力等类似食品。

根据 2005 年土耳其外贸标准公报，土耳其对下列产品实施进口许可：新鲜水果和蔬菜、干果、豆类、食用蔬菜油及棉花等农产品，固体燃料、废物、废金属、制药产品、药品、清洁剂、食品、农业及动物产品、兽药产品、某些化学品、烟草制品和酒精饮料。土耳其于 2004 年颁布了《与进口监管执行相关的法令》和《进口监管实施法规》，作为对进口产品实施监管的法律依据。当一种产品的进口对国内生产相同产品或直接竞争产品的生产商造成损害或威胁，同时因国家利益又需要进口该种产品时，土耳其经济部进口总司根据申请或自行对某一产品做出监管决定，监管产品进口时除须具备依据海关法规所规定的文件外，还须出具进口总司颁布的监管产品进口许可证。

#### 3.3.3.3　出口管理制度

土耳其规定，出口商必须注册成为出口商联盟及当地商会的会员。土耳其禁止出口 14 大类与环境、卫生或文化相关或受国际条约规定的产品。主要包括历史文化作品、印度大麻、烟草植物、安哥拉山羊、所有的野生及狩猎动物（允许出口产品清单上的除外）、某些植物（如胡桃、桑树、樱桃树、李子、紫杉、岑树、榆树、菩提树）、《保护臭氧层维也纳公约》所列产品、禁止出口的开花植物的球茎、木柴和木炭、亚洲苏合香、某些化学品、古董以及土耳其兰花饮料等。军民两用产品或“敏感”产品的出口需要获得出口许可。需要出口许可的产品还包括：武器弹药、鸦片、麻醉和精神药品、受《巴塞尔公约》控制的危险废料、肥料、野猪、狼、狐狸、蛇等动物、天然气、兽药等共 24 类。

下列产品出口时需要进行登记：向支持价格稳定基金支付货款的产品、根据土耳其与俄罗斯双边协定进口后复出口的天然气、受到国际制裁的产品、部分电子设备、《瓦森纳协定》下的离心分离机等产品、导弹技术控制体制管辖下的产品、未加工的橄榄油、加工过的桶装橄榄油、甘草根、生海泡石、活牛和活羊等。

### 3.3.4　技术性贸易壁垒

2004 年，土耳其要求进口玩具、医疗器材、主动可植入医疗器械、机械产品、低压设备及其他一系列产品要有“CE”认证，但土耳其采用“CE”认证体系的文件和检验方法不同于欧盟，因此，在启动这一体系时导致混乱，造成了上述进口产品通关一度陷入瘫痪。2005 年，土耳其又决定取消进口玩具产品“CE”认证的要求；同时规定，某些玩具产品要符合外贸署 2001 年 7 月 11 日 24459 号公告发布的“关于进口商品技术法规制定和执行的相关法律”和 2002 年 5 月 17 日 24758 号公告发布的“关于进口玩具的法规规定”。中国是上述产品的主要出口国，由于土方技术性法规的多变，对中国出口商进行相关贸易带来了不确定性，增加了出口风险，中方对此表示关注。

土耳其政府在向 WTO 成员通报拟议的植物检疫要求方面，未能按照 WTO《实施卫生与植物卫生措施协定》相关规定进行，且在执行方面存在任意性。出口商反映在获取卫生与植物卫生认证信息方面非常困难。在食品、人用和兽用药物进口时，土耳其政府经常要求对一些项目进行实验室测试，这些测试项目通常没有科学依据。

## 3.4 伊朗技术性贸易措施体系

伊朗是"一带一路"沿线的重要节点国家，人口众多，地理位置优越，资源禀赋优势明显，是西亚北非地区经济大国，具有较大的发展潜力。伊朗主要出口商品为油气、金属矿石、皮革、地毯、水果、干果及鱼子酱等，主要进口产品有粮油食品、药品、运输工具、机械设备、牲畜、化工原料、饮料及烟草等。近年来，中伊双边关系保持良好发展势头，经贸领域合作密切。2016 年 1 月，习近平主席访问伊朗，将两国关系提升至全面战略伙伴关系，两国经贸合作不断走向深入。目前，伊朗是我国在中东地区第三大贸易伙伴，全球第五大原油进口来源地、重要的工程承包市场以及投资目的地；我国是伊朗最大的贸易伙伴，同时也是伊朗最大的石油及非石油产品出口市场和重要的外资来源地。2017 年，中伊双边贸易额实现 371.8 亿美元；中资企业对伊朗直接投资存量 36.24 亿美元；新签承包合同 49.71 亿美元。

### 3.4.1 管理机构和职责

伊朗与技术标准相关的机构主要有：伊朗标准和工业研究院（ISIRI），伊朗工业、矿业与贸易部（简称工矿贸易部），伊朗贸易促进组织（ITPO），伊朗农业圣战部。

#### 3.4.1.1 伊朗标准和工业研究院（ISIRI）

ISIRI 是由伊朗政府法令指定负责检测进出口货物质量的机构。其主要职责包括：对如何制定、修订和执行国家标准展开研究，开发和制定完善除药品外的国家（官方）标准，通过文化活动和交流以推广国家标准的使用，出具、延长、暂停和注销 ISIRI 的许可证书，监督执行强制性标准，处理正式投诉和其他法律和司法事务，出具出口和进口产品合格证书。

#### 3.4.1.2 伊朗工业、矿业与贸易部（简称工矿贸易部）

工矿贸易部负责国内贸易流通和国际贸易、工业制造业、矿石开采和审批等，下辖工业发展和振兴组织（IDRO）、矿产和矿业开发及振兴组织（IMIDRO）、中小企业和工业园区组织（ISIPO）、贸易促进中心（TPO）、国际展览公司、工矿农商会（ICCIM）等机构。其主要职责包括：建立和实施与其他国家的商务联系，调查研究其他国家的对外贸易政策，维护与各国的贸易关系，调查有关商业免税的事项，对进出口条款和进出口商品的复审提出必要的意见，制定进出口法规草案以指导和促进对外商务关系，编制国家进出口法规并监督执行，发放商业卡（审批进出口权），建立与其他国家的对外贸易关系和国际关系，进行贸易数字的统计、编制、整理和公布。

#### 3.4.1.3　伊朗贸易促进组织（ITPO）

ITPO 主要负责伊朗的对外贸易政策制定、贸易促进和筹办国际展览等事务。协调伊朗国际展览公司每年在德黑兰举办 20 余个国际大型展览，主要是关于特定行业的专业展览，例如食品、纺织服装、建材、黄金珠宝、工业机械、石油天然气、矿产等。每个展会大概持续 7 天—10 天。其中，中资企业参展比较集中的有伊朗国际汽车及零配件展和伊朗国际石油天然气工业展等。

#### 3.4.1.4　伊朗农业圣战部

主要负责伊朗粮食管理、农业生产和农产品进出口等事务。

### 3.4.2　法律法规体系

伊朗与贸易有关的主要法律有《海关法》《进出口法》及其实施细则。此外，伊朗工矿贸易部还会不定期地发布一些最新的进出口规定。

### 3.4.3　监管机制

#### 3.4.3.1　贸易类别

伊朗将进出口商品分为下列 3 类：

（1）允许商品：依照规定无需取得许可即可进出口的商品；

（2）限制商品：需取得许可才能进出口的商品；

（3）禁止商品：依照伊斯兰教义（根据买卖和消费信用）或根据法律被禁止进出口的商品。

#### 3.4.3.2　进口管理

伊朗的进口项目规定在伊朗农历的元旦（3 月 21 日）由商业部颁布。该规定将进口货物分为 4 等：授全权的、有条件授权的（若干部门决定的）、未授权的、禁止的

（按伊斯兰法律和规定禁止进口的）。由于进口规定不断变化，因此建议需要时提前向主管的采购供应中心询问。

伊朗《海关法》规定下列商品禁止进口：

（1）海关税目表和专门法律规定禁止进口的商品；

（2）根据有关法律规定认为属不许进口的商品；

（3）任何武器、猎枪、炸药、雷管、子弹、炮弹、爆炸物、易燃易爆物品，除非获得国防部和武装部队后勤部的许可；

（4）任何毒品，除非获得卫生医疗教育部的许可；

（5）空中摄影、摄像专门仪器，除非获得国防部和武装部队后勤部的许可；

（6）任何发射机及其零配件，除非获得邮电部的许可；

（7）经伊斯兰文化指导部认定属破坏公共秩序、有损国家形象、宗教风化的唱片、录音带、电影片、书籍；

（8）经情报部队认定属破坏公共秩序、有损国家形象、宗教风化的杂志、报纸、图画、标记、出版物；

（9）外表外包装上、提货单及有关文件上有破坏公共秩序、有损国家形象、宗教风化的句子或标记的商品；

（10）在发行国已作废的外国纸币、仿制的纸币、邮票、货签；

（11）彩票；

（12）会使消费者和购买者因为商品外包装上的名字、标志、商标或其他特征而对原产品制造商、生产厂家和其特性产生误解的商品。

2014 年 12 月，伊朗卫生部已经要求海关禁止进口棕榈油。

2015 年 7 月，伊朗开放热带水果进口。伊朗农业圣战部宣布对香蕉、菠萝、椰子和芒果进口将不设置任何限制。除伊朗本国不能出产的热带水果外，伊朗农业圣战部禁止任何其他水果进口，以保护伊朗本国农民和供应商。

### 3.4.3.3 进出口商品检验检疫

伊朗海关对某些食品、饮料、药品和盥洗设备有检验检疫规定，例如标签上必须写明：1）商品名称和制造商的地址以及原产地；2）商标在伊朗的登记注册号码；3）卫生部关于允许产品在伊朗生产和销售的许可证号码和日期。向伊朗出口要注意遵守 ISIRI 的标准。

许多工业用化学药剂需要特殊的进口许可。

对进口的活动物，蜜蜂和昆虫，禽蛋，新鲜的水果蔬菜，种子及任何植物或植物部分，都需提供原产国的卫生证明文件，并得到伊朗农业圣战部的事先许可。进口许可通常规定了入境要求、特殊对待、入境口岸限制及有关条目所需的证明文件。另外，向伊朗出口兽药制品（包括喂养精料和补充饲料）需按伊朗农业圣战部的要求提交一份证明阐述该产品在原产国内自由生产、使用和销售的情况。该证明书要经原产国农业部兽医药部门的批准。

2011 年，伊朗标准与工业组织和中国原国家质检总局签订了合作协定及行动计划。根据协定，自 2011 年 12 月 1 日起，中国出口至伊朗的法定检验目录内的工业产品需要取得中国原出入境检验检疫部门出具的《装运前检验证书》。

中伊两国约定，中国出口伊朗列入法检目录内的工业产品由中国原国家质检总局在各地设立的原出入境检验检疫机构实施装运前检验。检验的内容包括产品的质量、数量、安全、卫生项目检验以及监装等。2012 年 1 月 1 日起，伊朗进口监管部门凭借中国各地原出入境检验检疫机构出具的装运前检验证书查验放行。

#### 3.4.3.4　海关管理规章制度

根据《进出口法实施细则》，凡被列为禁止进口和限制进口的商品、商业利润税被调高的商品，在其进口前必须到工矿贸易部办理进口申请，并到海关进行备案。2014 年，中国检验认证集团（CCIC）在伊朗设立代表处。

被宣布为禁止进口和限制进口、商业利润税被调高前用于出口而进口的、不通过银行系统进口的商品，在其进口前必须到工矿贸易部办理进口申请，并到海关进行备案，其出口不受影响。

被宣布为禁止进口和限制进口、商业利润税被调高前已办理了运单、并在规定期限内到港的由合作社公司、边民或小商贩使用工矿贸易部每年批准的外汇额度进口的商品，不在规定之列。

## 3.5　以色列技术性贸易措施体系

以色列坐落于亚非欧三大洲交界处，西临地中海，北接黎巴嫩，南濒红海，东邻约旦。中以建交以来，贸易规模不断扩大，双边进出口额增长超过 200 倍，中国已经成为以色列全球第三、亚洲第一大贸易伙伴。2017 年中以双边贸易进出口总额 131.21 亿美元，同比增长 15.6%；其中中国对以色列出口额为 89.19 亿美元，同比增长 9.0%；

中国从以色列进口额为42.02亿美元，同比增长32.4%。贸易结构持续优化，从食品、钻石、化工等传统产品贸易，不断向高科技、新能源、生物技术、现代医药等方向发展转变，产品结构呈现多样化态势。

### 3.5.1 管理机构和职责

强制标准范围内的产品进入以色列，除满足海关检查要求外，在进入以色列市场后，还要受到相关主管部门的监督抽查。

以色列强制标准的监督执行和检查涉及以色列标准协会、工贸劳工部、农业部、卫生部和通信部等部门，各主管部门负责监督市场上各自主管领域产品是否符合以色列强制标准的要求。各机构主要职责如下：

#### 3.5.1.1 以色列标准协会

以色列标准协会（Standards Institute of Israel，SII）是一个法定的非政府组织，它是制定标准的唯一权威，制定及监督执行强制标准，负责抽查产品的检测，并允许制造商使用标准标志，表明产品符合以色列的标准。SII很大程度上是一个自筹资金的机构，但是从政府获得支持（5%的预算）用于标准化工作。标准化专员负责强制标准的执行和实验室的批准，标准化委员可以在任何合理的时间实行检验以确定标准法是否被遵守，任何经过标准化委员授权的人都可以进行抽样测试并没收或扣留其有理由认为违反了标准法规的物品。

#### 3.5.1.2 经济部

经济部负责大多数与出口有关的事宜，颁布有关规定，协调有关程序；负责制定以色列对外贸易政策及进口政策，包括核查在WTO规则框架下其他国家对以色列的进口政策，保护以色列民族工业免遭进口商品的冲击等。经济部标准化管理的工程师将对检验和投诉进行调查，一旦发现有违反《标准化法》的情况，则会对商家、进口商或生产者采取法律的制裁。

#### 3.5.1.3 农业部

植物保护和检验中心及兽医服务中心负责执行SPS协定的有关条款，处理有关植物和动物卫生检验及进口许可证发放；参与制定或实施基于与他们的活动领域相关的标准的有约束力的法规。

#### 3.5.1.4 卫生部

卫生部负责化妆品和药物安全管理，所有食品及保健用品在以色列市场销售之前必须到卫生部注册。

#### 3.5.1.5　通信部

通信部参与制定或实施基于与其活动领域相关的标准的有约束力的法规；协助执行标准协会制定的标准。

#### 3.5.1.6　海关

海关是被授权执行经济部规定的部门，负责审阅出口文件、实施出口限制措施、退税、办理临时许可和临时出口等。

### 3.5.2　法律法规体系

以色列的立法机构为一院制，议会又称克奈塞特（Knesset），由议会制定和颁布相关法令，通常各领域的法律草案由对应常设委员会起草。草案呈交议会后须三读通过才能成为法律。一些监管部门也有权发布相关法律法规并负责执行和修订。这些法律法规制定了非常具体的标准以及监管程序。以色列涉及技术性贸易的法律主要有：

#### 3.5.2.1 《标准化法》(Standards Law)

它是以色列自愿性标准和强制标准建立的法律基础，于 1953 年颁布，该《标准化法》分别于 1998 年 1 月和 2000 年 1 月进行了修订。《标准化法》的目的在于确保人身健康、人身安全、环境保护、消费者权益保护及促进与国际标准的协调和转换等方面。依据《标准化法》成立了非盈利的国家标准机构——以色列标准协会（SII），负责制定以色列标准，SII 制定的标准是自愿性的。《标准化法》规定对公众的安全、健康或环境质量的保护来说是至关重要的，由相应的政府主管部门将其转化为强制标准，公布于官方公报。《标准化法》规定的强制标准是所有企业必须执行的，否则其产品不能进入市场，若市场监督部门查出投放市场的产品不符合强制标准要求，将会受到处罚。以色列议会于 2005 年 7 月底批准了《标准化法》关于增加罚金的相关条款，自 2005 年 8 月 1 日起，对违反规定的进口商的最高罚金比原来提高了 10 倍，个人罚金由 4500 美元增至 45000 美元，公司罚金为 70000 美元。

#### 3.5.2.2 《自由进口法令》

1978 年颁布的《自由进口法令，5738—1978》(Free Import Order，5738—1978)，最新版本为《自由进口法令，5766—2006》(Free Import Order，5766—2006)，规定对 125 大类产品的进口实施许可证制度，但不包括日常消费类产品。主要以武器和弹药，汽车、飞机、船舶及配件，活动物及动物产品类受限最多。根据产品不同，进口许可证分别由经济部、农业部、卫生部、交通部和通信部发放。申请符合要求，许可证一般在 7 天至 10 天内发放，对于自动许可类产品，在 14 天内发放。申请进口许可证的必须是以色列公民或在以色列注册的公司。申请时应向主管政府机构提交 1 份进口许可证申请表，同时提交订单、发票复印件或外国供货商（制造商）的报价单 1 份。

另外，对于未与以色列签订最惠国协定的国家或在法律上及事实上限制进口以色列产品的国家，进口其产品均需许可证。其中未与以色列建立外交关系及禁止进口以色列产品的国家很少能获得许可证。目前，中国与以色列已建立外交关系。

#### 3.5.2.3 《海关法》

《海关法》（Customs Act）列举了所有货物入关时的程序，包括监督、检验等。对于不同风险的产品采取不同的检验要求。如：对于高风险和较高风险类产品进口准入要求中提到由海关授权 SII 执行检测和签发证书"型式认可"和"标准符合性证明"等。

#### 3.5.2.4 《消费者保护法》（Consumer Protection Law）

由一系列法令组成，其中对进口商品做了一定要求，如其中的货物标记法令要求在进口商品上使用一定希伯来语标记；还有满足强制标准要求等法令。

### 3.5.3 监管机制

#### 3.5.3.1 自由贸易政策

以色列总体上采取自由贸易政策，与美国、欧盟等国家和地区签订了自由贸易协定，是 WTO 成员。以色列工业产品贸易自由化程度很高，实施进口许可证管理的商品多是出于安全方面的考虑，仅占全部 HS 商品种类的 7.8%。对进口商品征收的国内税费也与本国产品相同。目前以色列实施进口限制的领域主要包括农产品、食品、医疗产品、化学产品、涉及安全的产品等。限制方式主要包括高关税、季节调节税（主要是水果和蔬菜）、各种进口税费、保障措施、关税配额和数量限制、许可证、卫生和植物检疫、安全、环保、技术标准等。

#### 3.5.3.2 进口管理

禁止进口商品包括：有损公共道德、健康、安全等方面的产品、毒品、部分化学品、不按犹太教教规制作的肉及肉制品，以及从伊朗、黎巴嫩和叙利亚进口的商品。对 1986 年《自由进口法令》中规定的 150 类产品和从阿富汗、阿尔及利亚、伊拉克、利比亚、朝鲜、沙特阿拉伯、苏丹和也门进口的商品实行许可证管理。

根据 1986 年颁布的海关法令，禁止进口一些与公共道德、健康、安全相关的产品，并根据国际公约禁止进口毒品和一些化学品。自 1994 年 12 月起，还禁止进口一切不按犹太教教规制作的肉及肉产品。此外，以色列还不允许从 17 个与以色列没有外交关系的国家进口商品，这些国家包括阿富汗、阿尔及利亚、巴林、孟加拉国、伊拉克、伊朗、科威特、黎巴嫩、利比亚、朝鲜、巴基斯坦、沙特阿拉伯、苏丹、叙利亚、突尼斯、阿联酋和也门。

以色列的各项标准可分为强制标准和非强制标准两大类。强制标准要求所有企业必须遵照执行，否则其产品无法进入市场。强制标准适用于大多数食品、饮料、烟草、纺织品、服装、玩具、鞋类和皮革制品。非强制标准则主要起指导和参考作用。

以色列工贸劳工部在与生产商和消费者协商并获得相关部长同意后，可宣布某一项标准为强制标准。

对于适用强制标准的产品，其本国产品与进口产品的检验程序有所不同。进口产品大多在港口接受系统检验，而本国产品则为市场检验。进口商若获得 SII 发给的标准标志，其进口的产品可不需另行检验而直接进入以色列。对于未获得标准标志的进口商，其进口产品应接受类型审批及检验，其做法也因产品安全程度及进口商信誉不同而有所差异。对某些产品，若进口商及进口产品均未发生变化，则类型审批每 4 年一次。对涉及安全的产品，则需在清关前进行抽检。若进口商信誉好，则可在其仓库进行样品测试。

另外，犹太教律法对食品等有一些特别规定，类似伊斯兰教的“清真”要求。如果进口商欲在以色列销售带 Kosher（按犹太教规定制作的食品）标记的食品，必须首先获得由犹太教大拉比签发的证书。以色列国内餐馆也有 Kosher 及非 Kosher 之分，很多犹太人不到非 Kosher 餐馆就餐。但获得 Kosher 证书手续繁琐，成本甚高。从他国出口的肉类要按照犹太教的规定进行屠宰和制作。出口企业每年需请拉比到工厂现场考察检验约一个月，企业需支付所有交通、住宿及一定的检验费。只有获得拉比认可，企业才可获得有效期一年的 Kosher 证书，并支付证书费约 4000 美元，且需每年更换。

#### 3.5.3.3　出口管理

以色列对出口产品一般没有限制，没有出口配额，也不征收任何税费。仅有少数领域采取出口限制措施，如战略物资、武器和军用产品、从美国获得的美国限制出口的敏感技术等。为控制质量和出于健康考虑，或执行有关国际协定（如动植物保护、毒品、危险品等），或保护本国资源，根据 1978 年《自由出口法令》，目前对 53 种产品实行出口许可证管理，多数为农产品和化学制品。此外，实行出口许可证制度的产品还包括钻石和犹太宗教物品。

#### 3.5.3.4 进出口商品检验检疫

以色列大部分进口商品检验由标准协会负责。医药、农产品等分别由卫生部、农业部负责。检验按照标准协会制订的程序进行。标准协会检验合格后，签发合格证，凭合格证申领进口许可证或直接进口。

农业部的植物保护和检验中心及兽医服务中心负责执行 SPS 协定的有关条款，处理有关植物和动物卫生检验及进口许可证发放。卫生部负责化妆品和药物安全管理，所有食品及保健用品在以色列市场销售之前必须到卫生部注册。

以色列农业部负责制定水果、蔬菜、禽肉等农产品的标准及进口许可证的发放。卫生、植物检疫及健康规定适用于以下产品：饲料、植物及植物产品、进口的活动物、生肉及生肉产品、一些动物产品、疫苗、血清、微生物以及蜂蜜产品。

家畜进口必须附有由出口国官方兽医机构签发的卫生证明，证明在发货前 6 个月内该地区没有传染性疾病并且这些家畜没有疾病。申请人工饲养家畜或其他动物的进口许可将根据动物的种类、性别及出口国当时的疫情分别考虑，其要求与 OIE 的指导原则相一致。

冷冻或冷藏肉类的卫生证书必须证明该肉可供人类食用并在装运前一直得到正常的冷冻或冷藏。

兽皮及动物的部位（皮肤、骨头、蹄、毛、毛发和刚毛）的进口也需卫生证书。

此外，所有植物繁殖原料（包括种子）和大部分植物和材料、新鲜水果、蔬菜、一些干水果、坚果和插花均需卫生证明和 / 或进口许可（在货物装运前颁发）。

#### 3.5.3.5 标识 / 标志管理

##### 3.5.3.5.1 标准标志

根据以色列经济部的有关规定，大部分产品没有强制认证标志要求，也不存在标识 / 标志问题。但仅对高风险的部分 I 类产品，要求必须进行 SII 的"Standards Mark"标准标志认证，加贴有关标志。

标准标志认证是以色列的一种自愿性合格认证，凡符合以色列标准的产品，并经过测试和生产厂审查符合相关程序后，可在产品上贴上标准标志，用于帮助消费者确认产品符合以色列标准要求。但是以色列经济部规定一些影响公众健康和安全的产品，尤其是部分属于 I 类的高风险产品，必须进行标准标志认证，并加贴标志。对这些产品来说，其对应的标准是强制性的。

该标志表明产品符合所有相关以色列标准要求（不仅仅只是安全标准），并表明生产厂经过了严格的质量体系审核。经过规定的程序，完成产品检测及生产厂体系审核合格获得批准后，可在产品上加贴标准标志。

向海关提供该标准认证证书，可以减少海关检查的程序，其进口的产品可不需另行检验而直接进入以色列，优点是可以短时间内进入市场。

需要注意的是，以色列不接受 CE 标志。

#### 3.5.3.5.2　安全标志

以色列的安全标志认证活动开创于 1992 年，起初为强制性的，凡法律法规规定必须符合安全标准要求的产品，必须获得安全标志认证。主要涉及的门类有：电气产品、食品、玩具、锅炉和压力容器、电梯和起重设备、危险化学品、消防产品和汽车等。以色列的安全标志认证适用于进出口产品和国内生产的产品。但在 2005 年以色列改变进口政策后，安全标志认证变为了自愿认证。

该标志表明产品符合以色列产品安全标准，向海关提供该安全认证证书，可以减少海关检查的程序，优点是可以短时间内进入市场。经过规定的程序，检测合格获得批准后，可在产品上贴上安全标志。

认证流程：向 SII 提交安全标志认证申请；送样到 SII 进行测试；提供要求的资料，即操作说明书、使用手册指南、产品描述、安全件清单、安全件；测试合格后，SII 颁发认证证书，允许在产品上加贴安全标志。

## 3.6　伊拉克技术性贸易措施体系

伊拉克位于亚洲西南部，阿拉伯半岛东北部，历史悠久，公元前 2000 年建立巴比伦王国，被誉为“四大文明古国”之一。中国和伊拉克自 1958 年建立外交关系以来，两国在政治、经济、文化等领域合作广泛。2015 年 12 月，伊拉克总理阿巴迪访华，两国建立战略伙伴关系，并签订 5 个协定和备忘录，包括共建“一带一路”、扩大油气合作等内容。2017 年，中国与伊拉克贸易总额 221 亿美元，同比增幅 21.6%。中国是伊拉克最大贸易伙伴，伊拉克是中国在西亚北非地区第三大贸易伙伴；中资公司新签承包工程合同额 59 亿美元，同比增长 6.83%，在西亚北非地区居首位；中国进口伊拉克石油 3682 万 t，同比增长 1.67%，是伊拉克最大原油买家，伊拉克是中国前十大原油供应国。

## 3.6.1 管理机构和职责

伊拉克贸易部是伊拉克外贸主管部门，负责制定贸易政策，实施行政管理。

## 3.6.2 法律法规体系

### 3.6.2.1 《商业法》

《商业法》于1984年颁布实施，称为1984-30《商业法》。该《商业法》对所有国营和民营公司及个体经营业者的盈利性商业行为和交易活动进行了规定，范围涉及进出口、制造、物流、运输、建筑、旅游、银行、保险、债券股票买卖及工程承包等领域。

### 3.6.2.2 《公司法》

《公司法》于1997年颁布实施，称为1997-21《公司法》。该《公司法》对有法人代表的国营和民营公司以及外商投资公司的成立、运营、破产清算等进行了规定。

### 3.6.2.3 《投资法》

《投资法》于2006年颁布实施，包括权利及保证条款、优惠条款、投资者的义务、投资许可程序等内容。

### 3.6.2.4 《劳动法》

《劳动法》于1987年7月27日生效（1987年71号），2004年5月30日进行了修改。

### 3.6.2.5 《环境保护法》

《环境保护法》由总统委员会于2009年12月13日召开会议决定颁布。旨在通过与相关部门的合作来共同消除与治理现有问题，维护公共卫生，保护自然资源、生物多样性、文化和自然遗产以达到改善环境的目的，从而保证可持续发展，并实现该领域在国际和区域上的合作。

## 3.6.3 监管机制

### 3.6.3.1 贸易管理的相关规定

#### 3.6.3.1.1 进口许可

通常，没有进口许可证进入伊拉克的商品将被视为走私物品予以没收并拍卖。一般地，进口许可证只发给确定的进口商，包括国有商业公司、政府采购代办或者拥有商务处的伊拉克商会成员。进口许可证自发证之日起12个月内有效。贸易部负责向私营企业发放补充进口许可证。发放给私营企业的许可证自发放之日起 4 个月内有效。进口许可证内容必须包括进口商名称、商品名称、商品说明书、价值（价格和运费，不包括保险费和包装费）、数量（以 t 计或以件计）、装船地、原产地、时间、商品分类号及其海关规则。

#### 3.6.3.1.2　进口关税

进口商品必须交纳关税、印花税和国防税，某些国家急需的产品和机械设备免收关税，对临时进口的商品，必须先交纳关税，在其再出关时，这部分关税可予以偿还。伊拉克制定了单一的进口税率表。有不少项目是从量征税，然而主要的还是征收从价税。通过邮寄入关的物品，其关税不超过一定标准的，可以免税进关。此外，对所有应征收进口税的项目都必须课征相当于关税一定比例的附加费。没有商业价值的样品和贸易目录（包括价格表、广告传单和海报）准许免税进关。

#### 3.6.3.1.3　自由贸易区

伊拉克各自由贸易区是吸引外资和发展对外贸易的窗口。自由贸易区主要为货物的储存、装配、再包装、清洗和整理提供方便。伊拉克各自由贸易区进出口将享受一定程度的贸易通关便利化措施。

### 3.6.3.2　进出口商品检验检疫

对进出口商品，如属一般商品，向海关提供商检证即可。如是食品和药品，需提供成分清单和样品，由伊拉克卫生部检验后颁发许可证。如是动植物，由伊拉克农业部检验样品后颁发许可证。

### 3.6.3.3　海关管理规章制度

进口所需单证主要包含商业发票、提货单、原产地证书、包装清单和分析证明。

#### 3.6.3.3.1　商业发票

商业发票中必须包括所运货物的详细说明，包括启运地和货物生产的原产地。如果货物中含有其他国家生产的部分，则其在货物中所占的百分比须予以说明，且需写明制造商的全称及地址。商业发票的原件及其 5 份副本必须送给收货人，但只有原件需要予以合法证明。空运货物时，装载货物要有 3 份商业发票，其他副本应当送给收货人。

#### 3.6.3.3.2　提货单

至少要求 3 份，且提货单上应当标明装运人姓名、收货人姓名和地址、目的港、货物说明、运费及其他费用、提货单的总份数、承运人正式承认船边收货的签名及日期。另外，还应写明承运船舶的国籍，否则，银行就会拒绝接收这些文件。在空运货物时，空运单将取代提货单。

#### 3.6.3.3.3 原产地证书

原产地证书首先要找合适的商会证明，然后送往大使馆以证明其合法性。该证书上须写明生产商不包括在伊拉克政府的黑名单上。

#### 3.6.3.3.4 包装清单

与其他文件一起送出的还有 2 份包装清单，上面分别列出每个集装箱内的货物，包括商标、说明、质量、尺寸、数量以及颜色等。

#### 3.6.3.3.5 分析证明

进口抗生素、化合物和制剂都要求有一份英文的分析证明。它必须是由一家公认的专门实验室出具的指定形式的证明书，并且每 6 个月要提供一份经过公证的分析证明。

### 3.6.3.4 标签、包装及仓储

#### 3.6.3.4.1 标签

进口的布匹，最好将标识贴在布匹的底部；进口的药物，其标签上应有阿拉伯语的使用说明；进口的酒精类饮料，其标签须用英语和阿拉伯语写上"专供伊拉克"字样。

#### 3.6.3.4.2 包装

商品的包装应当能经得住巴士拉港的粗暴的搬运，布匹应当装在箱子里，并用铁丝箍紧，以防转运时丢失。

#### 3.6.3.4.3 仓储

进入伊拉克海关仓库的货物，无论是入境、储存或转口，都必须登记、清理。在规定期限内无人认领的货物，伊拉克海关将进行拍卖。

## 3.7 科威特技术性贸易措施体系

科威特是中东地区重要的资源大国，是第一个与新中国建交的海湾国家，双边关系传统友好。建交以来，两国政治互信持续巩固，经贸关系稳步发展，合作不断深化，人文交流逐步扩大。2017 年，双边贸易额达 120.4 亿美元，是建交之初的 60 余倍，中国已经成为科威特第一大贸易伙伴。同期，中国自科威特进口原油 1824 万吨，科威特是中国第八大原油进口来源国。从贸易结构看，中国从科威特进口以原油与石化产品为主，向科威特出口以机电产品为主。目前，中国企业在科威特执行各类工程承包项目 64 个，涉及油田服务、勘探、炼化、住房、基础设施、电信等领域，合同总额

136.97 亿美元，同比增长 24.77%。

## 3.7.1　管理机构和职责

科威特与技术标准相关的机构主要有：科威特商业和工业部（MCI）、直接投资促进局、农业和鱼类资源公共管理局（PAAF）、科威特标准计量局（KOWSMD）和科威特工业公共管理局（PAI）。

### 3.7.1.1　科威特商业和工业部（MCI）

科威特负责外国直接投资的主管部门，主要职责是制定和执行科威特贸易政策。

### 3.7.1.2　直接投资促进局

2013 年，科威特成立直接投资促进局，其在商业和工业部领导下，以把科威特建设成为地区性金融中心及贸易枢纽为目标，主要负责管理外资及外部招商，为外籍投资者提供服务及便利手续。其服务内容包括：便捷项目批准手续及颁发执照；协调本国其他政府部门快捷办理外籍投资者入境拘留手续；监督工程施工进度，及时解决投资者所面对的各种问题；向投资者提供相关信息及统计数据；宣传科威特的各种优惠投资政策，介绍推广科威特的招商引资项目。

### 3.7.1.3　农业和鱼类资源公共管理局（PAAF）

PAAF 是 WTO 卫生和植物检疫措施协定下的国家咨询点，主要负责检查进出口和国内生产的动植物及其产品。具有开发动植物和渔业资源、分配土地、供给粮食、制定 SPS 措施、颁发进出口特定农产品证书和提供营销支持的职能。

### 3.7.1.4　科威特标准计量局（KOWSMD）

KOWSMD 负责制定和出版国家标准。

### 3.7.1.5　科威特工业公共管理局（PAI）

PAI 是科威特负责执行通过标准、技术规则和合格评定程序的政府机构。PAI 至少每五年审查现行标准，并和科威特标准计量局合作，评定国家标准和质量许可标志，颁发当地和进口产品的合格证书。

## 3.7.2　法律法规体系

科威特贸易政策的制定和执行由 MCI 与其他部门协调负责。科威特与技术贸易相关的法律法规包括《海湾合作委员会共同法》《自由贸易区法》《进口法》《标准统一法》。

#### 3.7.2.1 《海湾合作委员会共同法》

海湾合作委员会于1981年5月25日成立时，成员国有巴林、科威特、阿曼、卡塔尔、沙特阿拉伯和阿联酋。作为海合会成员国，科威特对海关程序（包括根据“WTO协定”进行的海关估价）应急措施，以及在边界的一些检疫要求采用《海湾合作委员会共同法》。科威特自2003年起采用了海合会关于兽医检疫和植物检疫的法律。

#### 3.7.2.2 《自由贸易区法》

科威特于1995年颁布该法，并将设立自由贸易区作为吸引外资、发展工业、促进经济的重要举措。1997年科威特决定由私营企业管理并经营自由贸易区。1999年，占地300万$m^2$的自由贸易区正式启用。该区设立的宗旨是，以贸易为先导，发展出口导向型和其他服务行业，吸引外资，促进经济发展。为此，该区制定了许多优惠政策，包括免税、外资比例不受限制、不需当地代理等。

#### 3.7.2.3 《进口法》

主要规定进口禁令和进口许可证制度。规定MCI是负责发行许可证的单一管理机构。

#### 3.7.2.4 《标准统一法》

规定了通过标准、技术规则和合格评定程序，并设立了PAI作为负责执法的政府机构。

### 3.7.3 监管机制

#### 3.7.3.1 海关程序

一般在货物到达之前进行进口报关，由货物所有者（及其授权代表）或经许可的海关经纪人（必须是海合会国民）进行申报。非GCC国家可以通过经许可的海关经纪人（必须是海合会国民）进行申报。科威特没有预先检查要求，95%的进口报关单（包括发票、交货单、提单、货物装箱单、原产地证书、进口许可证和商业登记证）通过电子系统进行核查，系统自动识别禁止进口或需要特殊许可的货物，以及货物是否需要检验。海关审查员检查申报的细节，确定文件是否完整，并评估货物的价值和通过电子系统收集的税额。如果文件完整，可以在几个小时内完成货物通关。

#### 3.7.3.2 进口禁令、限制和许可

##### 3.7.3.2.1 进口禁令及限制

科威特禁止用于宗教信仰的某些货物，以及不符合国际公约、道德和环境保护

要求的产品的进口。禁止进口的产品主要有：麻醉剂、酒精饮料及其原料、气枪、猪肉或含猪肉食品、色情和反政府材料、具有核辐射的产品、废旧轮胎、工业废物、赌博用具。另外，出于保护当地产业需要，目前仍禁止进口的产品有：石棉管、面粉、工业和医药用氧气、浇铸铁、焊管等。限制进口的产品有：烟花鞭炮、马科动物、盗版制品、武器弹药、部分药品、爆炸物等。目前，不允许将转基因生物进口到科威特。

#### 3.7.3.2.2　进口许可证

根据《进口法》，科威特建立进口许可证制度，要求所有国家的所有进口货物必须获得进口许可证才准予进口，MCI 是颁发“一般”进口许可证的指定机构。

对于某些货物，除了来自 MCI 的“一般”进口许可证外，进口商还需要得到主管机构的特别许可，如进口活动物和动物产品需获得 PAAF 的许可。

### 3.7.3.3　标签和包装要求

科威特有 3 项技术法规涉及预包装食品、食品添加剂和烟草制品包装的标签。所有含有食品的包装应附有产品名称、内容、净重和毛重、原产地、生产日期和阿拉伯语到期日期。一般来说，标签必须使用阿拉伯语。

## 3.8　约旦技术性贸易措施体系

约旦位于阿拉伯半岛西北部，地理位置优越，自古以来就是中东地区商贾往来的要道，享有“中东和平绿洲”的美誉。中国是约旦第三大贸易伙伴、除石油产品外第一大进口来源地。约旦主要进口产品包括石油制品、汽车 / 拖车及零配件、钢材、粮食、设备和工具、电子产品，主要出口产品包括服装、钾肥、蔬菜和水果、药品以及化肥等。约旦国土面积约 8.93 万 $km^2$，人口 953.17 万，主要矿产资源有油页岩、磷酸盐、钾盐、铀矿和硅砂等。近年来，由于世界经济复苏乏力，约旦经济发展势头下滑，GDP 增长率保持在 2%~3%。2017 年，GDP 总值 401.8 亿美元，同比增长 2%；财政常年赤字，长期依靠国际援助、旅游和侨汇；进出口贸易总额 279.5 亿美元，贸易逆差达 129.7 亿美元。

### 3.8.1　管理机构和职责

约旦的主要经济部门有工业、贸易与供给部，农业部，约旦食品和药物管理局，约旦标准计量局，信息和通信技术部，交通运输部，环境部和海关等。

#### 3.8.1.1 工业、贸易与供给部（MITS）

工业、贸易与供给部（Ministry of Industry，Trade and Supply，简称 MITS）是贸易主管部门。主要职责：制定和执行贸易和工业政策，确保商品持续供应和市场公平竞争，防止反竞争行为。管理工业、注册公司，对发展工业、提高竞争力进行研究；管理内、外贸，保护国家和企业的合法利益。另外，该部还负责开展与其他国家和组织的经济合作，向内阁提出有关区域合作和加入某个经济组织的建议等。

其中，MITS 的外贸政策和关系部主要职责：负责与多边贸易协定以及区域和双边贸易协定有关的所有事务。它负责谈判和准备协定草案，监督其执行，评估其影响，并修正它们以加强和发展约旦的经济，作为约旦各种 WTO 协定（除了与农业、TBT 和 SPS 措施相关的通报外）的咨询点，是 WTO 的协调中心。它是约旦的服务贸易查询点。该部负责确保约旦遵守其对 WTO 及其区域和双边协定的所有承诺，并与其他政府机构以及私营部门机构合作，也是约旦阿拉伯联盟社会和经济理事会的协调中心。该部与约旦在世界各地的经济顾问办公室密切合作，对国际和双边问题采取后续行动。

#### 3.8.1.2 农业部（Ministry of Agriculture）

农业部负责制定和实施农业政策并制定立法，负责 SPS 措施以保护动植物健康免受病虫害，是 WTO 卫生和植物检疫措施协定下的国家咨询点。下设多个具体部门，例如水和灌溉部负责国家水政策；河谷管理局负责约旦河谷的灌溉系统和土地分配运作和维护；约旦水管理局负责水和卫生服务，包括规划、建设、运营和保养。

#### 3.8.1.3 约旦食品和药物管理局（JFDA）

主要负责食品和药物的安全和质量。

#### 3.8.1.4 约旦标准计量局（JSMO）

约旦标准计量局是对口 WTO 的工作单位以及负责约旦的标准、技术法规及评估程序发布的机构。该局依据《国家标准和计量法（第 22 号法令）》确立工作职能，负责技术法规的起草、颁布和实施，标准、技术法规及评估程序的发布。主要职责：在计量、标准、检验及质量保证等领域内，按照国际惯例开展执法业务，完成应尽职责，提高约旦产品在国际市场上的竞争力，保障约旦经济发展。

#### 3.8.1.5 信息和通信技术部（MICT）

信息和通信技术部（Ministry of Information and Communications Technology，MICT）

负责制定信息通信相关政策，成立了电信监管委员会（TRC），TRC 负责监管职能，其中包括：发放执照；监控和批准互连协议；规范竞争保障并解决争端。

#### 3.8.1.6　交通运输部（MOT）

交通运输部（Ministry of Transport，MOT）负责制定、实施、发展、维持运输部门的政策；制定一般的陆路运输政策，加强私营部门的作用，吸引投资，提高运输部门的生产力；制定安全和环境保护的标准，并与陆路交通管理委员会（LTRC）协调提出法律法规草案。LTRC 是陆路运输服务的主要监管机构，职责包括：负责实施约旦的陆路运输政策；监测、发展、规划陆路运输部门和投资；规划陆路运输服务网络及其设施和路线；制定运营陆路运输设施所需的计划；负责授予许可证。交通运输部与公共交通管理委员会（PTRC）一道，负责管理以及监测公路运输子部门实施国际公约。

#### 3.8.1.7　环境部（Ministry of Environment）

约旦的环保管理部门职责是保护、维持各项环境要素，改善生物多样性，保护自然资源，并通过制定战略、政策、法律法规等手段保证环境的可持续发展，并使之与国家发展规划相适应。

#### 3.8.1.8　海关（Customs）

约旦海关、相关机构和《海关法》是关系进出口货物贸易主要关键点，海关通过设施升级和制度优化，采用贸易便利化理念和方式，加速货物跨境流动。例如，通过黄金列表程序，明确在抵达入境港时不进行或最低限度检查的货物类别，提高通关速度。约旦海关在中东地区实施单一窗口，向运营商公开海关相关法律、法规、行政规则、海关流程信息、进口条件，适用于《海关法》的费用、关税税率、关税分类、意见以及双边和区域贸易协定。

### 3.8.2　法律法规体系

约旦致力于进一步加强经贸一体化，保持对多边贸易体系的积极态度。加强以下领域的技术能力建设：政府采购、贸易谈判技能、海关估价协议、贸易便利化和清关作业、SPS、TBT、有效利用贸易救济。通过建立立法和制度框架标准，发展现代海关制度，实行良好生产规范，改善商业环境和促进投资。

截至 2015 年 8 月底，技术规则和合格评定程序的法律修正案仍在等待参议院批准，在审查期间有关标准没有改变。这些修订旨在澄清经济运营商责任并引入一致性标志。约旦与贸易管理相关的规定主要有《进出口法》《海关法》等法律以及进出口商品检验检疫的有关规定。

#### 3.8.2.1 《进出口法》

2001 年第 21 号《进出口法》是关于国际贸易的主要立法，目的是规范对外贸易的发展，其中规定了外贸的一般原则、约旦进出口和过境的通行机制。该法对进出口许可证管理、自动许可管理、禁止进出口的货物等管理机构、管理范围、管理方式做出明确规定。

#### 3.8.2.2 《农业法》(2015 年)

代替第 44/2002 号《临时农业法》，主要变化是对不正当使用投入品加重处罚。该法律规定了基本目标和负责部门：在满足国际、区域和国内需求以及保护环境和自然资源的同时，提高自给自足和改善多样化。此外，还有一些与影响农业的水和灌溉有关的法律。

#### 3.8.2.3 水战略 2008 年—2022 年

由于灌溉用水占用了 71％的用水，并造成地下水含水层的枯竭，该战略制定了若干目标，包括：更好地定价和向农民分配；更换种植需水少的密集型作物；更好地执行与地下水开采有关的现行法律；更好地利用技术保护水资源。

#### 3.8.2.4 《国内产品保护法》

该法为保证在加入 WTO 后本国产品不受外国进口的同类产品损害，本国生产者在遭到与自己产品相类似或与自己产品相竞争的进口商品大量增加所带来的损害时，只要能够提供实际损害或可能造成损害的文件和证据，就可以向 MITS 或有关部门提出书面申诉。MITS 在进行调查和评审后，确定是否根据 WTO 的有关保护条款进行保护。

#### 3.8.2.5 《投资促进法》

主要规定了投资的管理机构、投资申报程序和投资者所享受的优惠政策。

#### 3.8.2.6 《海关法》

主要规定了海关的职能与职责、商品进出口的有关程序与规定，及各种商品关税税率。《海关法》对进出口货物实行监管。具体措施如下：1）对资本性进口货物、机械、设备、工业原材料及其他工业必需品免征关税；对生产用的原材料、工业半成品实行挂税放行，或在出口时对成品中包含的进口原材料和工业半成品部分实行退税等。2）限制或禁止进口与本国产品相同或近似、或对环境有污染的商品，打击各种走私活动。3）简化海关手续，扩大贸易服务。海关以减税、免税或与他国签订贸易协定等方式消除对外贸易中遇到的障碍。在办理清关方面，采取一人负责到底的做法来简化海关手续。此外，海关还为用户提供足够的保税仓储设施。

其他相关法律法规还有《食品管理法》《药品和药物法》《食品药品管理法》《粮食法草案》。

## 3.8.3 监管机制

### 3.8.3.1 出口商品检验检疫

约旦负责进出口商品检验检疫的机构是约旦标准计量局。约旦标准计量局在计量、标准、检验及质量保证等领域内，按照国际惯例开展执法业务，完成应尽职责，提高约旦产品在国际市场上的竞争力，保障约旦经济发展。

约旦自然资源匮乏，严“进”宽“出”，只有钾盐、橄榄油、石材、蔬菜水果等少量商品出口。对任何出口的产品，约旦官方都没有强制法定检验的要求，在海关通关程序规定中也找不到任何关于对出口商品的相关要求。只在进口国有相应要求的情况下，才接受委托检验。但是如果在约旦有进口国认可的检验公司，出口商就可以委托该检验公司检验。

约旦实行“小国家、大外交”的对外政策，与国际社会联系十分广泛，在进出口检验方面实行合作检验。为弥补其检验能力的不足，2003 年 9 月 1 日，约旦标准计量局正式与法国的 Bureau Veritas Bivac 公司合作，成立了名为“Daman”的检验部门，授权其负责对约旦进口的玩具、自行车、电器、汽车及个人安全装置等商品的检验业务，具有检验有关进口产品和签发证书的权力。“Daman”执行的检验标准通常为国际标准或欧盟标准。

验证检验：按照约旦标准计量法的规定，约旦标准计量局通常只注重对进口商品的检验，而涉及检疫的业务则移交农业部、卫生部或其他相关部门负责。而且在实施检验中，以现场查验货证是否相符为主，对不能出具出口国官方检验证书的货物，则实施抽样、实验室检测等检验措施。

装运检查：2008 年，约旦通知 WTO，它没有关于装运前检查的法律或规章。

### 3.8.3.2 禁止、限制和许可

#### 3.8.3.2.1 进口

根据约旦 2003 年的通知，进口禁令、限制和许可制度受 2001 年第 21 号《进出口法》的管辖，经 2003 年第 18 号临时法修正。部长理事会考虑到约旦的国际承诺，发布禁止或限制进口的决定。当局表示，出于公共安全，健康和环境，保护国家资源或

执行联合国安全理事会决议等原因，某些货物被禁止进口（见表 3–1）。

表 3–1　2015 年约旦进口禁止物品

| 种类 | 原因 |
| --- | --- |
| 塑料废物 | 环境保护 |
| 柴油动力轿车 | 环境保护 |
| 1 年以上拖拉机 | 公共交通安全 |
| 阿拉伯茶 | 公共卫生 |
| 珊瑚 | 保护海洋生物免于灭绝 |
| 除了涂料和涂料工业使用的六价铬 | 公共卫生、环境保护 |
| 烟花（某些种类） | 安全 |
| 玩具枪射击珠子弹 | 公共卫生、安全 |
| 激光笔和其他激光奖牌 | 公共卫生、安全 |
| 圣水（洗礼水） | 宗教原因 |
| 汽车上的附加安装，包括呼叫设备和闪光器 | 安全 |
| 阻光剂喷雾 | 安全和保安 |
| 用于汽车的报警系统和高盏灯装置，卫生部、武装部队、约旦情报总局、公安局、约旦民防、约旦海关和救护车除外 | 安全和保安 |
| 带铃声的危险报警闪光灯；包括人类基因和动物在内的类似于婴儿的活生物体 | 安全 |
| 弧弩 | 安全和保安 |
| 内衣和其他形式的造型糖果 | 安全 |
| 马赛克 | 保护国家艺术和历史宝藏 |
| 手枪样式的打火机 | 安全和保安 |
| 制造超过五年用于运输货物的货车、拖拉机和拖车、半拖车，除了私人使用的制造超过 10 年的车辆 | 公共交通安全 |
| 气球和纸的形式的游戏（如许愿灯） | 空气安全 |
| 烟花玩具枪 | 公共安全 |
| 含有大麻和类似大麻物质制造的干植物材料 | 公共卫生 |
| 具有类似大麻和大麻麻醉效果的材料 | 公共卫生 |
| 汽车用有色玻璃 | 国家安全、保护人类健康和安全 |
| 包含伪装摄像机和设备的材料和设备结合视频或录音产品 | 公共安全 |
| 用于制造非法麻醉药品的物品 | 公共卫生 |
| 提供色情影片的电玩游戏 | 公共安全 |
| 索马里木炭 | 联合国安理会决议 |

进口许可证，包括自动和非自动，主要由 MITS 发放（根据产品具体情况，其他部委和政府实体也参与）。约旦向 WTO 通报需要进口许可证的产品清单，在需要进口许可证的 164 种产品类型中，40 种需要自动进口许可证，其余许可证则需要非自动进口许可证。进出口许可证的期限为 1 年。许可证被认为是个人的，但可以在主管当局同意的情况下转让或放弃，需遵守此类转换或弃权的法律要求。

非自动进口许可证用于保护健康、安全、环境、国家安全、公共秩序和道德以及保护自然资源。虽然当局表示约旦非自动进口许可证不适用任何数量限制，但它们也可以发给受限于数量限制的货物。非自动许可证在提交文件后 15 个工作日内印发。被许可人有权在其有效期内进口许可证中规定货物的数量。

据当局称，自动进口许可证适用于行政和统计目的，通常在提交所有相关文件后的 1 个工作日内发放。

在某些情况下可以取消进口许可证，例如在出口国疾病爆发的情况下，取消许可证方可向高等法院上诉，法院审查期间暂不取消进口许可证。

根据环境部在 2009 年发布的一份指示，转基因生物（GMO）不允许进口到约旦。JFDA 通过其最高控制食品委员会做出决定，禁止所有转基因生物及其进口旨在用作食品或食品生产的产品。

#### 3.8.3.2.2　出口

约旦农业出口的主要目的地包括伊拉克、叙利亚、阿联酋、黎巴嫩、土耳其和少部分欧洲国家。近年约旦农业出口额持续下降，对叙利亚（以前是约旦农产品的主要进口国）的出口因 2011 年叙利亚危机而受到影响，危机阻碍了约旦进入土耳其和欧洲的主要北部陆上贸易路线。约旦和伊拉克边界的塔尔比关口于 2015 年夏季关闭，此关口是约旦农产品抵达伊拉克和欧洲市场的通道。同年，为了安全原因，约旦关闭了与叙利亚接壤的贾巴尔关口，而与叙利亚接壤的另一个关口拉姆萨已经关闭近 5 年。出口禁令、限制和许可受 2001 年第 21 号《进出口法》管理，2003 年第 18 号临时法律修正，所有出口许可证都是由 MITS 签发。干面粉和其他小麦产品等须经出口许可安排（见表 3–2），以确保给予这些产品的消费者补贴。

约旦不禁止任何产品出口，但履行例如核武器、化学产品以及关于濒危物种的国际义务。约旦是《濒危野生动植物种国际贸易公约》（简称《濒危物种贸易公约》）的缔约国，《化学武器公约》和《不扩散核武器条约》的签署国。

表 3-2　约旦出口许可安排

| 种类 | 许可类型 |
| --- | --- |
| 小麦制品（面粉、粗面粉、碾碎干小麦） | 非自动许可证 |
| 面粉产品（蛋糕、饼干、各种糖果等） | 非自动许可证 |
| 粗面粉产品（意大利面、摩洛哥蒸粗麦粉） | 自动许可证 |
| 糖和米 | 自动许可证 |
| 豆类（鹰嘴豆、小扁豆等） | 自动许可证 |
| 双用材料 | 非自动许可证 |

#### 3.8.3.2.3　服务费

根据 2004 年进出口许可证和约旦第 114 号法令，MITS 收取服务费，进口商必须支付遵守特定 SPS 和 TBT 相关措施的费用（JOD，即约旦第纳尔）。见表 3–3。

表 3–3　约旦服务费

| 类型 | 费用 |
| --- | --- |
| 进口许可费 | 10 JOD |
| 出口许可费 | 5 JOD |
| 注册费 | 10 JOD |
| 签发或更新进口商卡 | 15 JOD |
| 修改进口商 / 出口商注册表的数据，或进出口许可证或进口商 / 出口商卡的数据 | 2 JOD |
| 发出丢失或损坏的进口商 / 出口商卡 | 5 JOD |
| 签发丢失或损坏的进口商 / 出口商许可证 | 5 JOD |
| 发出进口商 / 出口商卡的附加认证副本 | 5 JOD |
| 转让或放弃许可证 | 10 JOD |

### 3.8.3.3　标准和其他技术要求

大约 50% 的约旦标准相当于国际标准，大约 40% 的约旦技术规范是基于相关的国际标准。在许多情况下，如关于死的海产品，没有对应的国际标准。

标准和计量法律包括准备、采纳和应用标准、技术法规和合格评定程序。修正案草案，旨在保护消费者的健康和安全，防止欺诈行为包括贸易假冒产品，修正案草案包括新产品安全规定、市场监测活动、整合马克和法制计量学、惩罚和制裁。修正的目标是：通过检查工作人员和积极的市场监测活动确保市场产品的安全；确定经济运营商（实业家、进口商、贸易商和经销商）的责任和义务，确保安全产品投放市场，明确生产不合格品或假冒产品或违反法律的制裁措施，规范合格产品标记，监管主体为技术法规和合格评定机构。

外国商人可以在技术委员会标准商会担任商会行业专家或利益相关者，但没有投票选举权。技术委员会可以提供进口的技术内容，以防有任何其他国家标准在会议期间或在调查阶段通过。

2008 年—2014 年，发布了 1328 份约旦标准（自愿），主要包括：电气工程、家庭和商业娱乐及体育设备、环境、健康和安全保护、电讯、音像工程、建筑材料和建筑物、食品技术等方面。同时发布了 239 项约旦技术法规（强制性），其中约一半涉及食品技术。

约旦是国际标准化组织（ISO）的成员机构，国际电工委员会（IEC）的准成员，食品法典委员会以及国际法定计量组织（OIML）的相关成员。

2008 年 1 月—2015 年 8 月，约旦向 WTO 提交了 44 项关于标准和技术规定的通报。其中，根据 TBT 协定第 2.9 条通报由 MITS 提交 39 项，主要是禁止使用不透明度在 10% 以上的有色玻璃的汽车（第 3.1.4 条），另外 38 项由 JSMO 提交的关于拟议的技术规定的通报，每个都有 60 天评议期限。产品涉及家用电器、汽车、玩具、能源相关领域。根据这些通报，所有技术规范草案都符合欧盟法规或指令。

#### 3.8.3.4　符合性评估、认证

##### 3.8.3.4.1　认证系统

约旦认证体系的符合性评估机构是满足 ISO/IEC 17011 标准要求的认证机构。由于国际实验室认可合作组织（ILAC）的国际需求国家认证机构的独立性已经改变，认证草案法律建立的国家认证机构（约旦认证委员会）退出议会。目前，约旦的认证系统仍在 JSMO，为确保认证体系的完整性和公正性，正在完善认证细则。修改法律标准和计量认证的范围从实验室（测试、校准和医学实验室）和认证机构扩大到检验机构。

##### 3.8.3.4.2　合格认证

2007 年 9 月 1 日终止国际产品合格认证项目，必要时在边境进行进口产品检验、取样和测试，而不是供应的检验和试验。一些商品在必要时仍然需要取样和检

测检验。基于海关数据自动化系统（ASYCUDA）风险评估系统确定检查进口和国产产品的比例，按照这个系统，海关声明自动分成3个通道：原产地、出口国和进口国。

进口商如果提交合格证书或测试报告，可能在约旦内部对其进口货物进行测试。必须检查这些合格证书或测试报告的真实性、有效性和相关性（同一制造商、产品、型号等），并且必须由作为国际实验室认可合作组织（ILAC）/国际认可论坛（IAF）的签署者的认证机构认可的合格评定机构颁发。

#### 3.8.3.4.3 边境检查

海关、农业部和JFDA进行边境检测和检查，检查程序符合国际卫生和植物检疫措施（ISPM）、食品法典和国家标准。

根据其原产地、贸易商的历史和食品的特征（如易腐的），食品被分为高风险或低风险项目，由风险管理单位和技术委员会决定，并经食品控制高级委员会批准，每个类别具有不同的测试和检验程序。大多数食品（72%）通过“黄色”进口通道，需接受文件检查和物理检查；其余（28%）通过“红色”进口通道，需接受装运取样和实验室测试，以及文件检查和物理检查。

JFDA对每个样品（物理、化学或微生物测试）的检查和测试收取30 JOD，由进口商或其代表承担检验费用。现场开展物理和感官检查。实验室测试周期需要24 h—1周。如果货物不符合SPS要求，则将在JFDA总干事规定的期限（2个月）内重新出口或销毁。市场上所有产品均需进行不同频率的检查。

为进行边境检查，JSMO对价值小于或等于1000 JOD的货物收取10 JOD的费用，对价值超过1000 JOD的货物收取20 JOD的费用。

#### 3.8.3.4.4 质量标志

约旦质量标志（JQM）是一个保证产品质量的自愿系统，它由JSMO基于JQM指令4/2007授予，质量标志证书有效期为3年，涵盖除药品和兽医产品以外的所有产品。

### 3.8.3.5 标签和包装要求

标签和包装要求作为技术法规或标准发布。食品和玩具的标签必须使用阿拉伯语，其他产品的标签可以自愿选择英语和/或阿拉伯语。

对于清真食品，标签可选择阿拉伯语或任何其他语言。当食品含有脂肪、肉类产品或肉类提取物、明胶和凝乳酶的成分时，必须说明并列出动物来源的内容。在产品上使用“清真”标志时，应在产品上注明证书号和认证机构。

#### 3.8.3.6　卫生和植物检疫要求

约旦是食品法典委员会和 OIE 的成员，也是《国际植物保护公约》(《植保公约》)的缔约方。约旦的卫生和植物卫生措施要求基于国际标准，国家标准和技术法规完全符合食品安全、动植物卫生领域的国际标准。如果国家要求与国际标准之间存在任何冲突，以国际标准为准。

卫生和植物检疫制度主要依据《食品管理法》《药品和药物法》《食品药品管理法》《农业法》。

为了保护动植物健康免受病虫害，由农业部负责 SPS 措施，该部也是 WTO 卫生和植物检疫措施协定下的国家咨询点。约旦食品和药物管理局（JFDA）负责食品和药物的安全和质量。

2008 年 1 月—2015 年 8 月，约旦向 WTO 提交了 16 项卫生和植物检疫措施通报，所有通报均由农业部制定。许多通报涉及紧急情况下采用的临时进口禁令。然而，在大多数情况下，约旦还没有提交补充说明这些临时限制是否被取消，也没有提交补充说明通报的条例草案是否已经最终确定和通过。当局表示，紧急措施仍然有效，直到受影响国家按照国际标准恢复自由状态。

##### 3.8.3.6.1　动物和动物产品

动物和动物产品的进口（和出口）必须附有在原产国签发的兽医证书。动物和动物产品的进口商，在申请进口许可证之前需要向 MITS 注册。原产国主管当局须提供兽医证书和食品安全证书。

根据 2015 年第 13 号临时农业法第 46 条、第 50 条和第 51 条，2015 年“兽医检疫条例”(Z/5）规定了兽医检疫程序。活体动物或其产品的进口必须接受检疫程序，包括进口前的风险评估研究、进口前和进口后检疫、检查其在原产国的健康状况，并要求每批货物附有由原产国主管当局颁发的兽医健康证明。

根据 OIE 要求，对出口国无疾病地区的货物可以要求给予检疫例外。约旦承认具有互认协定的出口国的等效 SPS 措施；到目前为止，约旦与阿尔及利亚、埃及、匈牙利、伊拉克、哈萨克斯坦、黎巴嫩、利比亚、摩洛哥、巴勒斯坦、苏丹、叙利亚和也门在活体动物检疫程序方面有互认协定。

##### 3.8.3.6.2　植物及其产品

植物及其产品的进口必须符合 2003 年“植物检疫条例”(Z/2）规定的检疫要求。

本规则是依据《农业法》第13号第22条、第23条和第26条。与约旦有关于植物和植物产品检疫要求互认协定的国家包括：埃及、匈牙利、伊拉克、哈萨克斯坦、科威特、利比亚、巴勒斯坦、叙利亚和也门。

### 3.8.3.7 直接影响进出口的措施

#### 3.8.3.7.1 出口程序和要求

根据世界银行的“商业营商便利报告”，2015年约旦在跨境贸易的189个经济体中排名54。出口集装箱的平均成本为825美元，所需时间为12天，远低于中东和北非地区其他经济体（1166.3美元和19.4天）。

出口企业（本地和外国）必须在MITS注册并获得注册证书。这些企业的自然人和法人必须是约旦商会或工业会的成员，他们的处所必须由当地市政府检查和批准，符合注册要求，商会或工业会不拒绝任何企业的成员资格。

出口程序所要求的文件中，非农产品的原产地证书由军情部审查和认证、由约旦工商会签发。农产品原产地证书由商会签发，贸易商不需要出口商卡就可出口。

#### 3.8.3.7.2 出口费

一些产品需要出口费，例如自然资源局对采矿和采石产品、农业部对农产品收取出口费。为满足国内工业的需要，根据2015年2月16日总理决定，如果出口商废纸出口量小于或等于3500t/月，出口费约25 JOD/t；如果出口商出口量大于3500t/月，出口费增加到100 JOD/t。废钢纸板出口费10 JOD/t。

#### 3.8.3.7.3 直接影响进口的措施

约旦标准计量局、约旦食品和药物管理局、农业部、能源和自然资源部参与实施TBT以及在边境的SPS相关检查和许可程序。约旦从2009年开始实施海关单一窗口程序，在2015年开始运作15个单一窗口中心，执行海关法并进行清关。

约旦海关规定价值在1000 JOD（约合1410美元）以上的货物必须通过清关公司办理清关手续。进口货物到达边境口岸后，可按进口商的要求将货物转至进口商指定的任一清关点进行清关，还可应进口商的申请，在填写存储单、进行必要的检查、登记和估价后，由清关公司提供担保将货运到自由区保税仓库存放。待货物提走时再缴纳关税。

作为商业进出口商并在MITS注册的公司（本地和外国）可出于商业目的进口和出口。外国商业交易者的外国股权限额为50%；部长理事会可允许外国投资者在大规模或特别重要的项目中拥有或持有较高百分比。对于要注册为进口商/出口商的公司，它必须成为商会或工业会的成员，其场所必须经过当地市政府的检查和批准。

一旦注册为商业进口商，公司必须从 MITS 获得进口商卡（根据当局，这需要大约 30min）。根据 2001 年《进出口法》(第 3A 条)，进口商卡为商业贸易商提供了便于清关的具体号码和文件，个人不能使用进口商卡，没有有效进口商卡的公司仍可缴纳进口产品货值 2.5%的罚款后进口商品。

约旦于 2005 年启动了一项“黄金清单”计划，为那些低风险和严格遵守海关要求的公司提供优先运营商地位，实地检查的集装箱的比率从 2000 年的 60%降至 35%~38%。

#### 3.8.3.7.4 影响进口的其他费用

根据海关法，约旦海关收取一些进口服务津贴，包括：进口加工费，按交易价值的 0.2%征收，最低为 10 JOD，最高为 250 JOD；每次交易 20 JOD 的过境费；并且每次交易的再出口费为 15 JOD。服务津贴的收入保持相对稳定，而在审查期间海关税收收入增加。

## 3.9 黎巴嫩技术性贸易措施体系

黎巴嫩位于亚非欧三洲要冲，为腓尼基文明的发源地，历史悠久、文化多元、商贸发达，是一个独具魅力的国家。中黎经贸关系历史悠久，古丝绸之路曾是联系中黎两国人民的纽带，中黎经贸合作基础良好。自 2013 年以来中国一直保持黎巴嫩第一贸易伙伴地位。2017 年中黎双边贸易总额为 20.34 亿美元，中国继续成为黎巴嫩第一大贸易伙伴和第一大进口货源国。

### 3.9.1 管理机构和职责

黎巴嫩的贸易主管部门是经贸部。主要负责国际贸易和国际收支问题的统计和研究，核发部分进出口许可证，完善关税解决方案，组织实施国内外展会，与外交侨民事务部合作规划和执行国际贸易协定，监督和跟踪与贸易保护和知识产权保护有关的国际协定和条约的执行，协调商会及其他协会、组织等。

### 3.9.2 法律法规体系

黎巴嫩没有专门的贸易法，调节商事关系的法律为《黎巴嫩商法典》。与贸易有关的主要法律法规有《国家产品保护法》《海关法》和 1967 年 8 月 5 日颁布的第 34 号关于商业代理的法令。

#### 3.9.2.1 《国家产品保护法》

旨在保护黎巴嫩工业和农业，防止危及国内工农业的他国产品倾销到黎巴嫩市场，对有关的税收政策及其他事项做了较详细规定。

#### 3.9.2.2 《海关法》

主要内容有：1）简化进口商品进入自由区通关手续，凡进入该区的商品一律先免海关税，如需当地销售时再补交税款和办理有关手续；2）接受申报标有进口货物价值，出口商品可予保税。目前，这一《海关法》暂不将空运进出口和从黎巴嫩出口的货物通关手续包括在内，也没有具体规定付费清单。

### 3.9.3 监管机制

#### 3.9.3.1 贸易监管

黎巴嫩实行自由贸易，进出口商品中不超过 1% 的商品受黎巴嫩有关政府部门贸易措施的限制。这些措施包括禁令、许可证、技术证书、动物检疫证书和植物检疫证书等。如需进口和处理因安全理由而受到控制的产品，则需要在商会登记。在商会进行登记是为了确保所建立的设施符合安全、处理和存储的要求。黎巴嫩禁止进出口的所有货物同时也被禁止通过黎巴嫩领土转运。

黎巴嫩禁止进口的产品主要是 9 大类：雪松种子及幼苗、用于生产面包的化学改良剂、不含碘的食盐、矿物和金属制品的废物 / 矿渣 / 灰 / 废料、黑色水泥和熟料、出厂超过 8 年的车辆和使用超过 5 年的货物运输车辆、使用过的医疗器械和辐射仪器、气体燃料打火机、频率为 900MHz 的无线电话机。

黎巴嫩要求商品标签应注明产品净重、成分、原产地、生产日期和有效期终止日期，标签语言可使用阿拉伯语、英语或法语。

#### 3.9.3.2 进出口商品检验检疫监管

黎巴嫩对进出口商品检验检疫方面的规定基本与国际接轨。

进口方面，进口商如希望享受优惠待遇，会需要出口国商会出具原产地证书；另外，根据进口商品的具体种类，可能要求提供一些特定单证，例如进口许可证、法定标准合格证或植物检疫证等。

出口方面，需要黎巴嫩商会出具原产地证书（向欧洲出口例外）；源于植物的所有食品需要经黎巴嫩农业部认证的原产地证书；所有工业产品，需要经黎巴嫩工业部认证的原产地证书。

黎巴嫩主要国家级检测机构有：隶属黎巴嫩工业部的工业研究所实验室（IRI）、卫生部的中央实验室、农业部的农业研究所实验室等。

依据中国原国家质检总局与黎巴嫩农业部签订的文件，中国向黎巴嫩出口乳制品的卫生证书、冷冻肉类产品的兽医卫生证书有专门格式。

#### 3.9.3.3　海关监管

2001 年，黎巴嫩通过了新《海关法》，简化了通关手续，加快了通关速度，采用了国际标准货物估计方法，实施现代、公平的争端解决程序，推动工业区和免税区的发展。新《海关法》使机场和港口的进口商品清关速度大幅提高，减轻了行政负担。

黎巴嫩关税依据 WTO 的《商品名称及编码协调制度》，海关进口关税采取从价税、从量税和混合税三种方式。黎巴嫩海关关税细目中，83% 以上细的关税税率小于或等于 5%，少数为 15%、40% 不等。2002 年 1 月起，海关开征增值税，税率为货物价值的 10%。

## 3.10　卡塔尔技术性贸易措施体系

卡塔尔位于阿拉伯湾西海岸的中部，政局稳定，社会治安良好，经济发展迅速，外资法规健全，总体投资环境较好。外资在卡塔尔享有特殊优惠政策。世界银行统计，2017 年，卡塔尔实际 GDP 2200 亿美元，经济增长率 2%。2018 年卡塔尔经济增速达 2.8%，居海湾七国（阿联酋、阿曼、巴林、卡塔尔、科威特、沙特阿拉伯和也门）之首。2017 年卡塔尔前四大贸易伙伴分别是：日本（占比 13.49%）、韩国（占比 11.5%）、中国（占比 10.89%）、印度（占 10.09%）。前四大出口目的国分别是日本、韩国、印度、中国，前四大进口来源国是美国、中国、德国、阿联酋。

### 3.10.1　管理机构和职责

#### 3.10.1.1　经济贸易部

经济贸易部是卡塔尔贸易主管部门，负责管理国内外经贸事务。

#### 3.10.1.2　海关总署（GCA）

解决非法贸易（货物和人员），改善治理，开发电子和无纸化服务，扩大现有的海关协定并实施授权经济运营商计划。2003年1月1日阿联酋、阿曼、巴林、卡塔尔、科威特和沙特阿拉伯宣布正式建立关税同盟。六国域内已经成为一个关税地区，成员国之间没有关税；对域外实行统一的关税和关税的及贸易的规定。各成员国执行统一的《海关法》和实施细则，对外执行统一税率为5%。

#### 3.10.1.3 标准计量局

根据国际规定，参与制定卡塔尔TBT政策。在计量、标准、检验及质量保证等领域内，按照国际惯例开展执法业务，完成应尽职责。

#### 3.10.1.4 卡塔尔央行（QCB）

维护财务稳定性，监测系统内部的财务偿付能力、安全指标和考虑积极防范风险蔓延的措施。

#### 3.10.1.5 金融市场管理局（QFMA）

监督安全交易活动，执行披露政策，监督可能的金融犯罪行为，开展相关研究等。法律规定QFMA有法定权力发布所有必要的条例、规则和决定，以规范卡塔尔的金融市场，建立解决交易可能产生的争议并处以罚款的机制。

#### 3.10.1.6 投资管理局（QIA）

卡塔尔投资管理部门，主要投资于卡塔尔以外的地区，投资房地产、汽车公司、零售贸易、酒店、旅游和农业等领域。

### 3.10.2 法律法规体系

#### 3.10.2.1 1988年第5号《海关法》

根据卡塔尔《海关法》，个人进口货物到卡塔尔销售，必须在进口商注册处进行注册并获得卡塔尔工商会的批准。

个体进口商必须具有卡塔尔国籍；持进口商号的必须是卡塔尔人拥有的全资公司。下列情况例外：

（1）外国公司从事大型工业或农业项目并与卡塔尔政府有直接合约，允许其进口与本项目有重要关系的进口货物；

（2）进口商得到埃米尔特令允许其不受1990年颁布的第25号法令的制约，该法令对外国公司在卡塔尔从事商业、工业、农业及服务业活动进行了规定；

（3）进口商为工业企业，企业资本至少51%为卡塔尔人持有并获得特令进口货物。

卡塔尔出口不征收关税。

#### 3.10.2.2　2000 年第 13 号《投资法》

修正后的 2000 年第 13 号法规规定，外资可以投资卡塔尔经济各个行业，只要他们拥有卡塔尔合作伙伴，其资本份额不低于 51%。该法还规定了经济和商业部授权的这一规则的例外，从而允许外国投资者将资本份额提高到 100%。这些例外情况包括对以下行业的投资：农业制造业、卫生、教育、旅游、开发自然资源、能源或采矿、咨询、信息技术服务、文化、体育、娱乐和分配服务。其核心内容是：

（1）外国投资者可在本国经济各行业中进行投资，但要有一个或若干个卡塔尔人做合伙人，其股份不低于（项目）资本的 51%，且公司根据《投资法》条款已按正确方式成立。

（2）禁止外国投资者在银行业、保险公司及商业代理和购买房地产等方面进行投资。

（3）外国投资者必须获得投资许可后方可在卡塔尔投资。

（4）投资优惠主要有：1）向外国投资者划拨必要用地，以建立投资项目，将通过长期租赁的方式，租赁期不超过 50 年，可以续租；2）免除外国投资资本的所得税，自投资项目投产之日起，免税期不超过 10 年，外国投资项目为建设项目所需进口的仪器和设备，可予免除关税，工业领域外国投资项目为生产所需进口的、本国市场没有的原材料和半成品，可予免除关税；3）外国投资者可将其投资随时汇入和汇出。

（5）外国投资者可以向其他外国或本国投资者转让其投资所有权，或在合伙投资的情况下，放弃投资所有权给本国合伙人，但要按现行法律规章办理。在这种情况下，依据《投资法》条款，可继续享受投资待遇，但是新的投资者应继续在该项目工作，接替前任投资者的权利和义务。

#### 3.10.2.3　2002 年第 5 号《商业公司法》

外国投资者不允许从事贸易代理业务和进口业务。外国人可在卡塔尔从事以下形式的投资活动：

（1）由埃米尔特批成立独资公司，从事“外国分支机构”可以从事的业务活动；

（2）与一个卡塔尔合伙人一起成立公司，从事商业、工业、农业和服务业的业务活动，但其股份不得超过 49%，公司成立须按照《商业公司法》的规定进行；

（3）经经济贸易部的批准，与一个或更多的卡塔尔合伙人一起成立公司，国外投资者的股份不得超过总股份的49%，并要符合下列一种情况：1）该公司的成立考虑到市场的供求关系；2）本国需要该公司的技术和经验。

#### 3.10.2.4 双边贸易相关协定

卡塔尔已经制定了两种与贸易有关的协定，以支持其双边贸易框架：互惠促进和保护投资（RPPI）协定以及经济、商业和技术合作（ECTC）协定。这些协定补充了海合会一级贸易政策，为促进双边外商投资流动和贸易提供了法律框架。这些协定是在双边基础上进行的，符合海合会的指导原则。

RPPI协定为最惠国提供了最惠国待遇，包括在协定签订之前进行的投资。然而，歧视性待遇只能由承包国提供给投资者，在限定投资所有权的情况下不能保证或由第三方非自然缔约方的自然人或法人控制。这些协定还规定了征收和赔偿的准则。资本、回报、收益、付款和与投资有关的其他相关资金的免费流动以及外国顾问的工作授权也受到RPPI协定的保障。

这些协定还为有关各方的磋商没有产生相互满意的结果的情况确立了争议解决程序。如果持续存在分歧，当事人可以选择将案件提交给东道国的主管法院或国际投资争端解决中心。

ECTC协定下的贸易相关领域包括双边促进和促进工业品（中间和最终）、农业、原材料和服务贸易流动。在行业层面，ECTC协定涵盖工业（制造）、采矿、能源、农业、通信、运输、建筑和旅游。协定还规定，缔约方应根据国际标准和法规规定两国自然人与法人之间的付款方式。此外，两国都要通过各自的商会、双边贸易展览和培训导向讲习班来鼓励双边贸易促进。

### 3.10.3 监管机制

#### 3.10.3.1 投资行业的规定

卡塔尔鼓励外国投资者在农业、工业、卫生、教育、旅游、自然资源、能源及采矿业的开发和利用等领域投资，允许外国投资者的股份超过项目资本的49%，直至100%，但要符合本国发展规划。重点扶持那些可实现最有效利用本国现有原材料的项目和出口工业，可提供新产品、使用新技术的项目，致力于把具有国际声誉的产业国产化的项目，以及重视人才本土化并使用本国人才的项目。除非获得特别许可，禁止外国投资者在卡塔尔银行业、保险公司及商业代理和房地产等领域进行投资。

#### 3.10.3.2　投资方式的规定

外国投资者在卡塔尔投资主要以建立合资公司或参股经营为主，一般而言，外国投资者投资比例不得超过投资总额的 49%。外国自然人不能直接在当地承揽工程承包项目，必须在当地成立合资公司。

#### 3.10.3.3　进出口商品检验检疫

##### 3.10.3.3.1　食品

活畜及肉类产品进口的主管部门为卡塔尔市政农业部卫生司，其他清真食品主管部门为卫生总局食品卫生监督管理司，具体的规范由卡塔尔标准计量局制定。

对出口到卡塔尔的肉类及肉类制品应提供清真认证、原产地证明和食品卫生证明，中国出口肉类清真认证由中国贸促会认证后，到卡塔尔驻华使馆办理认证。清真食品应符合中国食品卫生标准，出具原产地证明和食品卫生证明，其他无特别要求。产品到卡塔尔后，海关将例行抽样检查。食品的外包装应译成阿拉伯语，标明品名、成分（按百分比）、净重、生产日期、保质期（必须注明失效期，否则不准进口）、保存方法、商标产地等内容。

食品进口由公共卫生部进行监测和检查，以确保符合国家食品标准，并需附有一份证明书，声明无辐射、不含二噁英和环己烷氨基磺酸盐。这些要求也适用于当地生产的食品。肉类和家禽产品还必须附有来自原籍国的健康证明，以及原产国的伊斯兰中心颁发的清真屠宰证书。进口的鸡蛋必须加盖印记，以区别于当地生产的鸡蛋。

##### 3.10.3.3.2　其他商品

只需提供原产地证书、产品合格证和货物装箱单即可报批。但玩具类商品一定要提供商检证书，如没有，则需将样品送卡塔尔标准计量局检验，合格后方可放行。

#### 3.10.3.4　许可证制度

在卡塔尔经营进出口贸易须申请许可证。但此举主要是针对进口商，而不是针对进口商品。外商不得单独直接经营进出口贸易，须经过当地进口商或代理商。进口许可证由经济贸易部颁发，也可由商会颁发。

#### 3.10.3.5　单证要求

进口货物时，必须准备商业发票和提货单，某些商品须持原产地证书和卫生许可证，如活植物、鲜水果和蔬菜等。所有商品须经过严格包装，贴上标签，说明内装货物名称、生产日期和保质期等。

货物进口到港需包括原始的商业发票与托运人的信件头、印章和签名，商会的证明也必须伴随货物。发票中包含的所有商品必须通过其 HS 法规来确定，实际上这意味着只有经过授权的代理商才能与 GCA 处理货物。重点是保护国内市场的产品不受不符合标准化卫生规范和违反知识产权的产品危害。

卡塔尔制定的原产地规则要求通过 GCA 进口的所有进口货物必须附有正式证明，证明货物的来源符合国际标准和承诺。货物来源证明必须由出口国商会或由 GCA 批准的其他实体提供。此外，法律规定，GCA 有权对所述证书中的信息和结论提出质疑。GCA 有权要求提供其他文件，例如收据、合同或与产品相关的任何其他文件。

#### 3.10.3.6　标签要求

所有抵达卡塔尔边界的产品都必须印有标签或贴纸，表示其原产地。如果产品符合要求，则可以事先获得 GCA 的批准而提交正式文件。如果产品不符合这些要求，则 GCA 可以授予豁免，并且所有必要的程序将在 GCA 的仓库或进口商的个人仓库下执行，并在当局的监督下进行。但是，如果进口商不断重复违规，GCA 有权拒绝产品进入卡塔尔。此外，任何进入市场的产品，不得根据《海关法》被视为非法走私产品。

所有产品上的标签必须是阿拉伯语，或阿拉伯语搭配其他任何语言，只有少数仅使用英语标签的产品可以通过市场测试，根据具体情况被批准进口。标签必须提供产品的制造地点、制造商识别、产品信息和标准质量等方面的信息披露。所有食品必须明确标示：产品和品牌名称；生产和到期日；出产国家；制造商名称；净重（以公制为单位）；成分和添加剂的列表（按重要性降序排列）。此外，所有用作成分的油脂必须在标签上明确标识。

作为伊斯兰国家，卡塔尔对肉类和禽类产品有严格的标识和标签要求。包装的新鲜或冷冻肉类和家禽必须附带：双语标签，其中一种语言必须是阿拉伯语；生产国家；生产（屠宰或冻结）及到期日，包括月份；产品保质期；公制净重；产品鉴定信息。

如果需要的话，需声明该产品根据伊斯兰原则被屠杀。预包装加工的肉类和家禽必须伴有生产和到期日以及产品的净重。

#### 3.10.3.7　特殊规定

卡塔尔禁止向以色列出口货物，某些带有补贴性质的食品、古董也禁止出口。与以色列经贸关系密切的公司会被列入"黑名单"。虽然随着卡以和谈进展，此禁令有所缓解但在实际执行中仍有效。与营销有关的印刷品、录像带、书刊进口须接受海关检查以确保其中无淫秽内容。有些商品的进口须获特别许可，一般包括酒类和含酒精饮料、猪肉和猪肉制品、军火、弹药、赌具、某些药品、麻醉剂和杀虫剂等。

#### 3.10.3.8　知识产权保护

卡塔尔知识产权法主要涉及侵犯知识产权。保护这些权利的法律框架是基于 2011 年第 17 号法律。因此，法律授权 GCA 采取防范假冒商品进入卡塔尔的保护措施。任何可疑的假冒产品威胁到其市场份额，任何商业机构或个人可以提交正式的投诉。反过来，GCA 有义务开展调查。法律规定，除非有证据证明疑似产品确实是假冒的，从而违反知识产权，否则不得采取任何行动。如果产品被证明是假冒的，GCA 将立即禁止进口该产品，并通知出口国，解释其动机。如果发生争议，案件将立即转交给卡塔尔的法院，并由卡塔尔最高法院做出裁定。

## 3.11　阿曼技术性贸易措施体系

阿曼位于阿拉伯半岛东南部，是阿拉伯半岛地区的第三大国，与阿联酋、沙特阿拉伯、也门等国接壤，是海合会 7 个成员国之一，是西亚北非地区政治稳定、法制健全、经济富裕的国家之一。据阿曼官方数据显示，2017 年中阿贸易水平回升，中国仍是阿曼最大贸易伙伴、出口目的国和第三大进口来源国，且已连续十年保持阿曼石油第一大进口国地位。除石油外，石化产品、矿产品及海产品也是中国从阿曼进口的主要商品。中国向阿曼出口的主要商品有施工机械、汽车、机电产品、其他金属及制品、家具、塑料及制品、纺织品、瓷砖及玻璃制品、蔬菜及水果等，特别是石油钻井设备和配件、家具、汽车、建筑机械设备、空调等商品出口量近年来增长较快。据中国海关统计，2017 年中阿双边贸易为 155.34 亿美元，同比增长 9.5%。其中，中国出口 23.17 亿美元，增长 7.9%，中国进口 132.17 亿美元，增长 9.8%。

### 3.11.1　管理机构和职责

#### 3.11.1.1　商业和工业部（Ministry of commerce and industry，MOCI）

阿曼商业和工业部是负责贸易管理的主管部门，有 12 个专业委员会涵盖了广泛的经济问题，包括旅游、工业、建筑和劳动。其主要职责为：制定有关规定、原则，组织和加强阿曼与 WTO、阿拉伯贸易组织及其他区域性或国际贸易组织的关系；提出政策和必要的规划建议，以推动贸易发展，并服务于阿曼经济的发展；实施、执行与该部职能相关的法律、法规，制定相关细则和规章，依法对贸易企业进行监督；规范进出口贸易程序，确保当地市场商品充裕、质量合乎标准、价格稳定，公布信息和贸易数据；与相关部门协调对贸易企业、商店进行检查，确保所售商品正宗、符合技术标准；发放商业许可及企业、代理、商标注册凭证；为投资者提供服务。

#### 3.11.1.2 农业和渔业部（Ministry of agriculture and fisheries wealth，MOAF）

农业和渔业部位于布赫尔，是主管农业和渔业的政府机构，主要职责为对农业、动物和水生资源的开发和利用，包括：制定政策、计划和方案，确保相关资源的可持续性开发及对资源开发的监督和评估工作；与有关当局协调合理开发与管理农、畜牧业和渔业资源，完善相关服务法律、皇家法令项目、发布法规和部委决定；协同有关当局投资农业、畜牧业和渔业领域及相关服务业，鼓励私营部门开发有利于农业、畜牧业和渔业的项目；开展农业、动物和鱼类的研究和评估，加强生产能力和检测技术研究，促进技术在解决实际问题和评估鱼类种群等领域的运用；制定农业土地开发和防止沙漠化政策，保护农业和防止动物病虫害，保护水生生物资源，发展和促进养殖业可持续发展；编制和实施有关农畜产品和水产品生物资源质量安全保证有效性和完整性的方案、计划和法规；与有关部门协调管理农产品销售市场和鱼市场；协调阿曼和其他国家之间活动物等农业和水利机构和组织、专业机构，参与区域合作领域方面和国际会议的研制工作，并代表阿曼相关部委职能参与谈判和协议。

#### 3.11.1.3 电信监管局（Telecommunications regulatory authority，TRA）

电信监管部门，作用是制定相关的部门政策。目前，阿曼有通信公司 10 余家，包括 Oman Telecommunications Company(Omantel)、Oman Mobile、Ooredoo Oman、Oman Broadband Company(OBC)、Awasr-Oman、PCCW-Awaser Oman 等在内。

#### 3.11.1.4 阿曼海关

阿曼海关的主要职能有：1）在货物进出口过程中执行海关监管和安全检查工作，并根据相关法律法规收取关税；2）打击走私及防止违禁物品入境；3）开展进出口贸易统计分析，公布进出口贸易相关数据等。

#### 3.11.1.5 国家咨询点和信息中心（NEPIC）

阿曼的国家咨询点由商业和工业部（MOCI）标准与计量局（DGSM）负责，负责标准化、计量、测试、质量控制和质量保证、合格评定和认证认可活动。阿曼于 2000 年 12 月 18 日接受了"TBT 良好做法守则"。2008 年 4 月—2013 年 12 月，阿曼向 WTO 的 TBT 委员会提交了 110 项通报。

NEPIC 同时是 WTO 的 SPS 协定的国家咨询点，由动物资源总局（DGGA）和农业发展总司（DGAD）下属农业和渔业部（MOAF）组成，是 SPS 的权威机构，主要负责确保食品安全、植物和动物健康。

### 3.11.2　法律法规和标准体系

阿曼与贸易相关的主要法律法规有《商业法》《代理法》《商标法》《专利法》等。

自 2004 年以来，阿曼已经实施了海合会兽医检疫和植物检疫法。进出口和国内生产的动植物出口前须经过 MOAF 的检疫部门检查，检验并发放农产品 SPS 证书。农业种子、植物、植物部件和植物产品的进口需要 DGAD 的植物检疫证书和事先许可。

海合会和阿曼的标准都是基于国际标准，海合会任何成员国可提出全球范围内的标准，并通过位于利雅得的海合会标准化组织（GSO）的 12 个技术委员会之一进行处理，提案需要至少 5 个成员国的支持才能纳入 GSO 工作计划，一旦批准，GSO 标准将被分发给海合会所有成员国。阿曼只有在迫切需要的情况下才能在国家层面上制定技术规范和标准，所有标准和技术规范由 DGSM 处理；任何拟议的技术法规或标准由 DGSM 的 7 个技术委员会之一审查，该委员会在 9 个月的审查期内做出批准、确定和采用的结论。所有草案标准和技术规定在通过前至少提供 60 天以上的公开评议。部长级决定标准成为强制性技术法规，技术法规在官方公报上公布。技术法规和标准通常在出版 6 个月后生效，除非紧急情况需要缩短此期限。

截至 2013 年 11 月，阿曼已有 10012 个标准，其中 10 个为 GSO 制定的 GCC 标准；1838 个是强制性标准。12 个标准是国家标准，涵盖面包、传统匕首和液化石油气瓶等产品。阿曼的所有强制性标准同样适用于当地生产和进口的产品。强制性标准主要适用于食品、建筑材料、玩具、化妆品和机动车辆。进口货物的合格证由海关部门核实。非食品产品可根据由 DGSM 认可的制造商的合格评定证书自行进入阿曼；对无互认协定的需进行采样。对证书未覆盖的进口产品进行样品检测并给予临时放行。阿曼已经与巴林、埃及、伊朗、伊拉克、约旦、卡塔尔、叙利亚、突尼斯、土耳其、阿联酋和也门签订了互认协定。

### 3.11.3　监管机制

阿曼是阿拉伯工业发展和采矿组织（AIDMO）、国际标准化组织（ISO）和国际法定计量组织（OIML）的阿拉伯标准化与计量中心成员。阿曼不同的标准、冗长的官僚和行政程序、边境和过境费是阿曼目前的非关税壁垒之一。

### 3.11.3.1 进出口管理相关规定

#### 3.11.3.1.1 概要

任何自然人、法人经许可，均可以贸易为目的进口商品；个人可不经批准进口自用商品；进口许可须向商业和工业部贸易处申请。以下情况允许临时进口、为期6个月并可延长：1）为实施工程项目或与项目有关进行科学实践需要的机械和重型设备；2）为完成加工进口的商品；3）为运动场、剧院、展览而临时进口的商品；4）为维修而进口的机械、设备、仪器；5）用于装填目的的集装箱、包装商品；6）用于放牧而进口的动物；7）用于展示的样品。

#### 3.11.3.1.2 海关关税

海合会国家对大多数产品实行了0%和5%的共同对外关税（CET），并制定了关于海关程序和估价的普通法。进口原产地为海合会成员国的工业、农业和动物产品免关税，其他免征关税进口商品还有：活畜；冷冻的、新鲜可食用的动物内脏（不含猪）；不包括调味奶的各类奶制品，如巴氏消毒奶和奶粉；印度酥油；种子、幼苗和切片；米、麦、面、玉米、茶、糖；各类印刷书籍、报纸、杂志、期刊、图册等；农业杀虫剂、农业机械和工具；饲料和肥料。大部分商品的进口关税为5%以内（以CIF价计算），烟草及制品、猪肉及制品和酒精饮料进口关税为100%。对进口干柠檬征收100%的保护性关税，对椰枣、鲜香蕉分别征收20%和25%的保护性关税。2009年2月通过了新的渔产品质量控制条例，对渔产品进口的最惠国关税平均为3.3%，税率最高可达5%。

海关管理规章制度规定海关报关应提交的文件包括：商业发票、原产地证明、装箱单。

### 3.11.3.2 进口管理

#### 3.11.3.2.1 概要

商品进入阿曼应提供原产地证明，阿曼与其他阿拉伯国家一样，禁止进口原产地为以色列的产品。所有进口产品的文件必须由阿曼领事馆或代表（任何阿拉伯大使馆）在原产国认证，阿曼的进口商不需要使用商业代理，阿曼已通报WTO其装运前检查的法律或法规，基于风险管理系统（例如货物的类型、描述和价值）随机选择货物进行检查，所有进口货物平均约2%抽查率。出于健康、安全和道德原因，阿曼对部分产品实行进口禁令和限制。

#### 3.11.3.2.2　进口禁令

根据海合会共同海关法，尽管成员正在制定共同名单，但由每个海合会国家确定自己的禁止或限制产品列表。为了安全和其他原因（例如统计，并避免海盗和商业作弊），GCC 成员之间保留海关检查，禁止进口的货物不得在成员国领土之间流通；限制的产品可以通过适当的文件，在限制进口的成员境内过境。

阿曼是《危险废物巴塞尔公约》《鹿特丹危险化学品贸易公约》《蒙特利尔议定书》和《濒危物种公约》的签署国，出于人类和动物健康、公共道德、环境和安全的原因实施进口禁令。其中包括麻醉品、武器和某些媒体产品。

#### 3.11.3.2.3　进口限制和许可

阿曼通报 WTO 进口许可程序委员会，它通过部长级第 71/2000.9 号决议实施 WTO 关于进口许可程序的协定。阿曼通报它没有进口许可证要求，阿曼大多数进口限制都是关于安全、卫生、宗教或道德理由，并适用于酒精产品和有机肥料。

这些受限制的货物必须附有有关当局的证明，需要获得相关部门的特别许可，这些产品包括：农产品、食品、出版物、电影及音像制品、药品、武器防卫装备等。无线电发射和接收装置、无线电报装置的进口需要 TRA 颁发的许可证。

### 3.11.3.3　出口管理

出口只能由在 MOCI 注册的公司或个人进行。出口所需文件包括商业发票。海关总署可能要求有关部门许可产品出口需附加文件。阿曼对出口没有关税，但具有历史价值的出口物品应获得出口许可。

#### 3.11.3.3.1　出口禁止

阿曼禁止出口古董、古代手稿和阿曼古钱币（历史悠久的里亚尔）。

#### 3.11.3.3.2　出口限制和许可

限制休渔期龙虾、鲍鱼和鲨鱼三种鱼类出口；当地开采或采石产品需要出口许可证。

由于捕捞量减少和帮助维持当地市场出售库存而实施渔业出口的限制。2012 年 6 月 1 日—9 月 30 日、 2013 年 7 月 1 日—9 月 30 日和 2013 年 12 月 15 日—2014 年 2 月 15 日限制出口包括金枪鱼和国王鱼在内的多种鱼类。在这些期间，包括皇帝鱼等其他鱼类需要出口许可证，并限于出口现有数量的 50%。2008 年 6 月，政府对鲍鱼实施 3 年的暂停捕捞、出售和出口。

### 3.11.3.4 卫生和植物检疫措施

NEPIC是WTO卫生和植物检疫措施协定下的国家咨询点，动物资源总局（DGAW）及农业和渔业部（MOAF）下的农业发展总司（DGAD）负责食品安全、植物和动物健康等SPS事项，目前没有对阿曼的SPS措施提出具体的贸易关注。

自2004年以来，阿曼一直在沿用GCC关于兽医检疫和植物检疫的法律。2013年11月，根据GCC协定，海合会制定兽医检疫和植物检疫共同立法应急措施，每个成员国保留自己的限制和禁止项目列表。

国内植物和动物生产、进口和出口由MOAF的检疫部门检查，该部门还检查和颁发农产品出口前SPS证书。进口农业种子、植物、植物部分和植物产品需要植物检疫证书和DGAD的事先许可。植物和动物进口必须附有出口国的卫生和/或植物检疫证书；农业种子、植物、植物部件和植物产品的进口需要DGAD的植物检疫证书和事先许可。

阿曼自2008年1月起就通报了21项SPS通报，其中6项涉及紧急措施，所有卫生和植物检疫措施均在官方公报及商业和工业部网站公布。

### 3.11.3.5 动物及动物源性产品

阿曼是OIE、IPPC和食品法典委员会成员，阿曼要求从所有国家（包括海合会国家）进口活的动物需要来自DGAW的健康证明和事先许可。所有鸟类、猫和植物都需要健康证明。可以从所有国家进口猫和狗，但必须附有主管机关的健康证明，说明该动物没有狂犬病。包括牛奶和奶制品的进口动物来源的食品由MOAF组织检查，以确保它们没有污染物，需附声明没有辐射和二噁英的证明书。进口、出口和国内生产的动物由MOAF的检疫部门检查。肉类和家禽产品还必须附有原产国的健康证明和由原产国的伊斯兰中心颁发的清真屠宰证书。市政府负责检查国内产品。第一次输入的所有货物在发布前都会进行分析。根据GCC和食品法典标准对结果进行评估，以确保进口食品对人类的消费是安全的。不合格食品在入境口岸被拒绝，它们被销毁或退回原产国（由进口商决定）。

### 3.11.3.6 食品医药产品

受健康原因限制的食品必须附有出口国的卫生和/或植物检疫证书，食品的进口必须附有证明无辐射和二噁英的证书。

医药产品必须直接从具有研究部门的制造商进口，并且产品必须在制造国和至少两个除阿曼之外的海合会国家获得许可，其中一个必须是沙特阿拉伯。

#### 3.11.3.7　合格评定程序

2008 年 4 月 9 日，阿曼商业和工业部发布适用于海湾技术法规所覆盖的产品合格评定程序模式的指南草案。指南介绍了海合会国家所遵循的合格评定程序的不同模式，以确保海湾技术法规所覆盖的产品符合基本的要求。这些模式采用欧盟的模式作为其基础，包括了设计以及相关产品的各生产阶段。

海合会的合格评定程序细分为 8 种基本模式和 8 种派生模式。这些模式依据产品生产的不同阶段（如设计、定型、完全生产）、有关评定的类型（如文档审查、型式批准、质量保证）和承担评定的主体（如制造商或指定机构）的不同而有所不同。这 8 种基本模式为：模式 A——内部生产控制、模式 B——EC- 型式试验、模式 C——符合型式声明、模式 D——生产质量保证、模式 E——产品质量保证、模式 F——产品验证、模式 G——单件验证、模式 H——全面质量保证。

产品在进入海湾国家市场之前，其设计和生产阶段都必须进行合格评定模式的评定。对于由一个或一个以上模式组成的合格评定模式，海合会技术法规结合产品类型，根据其风险性质、相关部门的经济基础、类型、产品重要性等，对模式的便利性进行考虑。根据产品所涉及的海合会技术法规对其实施合格评定模式下的验证活动后，产品可被授予海合会成员国合格标志。

#### 3.11.3.8　标记、标签和包装要求

##### 3.11.3.8.1　标签

标签必须是阿拉伯语或阿拉伯语和英语，根据具体情况，少数仅带英语标签的产品可能会被批准用于市场测试。食品标签必须包含产品名称、生产和到期日期、原产地、制造商的名称和地址、以公制单位表示的净含量、成分和添加剂列表（按重要性降序排列）、批次标识以及储存和使用说明。

##### 3.11.3.8.2　肉类和家禽产品

阿曼要求肉类和家禽产品需要根据伊斯兰清真程序屠宰。新鲜或冷冻的包装肉类和家禽还必须携带以下阿拉伯语信息：原产国、生产（屠宰或冻结）和到期日期、产品保质期、公制净重、产品商标。预包装加工肉类和家禽必须附有生产和到期日期以及产品的净重。

##### 3.11.3.8.3　电信设备

2010 年 6 月，电信监管局（TRA）颁布了电信设备标签指南，要求电信设备的经销商必须向 TRA 注册，标签必须包含批准编号和经销商编号。注册进口货物必须在

清关后、进入阿曼市场之前加标签。所有销售到阿曼的被认可的通信产品，应在产品上标示规定的信息。阿曼电信监管局这项强制性标签要求，主要是为了在市场核查时，能够容易辨别那些在市场上销售的未经认可的电信设备。2011 年 6 月 30 日后，所有销售到阿曼市场的通信产品都需要贴有认可标签。

以下产品不在强制性标签要求之内：该设备预计在汽车内使用，在进口前预先安装在汽车内；模组和介面卡在进口前已被安装在主机设备内；所有接入和核心网络设备预计被进口用于安装在许可的公共电信网络。标签样式如下：

| OMAN-TRA |
| --- |
| X/NNNN/YY |
| Dyynnnn |

其中：标签尺寸至少为 10mm（高）、18mm（宽）；OMAN-TRA 至少要 2mm 高；X/NNNN/YY 为认可编号；Dyynnnn 为当地代理商注册代码，至少要 1.5mm 高。

#### 3.11.3.8.4 贵金属、首饰和宝石

按照苏丹尼第 109/2000 号法令，进口和当地生产的所有贵金属、首饰和宝石必须进行标记，金标记计划由 DGSM 的贵金属测定实验室实施。

#### 3.11.3.8.5 烟草制品

2011 年 8 月，GSO 通过了对烟草制品的标签要求，对卷烟包装引入强制性警告。这些规则是由阿曼通过第 12/2012 号部级令颁布的，将于 2013 年 3 月生效。

#### 3.11.3.8.6 母乳代用品

GSO 标准 223/2013 规定，母乳代用品必须有表明蛋白质来源的标签，标注母乳喂养的优越性。

### 3.11.3.9 地理标志

根据苏丹尼第 67/2008 号法令，地理标志明确在任何国家的原产地和地理环境的优势下，肯定相应地理来源产品的质量、声誉或其他特性。对违反公共秩序或道德、在其原籍国不再受保护、在该国已经废弃的地理标志不受保护。地理标志保护时间不限。

### 3.11.3.10 玩具 GSO 证书

阿曼商业和工业部宣布，从 2011 年开始正式实行海合会通用的玩具质量验证系统，以防止不安全、低品质的进口玩具流入阿曼市场。这套由 GSO 开发的玩具质量验证系统（简称 GSO 玩具验证系统），能够确保进口到 GCC 成员国和在 GCC 成员国生产的玩具都能符合 GSO 安全标准。

2011 年 1 月 1 日后每批进口到阿曼的玩具，都须先出具一份证书，证明其品质符

合 577/1995 GSO 标准和安全要求，并通过验证系统的验证之后，才能入境并投放市场。任何不符合 GSO 安全标准的玩具，将不能在阿曼和其他海湾国家市场销售。

GSO 玩具新标准主要包括 4 个方面的内容：限制有害化工品、危险填充物的使用，降低玩具的噪声，从而减少儿童受伤害的风险；在海湾国家市场销售的玩具应有阿拉伯语安全使用指南、清晰的危险提示标签、醒目的商标和商家地址；玩具进口商还需将进口玩具的样品送检，召回不合格产品并保存不合格产品的检测记录，并将监控结果向经销商通报；国家主管部门（即标准计量局）有权索要任何进口玩具的技术资料，玩具生产者有责任、有义务随时向主管部门提供这些材料。生产商、进口商还应配合主管部门的工作，采取行动消除已投入市场玩具的不安全风险。

### 3.11.3.11 汽车产品的 GCC 认证

随着我国国内制造业和对能源需求的迅速发展，海湾国家已经成为我国重要的贸易伙伴。海湾国家没有汽车工业，目前已经成为我国汽车企业的主要出口市场之一。

#### 3.11.3.11.1 GCC 认证的背景

海合会自 2005 年启动了 GCC 认证。GCC 认证是一种强制性认证，当车辆和轮胎产品进入海湾国家市场前，必须对其进行质量认证。GCC 认证的启动，主要是针对一些新兴汽车出口国家的汽车和轮胎产品实施的技术性贸易措施。

#### 3.11.3.11.2 GCC 认证的范围

GCC 认证的管理机构是海合会下设的标准组织 GSO，自 2005 年 1 月 1 日起，GSO 依照相关海湾标准对机动车辆和轮胎进行检验并颁发 GCC 认证证书，被核准的 GCC 证书将在所有 GCC 成员国内有效。其认证范围如下：

整车：M 类车辆（M1 类轿车、M2 类乘用车和巴士、M3 类大型客车）、N 类车辆（N1 类货车、N2 类货车、N3 类货车）、O 类车辆（O 类挂车、O 类拖车）、L 类车辆（二轮、三轮、四轮摩托车）、工程车辆（工程机械）。

零部件：车灯、后视镜、轮胎、油箱、发动机、软管、排气管、离合器、安全带、火花塞、消声器、儿童座椅、仪表盘、刹车片、门锁、雨刷器、刹车油、防冻液、过滤器。

#### 3.11.3.11.3 GCC 认证的程序

对于已经获证的车型：已授予 GCC 证书的车型，生产企业必须向 GSO 首脑办公室重新提交两份新的 GCC 合格证明书的原件，但不必重新提交试验报告及原始数据。

对于新申请认证的车型：生产企业必须向 GSO 提交符合 GCC 认证要求的合格证书（两份原稿），并提交符合 GSO 要求的试验报告。每年在首次交付任一型号的车辆前至少 3 个月，制造厂应向 GSO 递交英语 / 阿拉伯语的合格证书，证明该型号满足海湾车辆标准的要求（内容和格式符合规定）。半成品车辆（如底盘等）制造商，每年发运任何类型的第一批货物前，至少提前 3 个月，向 GSO 递交用英语 / 阿拉伯语书写的合格证书，证明这类车辆符合有关海湾标准的要求。最终阶段制造（如整车）商，每年发运任何类型的第一批货物前，至少提前 2 个月，向 GCC 国家的标准化和计量组织递交用英语 / 阿拉伯语书写的合格证书，证明这类车辆是按照半整车制造商的指南完成的，并仍然符合有关的车辆海湾标准的要求（内容和格式符合规定）。在此阶段不必提交试验原始数据，但如有必要 GSO 保留查看试验报告及原始数据的权利。所有试验数据必须来自生产企业自身实验室或来自由 GSO 认可的独立性实验室。

对于轮胎产品：生产企业必须向 GSO 提交 GCC 合格证书（两份原稿），并提交符合 GCC 格式和内容要求的试验报告及试验原始数据。

GSO 组织的受理：GSO 将对企业提交的证明材料及试验报告等文件审核，决定批准或拒绝接受此整车 / 轮胎产品的申请。成功通过 GSO 审阅后，将对提交的合格证书发给一个目录编号；如果审核结果为拒绝接受，将告知生产企业被拒绝的原因。GSO 将在 GCC 证书上盖章及签字，并发还生产企业一份证书原件。其余原件复印件将保存于 GSO 客户档案中。

#### 3.11.3.11.4 GCC 认证证书的有效性控制

GCC 认证与很多国家和地区的认证不同，并不要求对生产企业的质量保障体系和生产条件进行例行检查，而是规定如果有必要，可派专人至生产企业验证其生产控制。GCC 认证更侧重于对产品的核查，即对参考产品在使用过程中的质量表现和消费者的反应及投诉进行抽查。

GSO 组织对于 GCC 合格证书有效性检查做了相关规定：对于整车产品，在每个公历年的最后一个月，对本车型年的证书进行有效性检查；对于轮胎产品，在被批准之日当年进行证书有效性检查。有效期到期之前，生产企业必须向 GSO 组织提交有关的复合型证明材料，逾期不提交，GCC 认证的证书就会失效作废。

证书有效期：机动车辆的 GCC 符合性认证证书，自签订日期起至当年的公历 12 月底止；乘用车轮胎、多用途汽车（MPV）、大客车、载货车和临时用备胎的 GCC 符合性认证证书，自签订日期起的一年有效。

#### 3.11.3.11.5 GCC 认证提交文件的要求

GSO 组织对于 GCC 认证过程中所需提交文件（包括试验报告）的格式和内容有

比较详细的规定，文件必须是英语或者阿拉伯语。在 GCC 认证的相关技术标准中，GS 48 海湾标准对于产品合格证明书的内容和格式做了详细的规定。

## 3.12　也门技术性贸易措施体系

也门位于阿拉伯半岛西南端，北与沙特阿拉伯接壤，南濒阿拉伯海和亚丁湾，东邻阿曼，西临红海，扼曼德海峡，具有重要的战略地理位置。2017 年中也进出口贸易额回升至 23.04 亿美元，增长 24%；贸易总额增长主要来源于中国自也门进口增长，进口增幅为 297.5%。据中国海关统计，近年来，中国对也门出口商品主要类别包括：1）电机、电气、音像设备及其零附件；2）机械器具及零件；3）钢铁制品；4）橡胶及其制品；5）化学纤维长丝；6）洗涤剂、润滑剂、人造蜡、塑型膏等；7）食用蔬菜、根及块茎；8）针织或钩编的服装及衣着附件；9）其他纺织制品、成套物品；10）蔬菜、水果等或植物其他部分的制品。中国从也门进口商品主要类别包括：1）矿物燃料、矿物油及其产品，沥青等；2）矿砂、矿渣及矿灰；3）塑料及其制品；4）电机、电气、音像设备及其零附件；5）铜及其制品；6）鱼及其他水生无脊椎动物；7）橡胶及其制品；8）铝及其制品；9）生皮（毛皮除外）及皮革；10）锌及其制品。

### 3.12.1　管理机构和职责

也门的贸易主管部门是工业和贸易部，其主要职责是：起草并执行国家工业发展战略；鼓励并促进工业与商业领域内各行业的发展；配合相应管理部门筹备和研究建立工业区；管理贸易活动；依法批准贸易与工业行为；鼓励、组织并监管技术转让；依法保证本地市场竞争，防止垄断、欺诈行为；依法保护知识产权与工业产权；研究本国签订的经济协定、加入地区或国际组织所签订的贸易协定和带来的商机、优势与承诺；研究加入 WTO 给外贸管理方面带来的益处。

### 3.12.2　法律法规体系

#### 3.12.2.1 《对外贸易法》

也门现行《对外贸易法》的立法目的在于：指导、发展和复兴对外贸易，使其为实现国家经济和社会发展的目标服务；在自由贸易的基础上，组织进出口，为国家提供需要的各类产品，提高贸易增长率，稳定供应和增加生产；鼓励出口，建立新的海外市场，增加出口的产品和种类，提高其在国际市场的竞争力；发展、扩大与阿拉伯、伊斯兰和世界其他国家的贸易关系，使其为国民经济做出贡献；指定相关检验检疫机构对进出本国的商品进行简便、快捷的检测。

#### 3.12.2.2 《对外贸易法实施细则》

该细则明确了也门工业和贸易部的具体职责，包括其对外贸的促进和监管责任。法规的内容还包括政府要积极实现贸易平衡，促进和鼓励非石油产业的发展，不断提高其在国民经济中的比重。法规还包括贸易自由、竞争、经营机制以及反垄断等方面内容。

#### 3.12.2.3 《植物检疫法》

《植物检疫法》由也门农业灌溉部颁布，由其所属植物防虫害管理局在出入境港口和机场检验口岸具体执行，主要内容包括：

##### 3.12.2.3.1 立法目的

《植物检疫法》的立法目的主要包括：

（1）有效保护也门境内各类植物资源免受有害物的侵害，并有效防止有害物进入也门国境及其扩散；

（2）组织、控制、检验、监管植物产品出入境、境内中转运输过程中的各个环节；

（3）增进也门植物出入境检验检疫在国际贸易中同其他国家的合作。

##### 3.12.2.3.2 检疫范围

将以集装箱等各种运输方式或由个人手提携带进出也门国境，或在也门境内中转的各种植物及其组成部分，包括根、茎、叶、花、果实、种子（无论死体或活体），由植物加工的产品，以及其所携带的土壤、肥料和包装材料等纳入检疫执法范围。

##### 3.12.2.3.3 执法授权

植物健康证明及相关的检验检疫证明文件的颁发、废除、中止由植物防虫害管理局全权负责，军队、海关、港口、国家安全部门等机构配合执行。

#### 3.12.2.4 《动物资源保护法》

由也门农业灌溉部颁布，由其所属动物资源管理总局具体执行，主要内容包括：

##### 3.12.2.4.1 立法目的

《动物资源保护法》的立法目的主要包括：

（1）统一、组织和协调与动物资源保护有关的检验、检疫手续；

（2）提高动物、家禽资源的保护水平，使其免受各种疫病的影响；

（3）组织相关的动物加工、防疫和动物产品的流通；

（4）鼓励和保护国内外对动物家禽资源的投资活动；

（5）加大对动物、鸟类的保护力度；

（6）监督管理食品加工用动物的卫生和安全，保护消费者不受动物体内残留药物的危害；

（7）促进农村动物家禽的生产能力和水平，提高农村居民的生活质量；

（8）增加国内的兽医点，发展兽医的服务水平，有效保护动物资源。

#### 3.12.2.4.2　执法授权

动物资源管理总局在各出入境港口和机场口岸执行检验。凡进出口各种动物类产品需出示：

（1）由原产地主管部门开具的符合法律的检验检疫证明；

（2）由原产地相关技术部门开具的证明信。

## 3.12.3　监管机制

### 3.12.3.1　进口管理

第 41 号《关税法》对部分亵渎宗教信仰、污染环境和危害健康的商品做出了禁止进口的明确规定，这些商品主要有：1）猪及各种以猪为原材料的食品和制品；2）罂粟、可卡因、印度大麻、鸦片；3）各种含酒精的饮料；4）黄樟油精、胡椒醛等部分化学制剂；5）部分矿产制品；6）化工废料；7）二手汽车轮胎和二手橡胶制品。

也门政府在 1996 年（16）号修正案中废除了 1992 年《外贸法》中的进口许可证制度，但规定以下产品仍需工业和贸易部签发进口许可证方可入境：1）有关国家补贴的产品，如小麦、面粉等；2）有关危害也门的宗教、人民健康、环境和安全的产品；3）事先需要获得相关主管当局批准的产品，如药品、农业杀虫剂、化肥等。

在 2007 年（16）号修正案中，也门政府对进口商的进口行为提出如下要求：1）产品的规范和质量标准要符合国家的规定；2）进口机械设备、交通工具、电气设备等产品需要维修和零配件的，进口商要承担提供零配件和维修中心的义务；3）产品如果是在有效期内规定的药品、食品等要获得检验部门的检测报告；4）进口活的牲畜、植物和种子等需要事先经过检验、检疫部门的依法安全检测后，方可进口；5）禁止进口有悖伊斯兰教义、危害国家安全、危害健康、有悖道德规定的产品；6）进口要服从法律的临时规定、双边协定和议定书的相关条款。

#### 3.12.3.2 出口管理

也门的出口商品免除出口许可证，不受海关的任何限制。有关维护国家安全、环境保护以及需要检验检疫的特殊产品，在出口前必须按照工业和贸易部的规定办理相关手续。此外，出口产品的规范要按照国家的统一规范、标准或进口国指定的标准实施。

#### 3.12.3.3 进口商品强制质量保护计划

为加强对进口产品质量监管，也门标准计量和质量控制机构于 2008 年 11 月分别与 BUREAU BERTTAS 和 COTECNA 公司签订协议，授权两家公司按照也门政府认可的标准和程序对相关进口商品进行强制性检验并颁发品质检验合格证书。2009 年 2 月，也门标准计量和质量控制机构正式通知也门海关总署，自 3 月 1 日起全面实施新的进口商品检验制度，即"进口商品质量保护计划"，也门各口岸办理所有相关进口商品的海关清关手续必须附交上述授权检验企业出具的检验证书，否则不得通关验收。

强制检验商品种类及授权范围：1）BUREAU BERTTAS 公司实施对儿童玩具、电子和电气产品、车辆包括各种新旧汽车、各种车辆的轮胎、个人保护设备产品、盛装石油天然气的钢瓶的强制检验；2）COTECNA 公司实施对食品、钢材、木材 3 类商品的检验。

#### 3.12.3.4 进口审核程序

中国检验检疫机构出具的检验证书是进口商向也门标准计量与质量控制局（简称质控局）提交的法律文件，是也门质控局办理进口产品放行的凭证之一。产品到达也门口岸后，也门质控局负责审核中国检验检疫机构出具的检验证书。也门质控局也可对货物进行到货查验，并将查验结果通知中国海关。如果货证相符，货物将被放行。如果抽查发现货证不符，也门质控局可根据也门法律法规采取适当的处置措施并及时将检验和处置情况通报中国海关。

#### 3.12.3.5 食品准入规定

根据也门政府规定（1999 年第 44 号法），任何含有违背伊斯兰教律法或含有有害物质的食品及动物饲料都不得进入也门市场。

进入也门的食品应附有符合伊斯兰教律法的合法食物证明及相关文件，如按照伊斯兰教律法屠宰牲畜的证明及卫生证明，并在商品标签上标注该商品是符合伊斯兰教律法的合法食品。

## 3.13　叙利亚技术性贸易措施体系

叙利亚位于亚洲大陆西部，地中海东岸，北与土耳其接壤，东同伊拉克交界，南与约旦和巴勒斯坦毗连，西南与黎巴嫩和以色列为邻，西与塞浦路斯隔地中海相望。世界银行数据显示，2017 年叙利亚货物进口额为 51 亿美元，比 2016 年增长 13.3%。据中国海关统计，2016 年中叙双边贸易额 9.18 亿美元，同比下降 10.5%，其中从中国进口 9.15 亿美元，比上年下降 10.5%；向中国出口 320 万美元，比上年下降 9.1%。中国对叙利亚出口主要商品为机电产品、汽车、钢铁、纺织品服装、化工产品；从叙利亚进口商品主要为磷酸盐、橄榄油和棉线等。

### 3.13.1　管理机构和职责

#### 3.13.1.1　经贸部

叙利亚贸易主管部门为经贸部，负责制定国家总体经济政策和贸易政策，是监督实施该政策的最高权力机关。负责协调各经济实体与政府部门及代理之间的关系，以达到政府经济目标的顺利执行。

叙利亚经贸部于 2009 年对限制进口清单进行了更新。清单包括 174 项内容，其中多数被禁止进口项目均与安全、宗教、卫生等涉及特殊用途的项目有关，部分项目被禁是出于对地方工业的保护性措施，如蔬菜产品、棉花及纺织品等。

此外，叙利亚经贸部通过了阿拉伯联盟发布的禁止 / 高度限制进口清单，该清单明确禁止如武器和麻醉品等危险物品。不提供全面的禁止进口的统一清单，但以下产品为禁止进口或由专门的政府机构严格控制进口：现成衣服、加工食品（罐头鱼除外）、一些药品（只允许政府进口化妆品原料）、啤酒和烟草（只有政府可以进口酒精饮料和香烟）、瓶装水、奶酪和软饮料。最近叙利亚与阿拉伯国家的贸易自由化使得禁止进口的名目减少了。

#### 3.13.1.2　进出口商品检验检疫中心

隶属于经贸部，在叙利亚各主要海关设有分支机构，负责对药品外的各类进出口商品按标准进行检验检疫。

#### 3.13.1.3 卫生部

药品进出口的检验由叙利亚卫生部负责。

#### 3.13.1.4 叙利亚投资总局

隶属于叙利亚内阁。其主要职责是制定投资总战略和总政策，对改善投资环境进行必要的调研，研究投资的有关法律及章程，对投资项目进行审批，颁发许可证书及相关文件。

### 3.13.2 法律法规体系

叙利亚政府已颁布《贸易法》《统一合同法》《境外企业在叙利亚指定代理注册法》《境外企业在叙利亚分支机构注册法》《公司法》《劳工法》《投资法》《工业产权法》《反垄断法》《仲裁法》《消费者权益保护法》《海关法》等。

叙利亚于2006年颁布了第38号《海关法》,《海关法》规定，除有协议或法章程规定及其他法律条款规定的豁免条件，所有进出口商品均执行现行海关关税。海关章程规定普通税率适用于所有国家，对部分国家实行优惠税率，允许对部分国家实施最高税率，根据关税委员会的建议，可以对两种情况进口商品进行补征关税：1）商品原产地国家对商品出口进行补贴；2）因倾销而降低价格的商品。

叙利亚于2007年1月颁布了第8号新《投资法》，允许投资者投资除涉及军事和国家安全项目外的其他任何领域。鼓励投资领域主要有农业和土地改良项目、工业项目、运输项目、通信项目、环保项目、服务项目、电力、石油和矿产项目等。投资者可以通过并购、成立合资公司、参股或以资金、设备作为投资资本等方式进行投资。

### 3.13.3 监管机制

叙利亚政府对进口贸易实行许可证制度，鼓励出口，限制进口，想向叙利亚出口商品的出口商必须获得当地经贸部颁发的允许产品进口许可证。凡是国内生产能满足需要的产品禁止进口，并对以色列产品实行贸易禁运。禁止原产地在以色列的商品进口到叙利亚。同时，除了收割机、汽车零配件、国际市场上公开交换的产品（大米、糖、咖啡等）、冷藏集装箱和大型建筑设备等商品以外，所有商品必须从原产地直接进口到叙利亚。

叙利亚规定进口药品、食品、乳制品、服装和其他消费品必须贴上标签。标签应包括：生产者/出口商的名称、成分、制造日期、到期日期以及原产国，此外，药物也需要批号。

叙利亚和约旦、黎巴嫩、科威特、巴林、阿联酋、卡塔尔、苏丹、摩洛哥、阿曼、伊拉克、突尼斯以及沙特阿拉伯都签订了自由贸易协定，目前正与土耳其、埃及和利比亚协商签订自由贸易协定。为了与阿拉伯联盟成员保持一致，同时逐步实现阿拉伯自由贸易区，叙利亚与许多阿拉伯国家达成协定从 1998 年 1 月 1 日开始逐年减少 10% 关税，同时，叙利亚与黎巴嫩也达成协定从同一时间起对于两国当地生产产品关税逐年减少 25%，从 2002 年起两国间取消关税。2005 年后政府加大了开放力度，向外国商品敞开了大门，并且同周边国家签订了多项自由贸易区协定。

### 3.13.3.1　进口

#### 3.13.3.1.1　临时进口

叙利亚政府对下列商品临时进口免征关税和统一税：

（1）大型工程：在叙利亚执行大型工程的外国公司可以临时进口工程所需的设备，工程完工后所有设备包括车辆必须复出口。

（2）国际组织及外国使团：国际组织及外国使团可以免税进口车辆、家具和一些必要的设备。

（3）游客：游客可以进口其在叙利亚境内旅游所需的车辆，为期 3 个月。

（4）贸易展览：参加展览的公司可以将展品临时进口，但撤展后所有展品必须重新出口。不过，参加叙利亚政府举办的大马士革国际博览会的一些展品就可以直接进口无需复出口。

（5）出口制造商：当地制造商可以通过办理一些特殊手续免税进口原材料，生产出来的产品必须完全用于出口。

（6）8 号《投资法》项下的项目：2007 年 1 月颁布的 8 号《投资法》允许一些特殊工程的投资者免税进口必需的机械设备。但对用于生产的原材料仍然征收关税。

#### 3.13.3.1.2　进口规定

叙利亚对外贸实行政策管制，进口商进口任何产品都必须从经贸部或其附属机构取得进口许可证。允许进口的商品包括：原材料、汽车配件、机械设备（农业及工业用途）、医疗及实验室设备、工程及科学设备、部分日用消费品等。当地不出产的食品及农产品也可进口。限制进口奢侈消费品。叙利亚进口商在海关提取进口商品时必须具有以下文件：

（1）提单。

（2）有效进口许可证。

（3）商业发票一式三份，注明进口商品种类、价格、基本规格以及付款方式等。发票上同时还必须注明两点：1）该进口商在叙利亚是否有代理；2）该公司是否支持叙利亚对以色列商品的抵制。

（4）装箱单一式三份。

（5）原产地证一式三份。

（6）公司开户行的证明。

以上文件必须在商品产地国商会以及叙利亚驻当地使馆认证。

#### 3.13.3.2 出口

叙利亚政府鼓励出口，尤其鼓励水果和蔬菜出口。为促进出口，于 2001 年初制定并通过了出口战略，对有关的出口政策进行了一系列调整。大部分商品出口必须得到叙利亚经贸部批准，经贸部决定是否对出口商品征税或费。一些商品如原油和棉花只能由国营部门出口。叙利亚私营公司要从事出口活动必须在商会、工业协会或农业协会注册成为会员，出口时必须具备以下文件：

（1）经当地商会认证的发票。

（2）原产地证。

（3）产品说明书。

（4）出口除水果和蔬菜以外的其他产品，出口商必须提交一份银行保函，保证出口收汇在 3 个月内（出口到阿拉伯国家）或 4 个月内（出口到其他国家）返回叙利亚。该期限可延长至 9 个月。

#### 3.13.3.3 关税

所有进口到叙利亚的商品都必须缴纳海关关税和统一税。海关关税视政府对该商品的需求度不同从 1% 到 100% 不等。食品和工业原料关税较低，而汽车等奢侈品则被征以 150% 到 200% 高额关税。统一税是针对所有进口商品的附加税，该税收被划拨给军队、学校和各市政府，税率从 6% 到 35% 不等，由海关征收。由于规定繁琐，程序复杂，进口商往往要花很长时间有时甚至长达半年时间用于进口通关。

## 3.14 巴林技术性贸易措施体系

巴林地处海湾西南部，距沙特阿拉伯东海岸约 25km，距卡塔尔约 30km。历史悠久，迪尔蒙文明底蕴深厚，享有“海湾明珠”之美誉。2017 年，巴林非石油进出口总额 201.1 亿美元，其中出口 69.6 亿美元，进口 131.5 亿美元。2017 年，中巴双边贸易额为 19.7 亿美元，其中，中国出口 16.5 亿美元，同比增长 15.4%，中国进口 3.2 亿美元，同比增长 4.6%。

## 3.14.1 管理机构和职责

### 3.14.1.1 工业和商业部

该部按工业和商业两大业务系统分设主管部门。其在贸易方面的职责是：协调并制定外贸政策，对外联系谈判多 / 双边协定，负责商业注册、公司成立及监管、珠宝首饰检验、行业标准制定和电子商务管理，以及消费者权益和知识产权的保护和监管等。

### 3.14.1.2 国家标准与计量委员会（NCSM）

由工业和商业部长主持，由相关部门、巴林商会（BCCI）和独立技术专家组成的利益相关方的代表组成。NCSM 负责：1）制定巴林的标准和计量政策；2）组成参与制定标准的技术委员会；3）在正式公报公布前，批准国家技术法规和标准；4）提出收费标准和计量管理部门的收费标准；5）在巴林官方公报和实施之前，采纳了 GSO 理事会的所有决议。

### 3.14.1.3 标准计量管理局（BSMD）

BSMD 负责标准化、计量、一致性和质量保证。在计量、标准、检验及质量保证等领域内，按照国际惯例开展执法业务，完成应尽职责。BSMD 准备、修订、修正并发布巴林的技术法规和一致性评估以及巴林的国家标准，以满足国际社会对产品和服务质量、设计、性能、安全和环境影响的要求。BSMD 还接受和采纳其他国家和地区及国际组织的技术法规、标准、指南和建议。

### 3.14.1.4 卫生部

负责巴林卫生统计、教育、医生目录和卫生协会的政府卫生机构。

## 3.14.2 法律法规体系

巴林与贸易相关的主要法律有《工业注册法》《公司法》《商业注册法》《产品规格和质量法》《商业秘密法》《破产保护法》《商标法》《专利法》《电子商务法》《商业代理法》等，以及工业和商业部根据有关立法颁布的实施细则。

#### 3.14.2.1 《工业注册法》

该法规定工商企业的筹建、开业、合并、分立、转业、迁移、歇业和生产经营活动必须进行登记管理。登记是必须履行的法律程序。对不履行登记而擅自开业进行生产或经营活动者，依法予以取缔。

#### 3.14.2.2 《公司法》

该法是规定各类公司的设立、活动、解散及其他对外关系的法律规范的总称，是市场的主体法。

#### 3.14.2.3 《产品规格和质量法》

该法规定产品质量监督管理以及生产经营者对其生产经营的缺陷产品所致他人人身伤害或财产损失应承担的赔偿责任所产生的社会关系。

### 3.14.3 监管机制

#### 3.14.3.1 进口管理

禁止进口物品包括：所有麻醉药品（海洛因、可卡因、大麻以及具有类似效果的药品）、印度槟榔及制品、二手及翻新轮胎、人工养殖珍珠、香烟、无线电及遥控飞机模型、能够发射子弹的儿童玩具枪支、原产以色列或者印有以色列商标或者标识的货物、违背伊斯兰教义、礼仪或者道德规范的印刷出版物、照片、图片、书籍、杂志、雕塑和展示用模特、煽动蛊惑类宣传材料、石棉及含石棉制品、象牙、象牙制品和犀牛角、活猪。巴林农业和海洋资源局称，由于在进口冷冻肉中检测出问题，巴林将暂停进口任何来源的冷冻肉。物品进口需要获得有关部门进口许可证书（见表 3–4）。

表 3–4 巴林进口物品许可证书及发证机构

| 项目 | 许可证书种类 | 发证机构 |
| --- | --- | --- |
| 活的野生动物（仅供马戏表演）如马匹 | 同意进口证书 | 市政与城市规划部 |
| 动物、鸟类及其副产品<br>动物及植物肥料<br>杀虫剂和杀菌剂<br>肉及肉制品<br>鱼类及海鲜产品<br>水果和蔬菜<br>植物 | 同意进口证书 | 市政与城市规划部 |

表 3-4（续）

| 项目 | 许可证书种类 | 发证机构 |
| --- | --- | --- |
| 放射性化学物品和活跃同位素<br>食品（包括加工和未加工）<br>药物 | 进口许可证书 | 卫生部 |
| 乙醇、异丙醇<br>手推四轮小车<br>钢制或铁制手铐<br>武器、弹药、爆炸物和军用武器 | 进口许可证书 | 内政部 |
| 杂志和出版物<br>影视制品<br>光学和磁视听介质<br>侵犯知识产权的产品 | 进口许可证书 | 文化部 |
| 电信、广播及电视接收和广播设备 | 进口许可证书 | 通信管理署 |

#### 3.14.3.2　进出口商品检验检疫

巴林《海关法》第 52 条～第 59 条规定，在报关之后，按关长的指令，质量检查员对有关商品进行全部检验或部分抽验。这种检验可以在货物存放地进行，也可在指定的地点进行，如有必要，海关有权在货主不在场的情况下对可疑货物进行检查。海关有权要求对任何商品进行检验，如经检验认定某商品含有有害物质或不符合规定的质量标准，关长有权要求销毁货物（货主在场的情况下）或要求其运回出口地，相关费用由货主承担。

巴林工业和商业部设有质量监控司，该司参考海合会国家统一的质量标准、阿拉伯国家和国际质量标准，具体制定巴林的质量标准。

从巴林工业和商业部获得健康证书和事先许可，可以从所有国家进口活动物。所有鸟类都需要健康证明；猫和狗可以从所有国家进口，但必须附有主管当局出具的健康证明，说明该动物不受狂犬病的感染。

食品进口由卫生部检查，以确保其不受物理或可见污染物的影响。所有的肉类和家禽产品必须附有一个伊斯兰教（清真）的屠宰证书，该证书是由一个经批准的伊斯兰教中心颁发的。所有进口的蛋必须根据预先确定的计划，随机抽取样本进行实验室分析。第一次进口的所有进口货在放行前都要进行分析，结果将进行评估，以确保进口食品对人类的消费是安全的。不合格的食品在入境口岸被拒绝；它们要么被销毁，要么被返回到原产国（由进口商决定）。同样的处理方法也适用于当地生产的食品。

自 2003 年以来，巴林一直在应用海合会关于兽医检疫和植物检疫的法律。植物和动物的进口、出口和国内生产，由农业检疫部门进行检验。在出口之前，该部门还会对所有农产品进行检测和发放证书。所有进口的植物必须附有出口国家当局签发的农业许可证。对面粉、大米、小麦种子、农业种子和植物的进口也需要植物检疫证书。

#### 3.14.3.3 海关管理规章制度

巴林是海合会的成员国，于 2002 年 6 月 18 日起执行海合会统一的海关法。该法共 17 章 179 条，对商品的进出口、海陆空运输、商品检验、清关及关税税率等都做了统一的规定。成员国可自行决定允许进口的“宗教禁止的货物”问题。

进口货物清关时需提供以下单据：1）报关单；2）货运代理商出具的进口商 / 收件人到货通知单；3）出口商签发给进口商的发票（原件）的复印件 3 份；4）包括质量、包装和货物分类信息在内的包装清单复印件 2 份；5）原产地国家商会出具的货物原产地证明；6）保单复印件；7）提单原件；8）限制进口产品的进口许可证；9）银行通知书 / 担保（如果有）；10）货物最终目的地是否是海合会国家的声明。

#### 3.14.3.4 包装、运输和储存

巴林卫生部食品管理局规定在食品保质期限内，在规定的包装、运输和储存条件下，食品保持某些特性，可以被接受并适合人们食用。在食品失效期期限内，产品在规定包装、运输和储存条件下保持规定特性，准许且适于供人消费。

巴林卫生部食品控制处对包装食品接触塑料包装有具体要求，对食品保质期强制规定到期日。

## 3.15 埃及技术性贸易措施体系

埃及是世界上最重要的文明古国之一，地处亚欧非三大洲交界处，扼苏伊士运河之咽喉，地理位置极其重要，在世界地缘政治格局中拥有不可替代的特殊地位。2017 年，埃及货物进出口额为 833.75 亿美元，同比下降 0.28%。其中，出口 250.43 亿美元，增长 14.86%；进口 583.32 亿美元，下降 5.62%。逆差 332.89 亿美元，同比下降 16.78%。埃及同 120 多个国家和地区有贸易关系，2017 年前 5 大贸易伙伴是中国、意大利、沙特阿拉伯、美国、德国。

## 3.15.1　管理机构和职责

埃及工业与外贸部为埃及对外贸易的主管部门。该部下设进出口控制总局、工业发展总局、展览和会议总局、标准和质量总局、商务代表处、出口促进中心、贸易协定局、出口促进银行、外贸培训中心等机构。其中，进出口控制总局负责所有进出口商品的检验及控制以及企业注册。贸易协定局负责 WTO 事务以及反补贴、紧急保障措施和反倾销事务。商务代表处负责向各国派遣贸易代表。展览和会议总局负责代表埃及在国外办展并管理埃及境内举办的展览。

埃及参与经贸政策法规研究咨询和贸易投资促进的民间机构主要有埃及商会联合会、埃及企业家协会和埃及工业联合会等。埃及还设立了埃及出口信贷担保公司、出口发展银行等官方机构。

### 3.15.1.1　进出口控制总局

1971 年埃及进出口控制总局成立。1999 年第 378 号总统令明确进出口控制总局直接隶属于工业与外贸部，其主要职责为：具体进出口商品监管（检测是否符合由标准和质量总局制定的相应国家标准）、企业注册、签发原产地证书、农产品分类等。

### 3.15.1.2　标准和质量总局

1957 年埃及标准局正式成立，同年成为国际标准化组织成员。1979 年第 392 号总统令明确埃及标准局下设质量控制中心，并更名为埃及标准和质量控制总局，2005 年正式更名为埃及标准和质量总局，主要负责标准制定、质量保证、合格评定、检测校准和计量领域工作。标准及技术法规的符合性评价主要由农业部、卫生部负责，涉及进口商品的符合性评价由进出口控制总局负责。

### 3.15.1.3　国家标准研究所

其隶属于高等教育和科学研究部。国家标准研究所是埃及主要标准实验室，主要负责测量、测试、校准、认可和咨询工作，此外还有资质对实验室进行认可工作。

### 3.15.1.4　埃及认可委员会

1996 年埃及认可委员会成立。埃及认可委员会作为唯一个国家机构，为合格评定的评估和认可进行测试和校准，以及为产品和体系进行检测和认证工作。

### 3.15.1.5　埃及兽医总局

1984 年埃及兽医总局成立。主要致力于保护牲畜及其产品免受传染病感染，并应对有关动物传染疾病。

#### 3.15.1.6 埃及植物检疫总局

1910 年埃及植物研究所成立，1913 年归入农业部，1938 年植物研究所成立植保部门并设立各口岸办事机构，1964 年植物检疫独立成为行政部门，1992 年埃及植物检疫总局正式设立并下设多个分支机构。植物检疫总局主要负责：进出境植物检疫、通报检疫性有害生物、防止其他国家检疫性有害生物入境、规范出口植物、检查和植物有关的包装地、热处理单位等。

2007 年 4 月 18 日，埃及植物检疫总局发布了《植物和植物产品进口许可条件》，规定植物、块茎、鳞茎、繁殖用种子、水果、蔬菜、鲜切花、树枝、谷物、消费或加工用植物产品原料以及生长介质的进口必须提供植物检疫证书。

#### 3.15.1.7 埃及卫生部

埃及卫生部规定禁止进口成品状态的原材料、维生素和食品添加剂，这些产品必须由当地取得许可的制造商进行销售，或者把成分及预混原料送到当地的制药企业，根据埃及卫生部的规范进行处理和包装。只有当地企业才允许生产食品添加剂，进口生产用原材料。

此外，埃及规定，新的、二手的以及翻新的医疗器械，无论是复杂的还是简单的器械，须经卫生部许可后方可进口，并须在原产国通过安全检验，以及由美国食品及卫生管制局或欧盟标准署批准。进口商须向卫生部提交以下文件：进口医疗器械的申请书、该医疗器械原产国官方卫生部门签发的安全证书和生产商提供的证书原件等。进口商还须证明其在埃及设有服务中心，可为进口医疗器械提供售后服务。

#### 3.15.1.8 埃及营养研究所和卫生部药物规划和政策中心

主要负责登记和批准所有营养添加剂和膳食食品的进口。埃及膳食食品的进口商必须申请许可证。许可证的整个申请过程需要 4 个月至 1 年。根据产品的不同，该许可证的有效期从 1 年至 5 年不等。许可证期满后，进口商必须提交更新许可证的申请。但是，如果在市场上有当地生产的同类产品，该申请将得不到批准。

#### 3.15.1.9 海关总署

埃及海关总署是隶属于财政部的副部级机构。海关总署设有关税高级理事会，它是在财政部领导下由总理指定的部级成员参加的组织，其主要任务是根据本国政治和经济发展的需要，讨论并制定相应的关税税率及执行方案。埃及海关采用国际上通用的“协调海关税则制”。

## 3.15.2 法律法规体系

目前，埃及对外贸易管理方面的主要法律有 1975 年颁布的第 118 号《进出口法》、1963 年颁布的第 66 号《海关法》以及 1999 年颁布的第 17 号《贸易法》。此外，埃及还于 1998 年颁布了《国际贸易中不良做法影响下的国家经济保护法》及其执行规则，对反倾销、反补贴及保障措施等方面做出了规定。2005 年埃及修订了《进出口法》《海关法》，颁布了《进出口法实施条例》。2002 年埃及制定了《出口促进法》。埃及 1995 年成为 WTO 成员国，遵守该组织有关规则和所做的承诺。

根据 2005 年最新修订的《进出口法》，埃及暂停进口：含有对宗教敏感标志的商品、鸡下水及鸡爪、家禽肝脏、未配备注油泵的两冲电动自行车、石棉、石棉制刹车板、转基因金枪鱼、部分农药及化工产品。

此外，涉及进出口贸易具体规定：2007 年 4 月 29 日，埃及财政部颁布第 256 号部长令，修订了 2006 年第 10 号部长令第 12 条，规定凡对埃及出口的产品原产地证书、文件及附件应由驻出口国的埃及使馆或领事馆予以认证。如果埃及在出口国尚未设立使馆或领事馆，则应由驻出口国的其他阿拉伯贸易代表机构予以认证。

2010 年 3 月 21 日，埃及工业与外贸部颁布第 257 号部长令，规定自中国进口的工业品在埃及海关清关时必须出示中国原国家质检总局出入境检验检疫机构颁发的装运前检验合格证书。

## 3.15.3 监管机制

### 3.15.3.1 进口规定

根据埃及法律规定，进口商品清关应满足以下条件：

（1）根据主管外贸的部长指令，商品应配有国际编码；

（2）进行清关的进口商品应附有写明生产商名称、商标（如有）、地址、电话、传真号码和电子邮件的发票；

（3）除了特殊说明的情况，对于价值超过 5000 美元的进口商品，应通过在埃及境内运营的银行以任何正规方式支付；

（4）商业进口商品清关时需提供进口商注册卡，进口商品应在该卡注明的商品之列；

（5）进口商品清关须配有经过主管部门认证的产地证明。未配有产地证明的商品，在商品所有者提供根据海关定价填写的无条件保单后可以予以放行。产地证明须在6个月内提供，否则须根据《进出口法》从保单中扣除补偿费用，保单在提供产地证明后返还。生产型或服务型项目进口生产、运营及服务用必需品，无需进行进口商登记。

#### 3.15.3.2 出口规定

只有完成出口商登记方可从事本地产品或商用进口商品出口，埃及商品通过海关直接出口，无需出口批准。只有被批准成立从事相关业务的出口工业企业的产品方可出口。石油产品包括煤气、汽油、煤油、燃料、柴油、航空油、柏油、重油、沥青等出口须经埃及石油总局批准。

出口商或其代表应为每种商品填写统计表，在装运前提交给进出口控制总局。此外，出口商应向进出口控制总局提供所有发放产地证所需的内容和信息，以便在出口国要求调查产地真实性时进行调查。

#### 3.15.3.3 进出口商品检验检疫

进出口控制总局对进出口商品进行检验，某些商品需要相关机构的检验。对食品工业，有3个～4个机构有权对任何进口船只抽取样品进行检验，分别为能源及电力部的防辐射部门、卫生部、农业部（兽医办公室）、供应部（进出口控制）。每个部门抽取各自样本进行独立测试。

埃及要求进口食品标签上必须标示下列信息：配料及其所占比例；制备方式；保存方法和条件；添加剂和防腐剂等。

埃及需要注册的进口商品包括零售的乳制品（2kg及以下）、零售的干果（2kg及以下）、零售的油和脂肪（2kg及以下）、巧克力及含可可产品（2kg及以下）、糖果、点心及谷物面包等烘焙类产品、零售的果汁（10kg以下）、矿泉水、化妆品、肥皂、地板、洗浴用品、卫生纸、餐具和厨具、玻璃器皿、钢筋铁、家用电器、家庭和办公家具、自行车类产品、手表、家用照明设备、玩具、纺织品、地毯、鞋类等。

进口企业申请注册需要提供：注册表格、工厂法律地位证明和许可证书、产品列表、产品商标和任何由商标所有者授权的商标、证明工厂具有由国际实验室认可合作组织（ILAC）或国际认证论坛（IAF）认可的机构或由工业与外贸部批准的埃及或外国政府机构颁发的质量控制系统的证书。

#### 3.15.3.4 海关管理规章制度

埃及海关采用国际上通用的“协调海关税则制”。另外，在关税的制定上，政府还分别考虑鼓励发展本国产业和保护弱势产业的不同政策。根据 2005 年修订的《海关法》，埃及关税基本按从价税原则计征。

1993 年 12 月，埃及与其他 19 个非洲国家建立东南非共同市场，并签订共同对外关税协定。东南非共同市场执行的共同对外关税主要包括资本货物和原材料零关税，中间产品关税税率为 10%，最终产品为 25%。东南非共同市场于 2008 年底前在拥有 4 亿人口的区域内建立关税同盟。

埃及与欧盟签订了伙伴协定，关税水平大幅度降低；2004 年，贸易协定进入实施阶段。目前，埃及工业品进入欧盟市场享受零关税，无配额限制。2008 年，埃及农产品进入欧盟实施配额限制，洋葱、马铃薯、橙子配额内免税，配额外的关税税率为 60%，其他农产品配额内免税，配额外关税 100%。2009 年 10 月 28 日，埃及与欧盟在布鲁塞尔签订农产品贸易协定，埃及 90% 的农产品免税进入欧盟。自 2010 年 1 月 1 日起，埃及对自欧盟进口的汽车每年递减 10% 的关税，10 年后全部免税进口。

1995 年，埃及与欧洲自由贸易联盟签订自由贸易协定，根据协定埃及向上述国家出口产品免关税。

大阿拉伯自由贸易区协定 1998 年生效，17 个阿拉伯国家加入，逐步实现 100% 关税削减。

埃及 – 土耳其自由贸易区协定，于 2005 年 12 月签订，根据协定，两国互免工业品进口关税，降低农产品进口关税，并在 12 年过渡期后建立完全自由贸易区。

### 3.15.3.5　合格评定

埃及当前的进口法规要求检查产品的每个环节，包括产品的合规历史、原产国、出口商、托运人或进口商。进口产品不能在埃及市场上直接销售，除非首先符合埃及的标准或埃及附属的国际组织的标准和食品法典。

在入境口岸经常发生的合格评定问题称为“港口标准制造”。当一种新产品进口时，海关经常坚持必须有书面描述或已有相关标准来确认可以进口。即使新产品没有相应标准，海关也会尝试将新产品归入已有标准类别。标准和质量总局经常尝试将相同种类产品归为同一标准。

进口货物的检验和测试将根据货物的性质而有所不同。例如：农业产品被送到农业部门进行详细的化学检查；工业和制成品将由工业与外贸部负责；部分医疗用品将直接由卫生部、标准和质量总局以及其他获得官方认可的实验室进行检测；进口化学品或者白色粉末物质，只有进出口控制总局和化学机构实验室可以进行检测，不认可以前对同类型的检测分析和证书。此外，进口商还需提供相关文件和材料。

目前，大量相同产品反复进口至埃及。以前的规定是无论先前的同类货物是否被允许进口，都必须对货物进行测试以验证其是否符合相关标准，这意味着每次都进行重复检查和测试。最近，标准和质量总局正在利用已有的产品、制造商、出口商和进口商历史资料制定供进出口控制总局使用的进口货物清算标准。当产品首次进口时，必须通过所有检测程序。对于频繁进口的商品，因此类商品已经有历史记录可以减少之后的检测。

# 第 4 章 重点领域技术性贸易措施

## 4.1 机电产品领域技术性贸易措施

### 4.1.1 技术性贸易措施概况

随着经济全球化深入发展和“一带一路”倡议的实施，我国更全方位、更宽领域、更高层次的对外贸易新格局正在形成。实施市场多元化战略、加强对新兴市场的出口是构建对外贸易新格局重要一环。由于中国和多数新兴经济体国家经济发展程度相当，彼此之间竞争较为激烈，导致出口产品受来自新兴市场国家贸易壁垒的影响越来越大。一直以来机电产品是我国传统的优势行业，也是出口遭遇国外 TBT（即技术性贸易壁垒）冲击最严重的领域。近年来，西亚北非国家机电产品技术性贸易措施实施步伐明显提速，传统的机电安全强制性标准和认证控制不断强化，又推出了节能壁垒、生态壁垒、有害物质控制等强制性措施，对我国机电产品出口产生不可忽视的影响。

西亚北非机电产品技术性贸易措施体现的一些明显特点：1）GCC 强制性标准体系在西亚北非机电产品技术性贸易措施中扮演重要角色；2）西亚北非国家机电产品技术性贸易措施实施步伐呈现明显加快态势；3）西亚北非国家主要采纳欧美等先进国家标准，并在此基础上，根据不同国家的地理、气候和适用条件特点而形成差异；4）西亚北非国家机电产品技术性贸易措施在某些领域，尤其是资源节约、生态保护方面比较超前。

西亚北非国家对机电产品的技术性贸易措施主要集中在强制性安全标准及认证要求、电磁兼容要求、能效或资源消耗限量要求和有害物质控制要求等方面。日趋严格的技术性贸易措施，对我国机电产品出口产生越来越大的影响。西亚北非机电产品技术性贸易措施如下所示。

#### 4.1.1.1 强制性安全标准及认证要求

西亚北非各国对进入其市场的许多机电产品规定必须满足强制性安全标准要求并取得强制性认证。其中包括：海湾国家的“GCC”认证、沙特阿拉伯的“SASO”认证、阿联酋的"ECAS COC"认证、科威特的"KUCAS"认证、土耳其的"CE"及"TSE"认证、埃及的"NTRA"认证、以色列的"SII"认证、伊拉克和叙利亚的"COC"认证、伊朗的"VOC"及"COI"认证等。

海合会于1981年5月25日在阿联酋阿布扎比成立。其成员国为沙特阿拉伯、科威特、阿联酋、卡塔尔、阿曼、巴林、也门（2001年11月加入）7国。GSO是GCC的下属机构，同时也是IEC、ISO、OIML等国际标准化组织的成员，负责制定统一的汽车产品海湾标准。GSO于2005年启动了GCC强制认证体系，在海湾国家制造、销售和使用的汽车产品必须首先满足海湾标准要求。海湾汽车标准主要参考欧洲ECE/EEC和美国汽车技术法规体系，但它们针对海湾国家特有的气候、地理环境和道路条件在某些方面制定了一些特殊、苛刻的要求。如对车辆散热器、滤清器、蓄电池、悬架、轮胎等方面的标准要求较严，以保证车辆能够在高温、风沙、路况差、潮湿等恶劣条件下长期运行。由于沙特阿拉伯是海湾地区最大的国家，也是最大的汽车产品生产国和消费国，因此海湾汽车标准的制定基本上以沙特阿拉伯汽车标准（SSA）为基础，往往首先在沙特阿拉伯国内实施，成熟后再上升为海湾标准。2016年7月1日起，海湾七国又决定市场低压电气设备和用品必须获得GCC型式认证，按照该规定需要强制认证的产品多达13类，包括电风扇、冰箱/冰柜、食品加工器具、理发器/干手器、微波炉、热水器/液体加热器、电熨斗、插头插座类/充电器、空调、烧烤器具、家用电加热设备、土壤加热器等。

土耳其是欧洲关税同盟成员国，为了早日加入欧盟，自2004年4月10日起，发布了相关法规，在进口过程中正式采用欧洲标准。法规规定凡属于欧盟新方法指令范围内的进口产品，进口商除需提供CE检测符合性证明外，商品上也须有CE标志，才能进入土耳其市场。土耳其已将低电压设备、电磁兼容等欧盟方法指令转化为本国的技术法规并生效。除CE标志外，土耳其政府每年还公布"进口强制标准清单"，其中包括一些工业用设备、车辆等产品。对于欧盟指令未涵盖但包含在土耳其本国强制标准范围内的产品，在进口前必须按照土耳其强制性标准的要求，进行检测并取得TSE认证，方可通过海关进入土耳其市场销售。

以色列电气安全标准主要采纳IEC标准体系，也是更换IEC新版标准速度较快的国家。对于IEC的大部分标准，以色列接受IECEE（国际电工委员会电工产品合格测试与认证组织）关于电工产品测试证书的相互认可体系。根据CB Scheme（IECEE电工产品测试证书互认体系）规则，以色列接受并承认CB报告和CB证书，只需要检测是否符合以色列差异和附加要求，但目前以色列接受 CB 认证的产品类别仅包括：灯具、信息和办公设备、医疗器械、测量器具、电子娱乐设备、电容器等产品。

埃及、约旦和叙利亚也制定了一些电气强制性标准。如 2008 年 7 月 10 日，约旦标准计量局（JSMO）通报了设计用于特定电压限值内的电气设备安全指令，规定了电气设备的安全要求；2009 年 2 月 4 日和 2009 年 5 月 21 日发布的叙利亚内阁文案，规定自 2010 年 9 月 1 日起所有受叙利亚产品符合性评定方案管控的产品需要在出口国接受检验，验证产品是否符合叙利亚标准（SS）或其他被认可的国际标准；2016 年 8 月 15 日，埃及标准和质量总局通报了要求实施关于家用及类似电器的埃及标准的部颁法令，规定了家用及类似电器生产商和进口商必须遵守的埃及标准，所列标准涵盖了音视频电子设备、家用电器等系列产品。

#### 4.1.1.2　电磁兼容要求

西亚北非多个国家（包括沙特阿拉伯、埃及、以色列、约旦等国家）制定了电磁兼容强制性规定。

2010 年 7 月 21 日，以色列通报了空调机安全和性能要求，这些要求基于美国标准 UL1995/2005，涉及电磁兼容性的第 204 款增加了新要求，即空调机电磁干扰检测要求。

2011 年 3 月 21 日，沙特阿拉伯标准局（SASO）通报了医疗电子设备安全标准，对医疗电子设备电磁兼容性一般要求及测试做出规定；2013 年 12 月 19 日，SASO 又通报了低压电气设备安全防护——电压干扰和电磁干扰的防护标准，规定了低压电气设备电压干扰和电磁干扰的防护要求。

2012 年 9 月 27 日，约旦标准计量局（JSMO）通报了电磁兼容性技术法规草案，规定了管理设备的电磁兼容性要求，该技术法规草案近似欧盟指令 2004/108/EC。

2016 年 3 月 23 日，埃及标准和质量总局通报了部颁法令 No.692/2015，对该国生产和进口的车辆电磁兼容性做出统一规定，该规定适用于相关类型车辆以及安装在此类车辆上的部件和单独技术单元。

2016 年 7 月 1 日起实施的海湾七国低压电气设备和用品技术法规规定电气产品除必须满足安规项目要求外，还必须满足电磁兼容的要求。此前除沙特阿拉伯外，其他海湾国家未对电气产品电磁兼容性做出强制性规定。

#### 4.1.1.3　能效或资源消耗限量要求

近年来，许多西亚北非国家效法发达国家和地区的做法出台了多项能效标准和法规，这些标准和法规的出台对我国企业出口高耗能产品提出了新的要求。

2010 年 12 月 15 日，沙特阿拉伯标准局（SASO）通报了电器能效标签法规，规定冰箱、空调、冷柜、洗衣机等产品的能效标签要求。2016 年 5 月 1 日起又增加有关灯具的能效要求。

2011 年 1 月 10 日，阿联酋标准化与计量局（ESMA）通报了有关家用空气调节器能效标签的技术法规，规定了空调器的能效标准和标签要求。这是该国首个电器能效法规，此后 ESMA 又不断推出系列能效法规，至 2016 年 9 月 27 日止共推出 9 项，涉及家用空调器、洗碗机、干衣机、冰箱等家电产品。

2013 年 9 月 10 日，埃及标准和质量总局通报了部颁法令 No.371/2013，规定空调生产商和进口商必须承诺所生产和进口的空调装置在冷却时装置调节不能低于 20℃，加热时装置调节不能超过 28℃。2014 年 5 月 6 日又颁布有关无风管式空调器和热泵的能效标准，该标准与 ISO 5151：2010 等效，同时规定生产商和进口商必须遵守埃及标准 ES 4814/2013 规定的容量和效率等要求。至目前为止，埃及标准和质量总局通报的能效法令涉及家用洗碗机、电视机、电扇、电灯、微波炉、家用灯等多种电气产品。

值得一提的是，约旦虽是欠发达国家，却比较重视生态保护工作。2012 年 6 月 27 至 29 日，约旦标准计量局（JSMO）向 WTO 秘书处通报了共 20 项能源相关产品的生态设计或能效标签法规草案，该草案类似于欧盟的 ErP/EuP 生态设计和能源标识法规体系，涉及电子产品、家用电器、照明设备、工业设备等产品。2012 年 9 月 27 日 JSMO 还向 WTO 秘书处通报了空调和舒适风扇生态设计技术法规草案，该草案近似于欧盟 ERP 空调和舒适风扇实施条例（EU）No.206/2012 的要求。上述通报法规草案已于 2013 年 1 月实施。

作为淡水资源较为缺乏的地区，部分西亚北非国家制定了节水法案。如 2015 年 10 月 7 日，阿联酋标准化与计量局（ESMA）通报的有关电器能效标签法案涉及家用电器能水耗的有关规定。2016 年 1 月 28 日，沙特阿拉伯标准局（SASO）通报了洗衣机水耗效率要求法案，规定了国家洗衣机水效等级要求，包括相关注册、标签和最低性能的要求。

除此以外，部分西亚北非国家制定了车辆燃油经济性规定。如 2014 年 1 月 7 日，沙特阿拉伯标准局（SASO）通报了草案 No.28368：2013《新轻型车辆燃油经济性标签要求》，2015 年 3 月 11 日 SASO 对该项草案进行修订，提高技术要求；伊朗规定对进入本国的汽车（不论是整车还是汽车散件）都要满足伊朗标准和质量检验公司（ISQI）认证机构制定的标准，其中排放 / 燃油消耗量的认证试验是伊朗认证的重中之重，需要在伊朗官方试验中心 ISQI 进行。

#### 4.1.1.4　有害物质控制要求

2004 年 5 月 10 日，以色列工贸劳工部 WTO-TBT 咨询点通报了空气调节器安全和性能要求，禁止在空气调节设备中使用氟氯化碳（CFC）制冷剂，规定与维也纳公约和蒙特利尔议定书中的国际要求一致。

2009 年 10 月 30 日，埃及标准和质量总局通报了部颁法令 No.614/2009，规定控制有害物质暴露形式的通用要求。

2012 年 4 月 20 日，土耳其环境和城市规划部通报了废旧电气和电子设备管理法草案，规定了限制电气和电子设备中的某些危险物质，为实现再利用、再循环和修复废旧电气和电子设备残留物的技术和目标及减少此类事件的发生，具体化了法律与技术基础。

2012 年 5 月 15 日，沙特阿拉伯标准局（SASO）通报了 GSO 144：2012（SASO 672：2012）机动车辆——从重型柴油发动机车辆排放到大气中的气态污染物、可吸入颗粒物和烟雾的允许限量，规定了沙特阿拉伯技术法规草案涉及从重型车辆柴油发动机排放到大气中的气体、颗粒物和烟雾污染物的允许限量。

2012 年 9 月 27 日，约旦标准计量局（JSMO）通报了关于在电子电气设备中某些有害物质的使用的技术法规草案，规定了在电子电气设备（EEE）中限制使用有害物质，包括电子电气设备（EEE）废物的环境无害回收和处理的规则，该草案作为欧盟指令 2011/65/EU 的部分置换。

2015 年 8 月 3 日，阿联酋标准化与计量局（ESMA）通报了限制电子和电气设备使用危险材料的控制计划。

### 4.1.2　应对策略

#### 4.1.2.1　培养专业人才，不断加大研究力度

与欧美技术壁垒措施研究相比，我国对西亚北非机电产品技术性贸易措施研究方面还相对薄弱，要加强专业人才培养，集中组织各方力量，加强西亚北非技术性贸易措施对我国出口企业影响规律和趋势的研究，特别要加强与环境和生态保护有关的标准法规的研究，及时掌握西亚北非机电产业链相关法规、标准、认证动态，熟悉有关

的合格评定程序及认证制度，并在此基础上将我国机电企业产品与贸易对象国的各种标准及法规相比较，分析研究其差距，为改进产品提供现实依据。

#### 4.1.2.2 集中各方力量，形成有效应对机制

一方面，充分发挥现有 WTO/TBT 预警信息平台的信息快速处理和预警功能。应密切关注企业重点出口国家的政策，建立西亚北非机电产品召回数据收集、翻译、分析、通报、培训的一条龙的产品质量风险分析和预警的长效工作机制，及时发布重要西亚北非贸易国的技术法规及技术壁垒动态，及时发布预警信息，及时向企业提供 WTO/TBT 通报，为企业提供咨询服务。另一方面，可以积极利用中国—西亚北非国家之间的相关贸易协定和原则，通过争端解决机制，维护我国出口企业的合法权益。应鼓励企业勇于应诉，建立联合应诉机制，实现资料和有关证据的共享，共同应对技术贸易壁垒，降低单个企业应诉的成本和风险，提高胜诉率。

#### 4.1.2.3 加强质量管理，提升产品技术含量

要引导企业加大对研发的投入，积极调整产品结构，重点开发高技术、高附加值的机电产品，提高产品技术含量，实施出口名牌战略，将产品定位在国际水平或先进水平；要引导企业加大对节能环保产品的研发力度，努力突破能效壁垒的新节能技术，创新并应用减少能耗的方法和设备，在优化节能生产流程上另辟蹊径提升产品的竞争力；要合理利用国外技术性贸易壁垒对我国出口企业的升级带来的积极的引导和推动作用，加强对机电企业和行业组织参与国际标准化工作的培育、指导和扶持，引导机电企业积极按照国际标准或发达国家和地区先进标准开展标准化生产，鼓励企业进行各种认证和检验，努力降低西亚北非技术性贸易措施对我国机电出口的负面影响。

## 4.2 纺织品领域技术性贸易措施

### 4.2.1 技术性贸易措施概况

西亚北非国家对纺织品的技术性贸易措施主要集中在强制性安全标准及认证要求、检测方法要求、合格评定要求和有害物质控制要求等方面。日趋严格的技术性贸易措施对我国纺织品出口产生越来越大的影响。西亚北非部分国家纺织品技术性贸易措施见表 4–1~ 表 4–4。

表 4-1　伊拉克进口纺织品服装技术性贸易措施一览表（袜子）

<table>
<tr><th>产品</th><th>法规</th><th colspan="2">项目</th><th>检测方法</th><th>合格评定要求</th></tr>
<tr><td rowspan="15">男士（成人和小孩）纺织混纺袜子</td><td rowspan="15">强制性认证 COC</td><td colspan="2">纱线</td><td></td><td>由两种或两种以上尼龙、腈纶、聚酯纤维、棉、羊毛、天然纤维等混纺的纱线</td></tr>
<tr><td colspan="2">弹力纱线</td><td>鞋跟和脚趾部分缝合：计算沿线和两侧的后跟针数，并计算沿直线和两侧的脚趾缝数</td><td>缝于袜筒口的天然或人造弹力纱的延伸百分率≥ 35%</td></tr>
<tr><td rowspan="3">色牢度</td><td>耐洗色牢度</td><td>ISO 105 C06 A1S：2010</td><td rowspan="3">≥四级</td></tr>
<tr><td>耐汗渍色牢度</td><td>ISO 105 E04：2013</td></tr>
<tr><td>耐摩擦色牢度</td><td>ISO 105 X12：2002</td></tr>
<tr><td colspan="2" rowspan="7">袜子</td><td rowspan="7"></td><td>（1）袜子按照设计图制作</td></tr>
<tr><td>（2）袜子的织编类型为平纹或罗纹或花式杂色或单彩色，缝纫平直不扭曲</td></tr>
<tr><td>（3）袜跟和袜头部位的拼接平直不起折皱</td></tr>
<tr><td>（4）袜头添加高弹缝纫线拼缝，避免结叉，最大限度拉伸时不会裂开</td></tr>
<tr><td>（5）高弹缝纫线端部预留长度在 13mm~25mm 之间</td></tr>
<tr><td>（6）于整袜底的 1/6 ± 5% 的部位拼接加固袜跟和袜头</td></tr>
<tr><td>（7）成人袜筒口高弹层高≥3cm，童袜筒口高弹层高≥ 2cm</td></tr>
<tr><td colspan="2">袜子制作</td><td></td><td>规格尺寸按标准 IQS 2318 要求</td></tr>
<tr><td colspan="2">避免瑕疵</td><td></td><td>裁剪时应避开如下疵点：弹性不佳、破洞、修疤、有害化学物残留、染色色花</td></tr>
<tr><td colspan="2">水洗尺寸变化</td><td>ISO 6330：2012</td><td>≤ 3%</td></tr>
</table>

表 4-2 伊拉克进口纺织品服装技术性贸易措施一览表（裙子）

<table>
<tr><th>产品</th><th>法规</th><th colspan="2">项目</th><th>检测方法</th><th>合格评定要求</th></tr>
<tr><td rowspan="8">针织或梭织面料制的女士衬裙</td><td rowspan="8">强制性认证<br>COC<br>ISQ 1523—1989</td><td colspan="2">面料</td><td></td><td>品质佳，外观无瑕疵</td></tr>
<tr><td colspan="2">缝制质量</td><td></td><td>针脚整齐、不歪斜，无跳针；缝制平服、无松紧不适；花边及装饰带平滑，且颜色搭配符合主面料色彩</td></tr>
<tr><td rowspan="3">色牢度</td><td>耐洗色牢度</td><td>ISO 105 C06 A1S：2010</td><td rowspan="3">≥四级</td></tr>
<tr><td>耐汗渍色牢度</td><td>ISO 105 E04：2013</td></tr>
<tr><td>耐摩擦色牢度</td><td>ISO 105 X12：2002</td></tr>
<tr><td colspan="2" rowspan="2">尺寸允差</td><td rowspan="2"></td><td>胸围：±2cm</td></tr>
<tr><td>胸高：±1cm</td></tr>
<tr><td colspan="2">水洗尺寸变化</td><td>ISO 6330：2012</td><td>针织面料 ±4%；<br>梭织面料 ±2%</td></tr>
</table>

表 4-3 土耳其进口纺织品服装技术性贸易措施一览表

| 产品 | 法规 | 项目 | 检测方法 | 合格评定要求 |
|---|---|---|---|---|
| 纺织或者皮革类产品：<br>——包含在玩具类产品中的文具产品；<br>——穿戴服装、被褥、毛巾、帽子、睡袋、儿童尿布和其他卫生纸产品；<br>——鞋子、手套、手表带、手袋、钱包/袋子、公文包、挂脖钱包；<br>——用纱线和布做成的东西；<br>——椅子垫和家具的纺织品或者皮革部分 | 土耳其通告编号29236 | 偶氮染料 | | 直接或者长期接触皮肤或口腔的纺织及皮革类产品，如果在最终产品或其着色部分中，释放的22种芳香胺含量≤30mg/kg |

表 4-3（续）

| 产品 | 法规 | 项目 | 检测方法 | 合格评定要求 |
|---|---|---|---|---|
| 儿童使用产品：<br>——玩具；<br>——属于玩具的文具产品；<br>——鞋子 | | 邻苯二甲酸盐：<br>（1）邻苯二甲酸二异辛酯；<br>（2）邻苯二甲酸二丁酯；<br>（3）邻苯二甲酸二丁卞酯；<br>（4）邻苯二甲酸二异壬酯；<br>（5）邻苯二甲酸二异癸酯；<br>（6）邻苯二甲酸二正辛酯 | | ≤ 0.1% |
| 跟皮肤接触的纺织产品例如服装、内衣和亚麻制品 | | 阻燃剂：<br>（1）三（1– 吖丙啶基）氧化磷；<br>（2）多溴联苯；<br>（3）磷酸三（2，3– 二溴丙基）酯 | | 不得检出 |
| 包装材料：<br>——学校或办公室用品；<br>——家居、汽车或类似产品的连接材料；<br>——填充、涂层、覆盖或者层压的纺织产品；<br>——人造革 | | ——聚氯乙烯；<br>——聚氨酯；<br>——低密度聚乙烯，用于生产着色母料的除外；<br>——醋酸纤维素；<br>——醋酸丁酸纤维素；<br>——环氧树脂；<br>——三聚氰胺 – 甲醛树脂；<br>——脲醛树脂；<br>——不饱和树脂；<br>——聚对苯二甲酸乙二醇酯；<br>——聚对苯二甲酸丁二醇酯；<br>——透明 / 通用的聚苯乙烯；<br>——丙烯腈 – 甲基丙烯酸甲酯；<br>——交联聚乙烯；<br>——耐冲性聚苯乙烯；<br>——聚丙烯 | | ≤ 0.01% |
| 装饰性的金属珠子或其他金属部分：<br>——手镯，项链，戒指，穿过耳朵或其他部分的装饰物，手表表带，胸针；<br>——袖扣、珠宝或者仿珠宝的装饰部分，头发发饰的金属部分 | | 镉 | | ≤ 0.01% |

表 4-3（续）

| 产品 | 法规 | 项目 | | 检测方法 | 合格评定要求 |
|---|---|---|---|---|---|
| 装饰部分：<br>——项链、手镯、手脚链、戒指；<br>——手表带和紧扣；<br>——在衣服上的铆钉按钮、紧扣、铆钉；<br>——拉链和金属印花 | | 镍 | | | ——用于穿过耳朵或者穿过身体其他部分的珠宝中镍释放率≤ 0.2μg/（$cm^2$·周）（迁移限值）；<br>——直接接触或者长期接触皮肤的产品中镍释放率≤ 0.5μg/（$cm^2$·周）；<br>——产品的涂层在正常使用的 2 年内，直接接触皮肤或者部分长期接触皮肤的镍释放率≤ 0.5μg/（$cm^2$·周） |
| 纺织及皮革类产品 | | 有机锡化合物 | | | ≤ 0.1% |
| 可预知接触皮肤的纺织产品：<br>——手套；<br>——可预知接触皮肤的穿在脚上的产品或者产品的一部分；<br>——儿童使用及护理产品；<br>——垫、卫生棉、文胸垫、尿布及类似产品 | | 有机锡化合物 | | | ≤ 0.1% |
| 纺织品和其他有涂层的产品 | | 全氟辛磺酸 | | | ≤ 1μg/$cm^2$ |
| 清洁产品：<br>——纺织及皮革类产品；<br>——纸制品 | | 壬基酚和乙氧基壬基酚<br>壬基苯酚<br>壬基酚聚氧乙烯醚 | | | ≤ 0.1% |
| 木制品 | | 汞化合物 | | | 不得检出 |
| | | 砷化合物 | | | 不得检出 |
| 鞋类 | | 邻苯二甲酸盐 | 邻苯二甲酸二丁酯 | | 最大值为 0.1%<br>按质量计 |
| | | | 邻苯二甲酸丁苄酯 | | |
| | | | 邻苯二甲酸二异壬酯 | | |
| | | | 邻苯二甲酸二异癸酯 | | |
| | | | 邻苯二甲酸二正辛酯 | | |
| | | | 邻苯二甲酸二（2-乙基己）酯 | | |

表 4-4 埃及进口纺织品服装技术性贸易措施一览表

<table>
<tr><th>产品</th><th colspan="2">项目</th><th>检测方法</th><th>合格评定要求</th></tr>
<tr><td>涂层皮革、人造革 PVC、天然纤维素纤维、天然蛋白纤维、印花纤维</td><td colspan="2">禁用芳香胺</td><td>EN/ISO 14362-1<br>EN/ISO 14362-2<br>EN/ISO 14362-3</td><td>禁用</td></tr>
<tr><td>涂层皮革；人造革；印花纤维</td><td colspan="2">Cd</td><td>EN 1122</td><td>≤ 0.01%</td></tr>
<tr><td>天然革</td><td colspan="2">Cr（VI）</td><td>EN ISO 17075</td><td>≤ 3mg/kg</td></tr>
<tr><td rowspan="2">天然革和人造革</td><td colspan="2">甲醛</td><td>EN ISO 17226-1<br>或 EN ISO 17226-2</td><td>≤ 0.015%</td></tr>
<tr><td colspan="2">纤维</td><td>EN ISO 14184-1</td><td>0.0075%</td></tr>
<tr><td>金属配件</td><td colspan="2">镍释放（直接接触皮肤部分）</td><td>EN 1811<br>CR 12471<br>EN 12472</td><td>≤ 0.5mg/（$cm^2$·周）</td></tr>
<tr><td>天然皮革</td><td colspan="2" rowspan="3">五氯苯酚（PCP）盐或酯</td><td>EN ISO 17070</td><td>≤ 0.0001%</td></tr>
<tr><td>在鞋类生产中使用的天然物质（板材－软木）</td><td>EN/TR 14823</td><td>≤ 0.0005%</td></tr>
<tr><td>纤维（天然纤维素纤维、天然蛋白纤维）</td><td>XP-G 08 015/2000</td><td>≤ 0.0001%</td></tr>
<tr><td>天然皮革（涂层皮革）；人造革 PVC</td><td colspan="2">聚氯乙烯（PVC）</td><td>ISO 6401</td><td>≤ 0.0001%</td></tr>
<tr><td rowspan="2">纺织原料</td><td rowspan="2">邻苯二甲酸酯</td><td>人造革［聚对苯二甲酸类塑料（PETP）、乙烯-醋酸乙烯共聚物（EVA）、聚乙烯醇（PVA）、聚氨酯（PU）］</td><td>ISO 18856</td><td>≤ 0.1%</td></tr>
<tr><td>涂层皮革、人造革 PVC、天然纤维素纤维、天然蛋白纤维、印花纤维</td><td>EN 15777</td><td>≤ 0.1%</td></tr>
<tr><td>小于 36 月童鞋</td><td colspan="2">涂层皮革、人造革 PVC、天然纤维素纤维、天然蛋白纤维、印花纤维</td><td>EN 71-10 和<br>EN 71-11</td><td>≤ 0.1%</td></tr>
<tr><td rowspan="4">纺织类</td><td rowspan="3">有害物质</td><td>有害染料</td><td rowspan="3"></td><td rowspan="3">不得检出</td></tr>
<tr><td>有害致癌染料</td></tr>
<tr><td>阻燃剂</td></tr>
<tr><td colspan="2">甲醛</td><td></td><td>婴幼儿：≤ 0.002%；直接与皮肤接触：≤ 0.0075%；无直接与皮肤接触：≤ 0.03%</td></tr>
</table>

表 4-4（续）

| 产品 | 项目 | | 检测方法 | 合格评定要求 |
|---|---|---|---|---|
| 纺织类 | 邻苯二甲酸盐 | | | 最多为样本质量的 0.1% |
| | 重金属 | 镉 | | 不得检出 |
| | | 镍 | | 最多 0.5μg/cm² |
| | | 铅（婴幼儿服装） | | ≤ 0.03% |
| 皮革类 | 偶氮比率 | | | 不得检出 |
| | 镉 | | | 不多于聚合物质量的 0.01% |
| | 铬Ⅵ比率 | | | 不多于 3mg/kg |
| | 甲醛 | | | 不多于 0.015% |
| | 重金属（36 个月以下的儿童）（鞋类产品尺寸 26 及以下） | 锑（Sb） | EN 71-3 和 ISO 17072-1 或 ISO 17072-2 | <60mg/kg |
| | | 砷（As） | | <25mg/kg |
| | | 钡（Ba） | | <1000mg/kg |
| | | 镉（Cd） | | <75mg/kg |
| | | 铬（Cr） | | <60mg/kg |
| | | 铅（Pb） | | <90mg/kg |
| | | 汞（Hg） | | <60mg/kg |
| | | 硒（Se） | | <500mg/kg |
| | 镍释放量（直接与皮肤接触的物品） | | | 不多于 0.5mg/（cm²·周） |
| | 五氯苯酚（PCP）、盐及酯含量 | | | 天然皮革 <0.0001%；用于鞋类的天然物质 <0.0005%；合成、有涂层的皮革 <0.0001% |
| | 单体比率 | | | <0.0001% |
| | 邻苯二甲酸盐（36 个月以下、鞋类产品尺寸 26 及以下） | | | 不多于质量的 0.1% |
| | 致癌性有害染料（9 种） | | LC-MS 和 UPLC-SQD（DIN 54231 和 64LFGB 82.02-10） | 禁用 |

表 4-4（续）

<table>
<tr><th>产品</th><th colspan="3">项目</th><th>检测方法</th><th>合格评定要求</th></tr>
<tr><td rowspan="11">皮革类</td><td colspan="3">偶氮染料<br>（22 种）</td><td>EN 14362-1<br>EN 14362-2</td><td>禁用</td></tr>
<tr><td rowspan="7">染色、印花或整理面料中所使用的添加剂</td><td colspan="2">三吖啶基氧化磷</td><td></td><td>禁用</td></tr>
<tr><td colspan="2">磷酸三<br>（2, 3- 二氯丙基）酯</td><td>HPLC 液相<br>色谱分析</td><td>禁用</td></tr>
<tr><td colspan="2">聚溴联苯醚；<br>多溴联苯（PBB）</td><td>HPLC 液相<br>色谱分析</td><td>禁用</td></tr>
<tr><td rowspan="3">甲醛</td><td>婴儿和儿童</td><td rowspan="3">ISO 14184-1<br>ISO 14184-2</td><td>0.002%</td></tr>
<tr><td>直接与皮肤<br>接触</td><td>0.0075%</td></tr>
<tr><td>非直接与皮肤<br>接触</td><td>0.03%</td></tr>
<tr><td colspan="2">儿童服装中邻苯二甲<br>酸酯（6 种）</td><td>EN 15777</td><td>浓度不超过样品<br>质量的 0.1%</td></tr>
<tr><td rowspan="3">染色、印花或整理面料中所使用的重金属</td><td colspan="2">镉</td><td>EN 1122</td><td>禁用</td></tr>
<tr><td colspan="2">镍</td><td>EN 1810 和<br>EN 1811 和<br>EN 12472</td><td>其排放量<br>不得超过 0.5μg/<br>（cm²・周）</td></tr>
<tr><td colspan="2">儿童服装中的铅</td><td>CPSC-CH-E 1002-08（非金属）<br>CPSC-CH-E 1001-08（金属）<br>CPSC-CH-E 1003-09（表面涂层）<br>ASTM E 1645<br>ASTM E 1613</td><td>0.03%</td></tr>
</table>

## 4.2.2　应对策略

### 4.2.2.1　建立健全纺织品技术性贸易措施体系

建立健全纺织品技术性贸易措施体系，就要健全我国的纺织品服装标准体系、纺织行业技术法规体系、纺织行业合格评定体系。一方面，要认真收集西亚北非地区纺织品技术标准，在此基础上，修改与完善我国现有纺织品法规标准，建立与国际接轨的纺织品标准体系，不断完善我国相关法律法规；另一方面，针对纺织品合格评定问题，对西亚北非地区开展互相认证认可，包括体系认证互认、实验室认可互认等。同时也要加强国内质量监督，创建品牌认证，提高国际认可度。

#### 4.2.2.2 建立快速反应机制

缺乏快速反应机制是我国纺织品出口遭遇技术性贸易措施的重要原因之一，建立有效预警和快速反应机制是确保我国纺织品顺利出口的重要措施。建立预警信息收集系统，对西亚北非地区发布的纺织品法律、技术法规等相关信息进行监控、收集，在此基础上将收集到的信息快速整合、定性分析；另外，及时将收集到的信息通过多种渠道反馈到出口企业、行业协会，同时也可通过 WTO/TBT-SPS 通报咨询网发布预警，从而形成全方位、大范围的预警系统，确保我国纺织品顺利出口。

#### 4.2.2.3 针对西亚北非地区文化差异，进行个性化设计

针对一带一路沿线西亚北非地区不同国家的文化差异，尤其是宗教文化、民风民俗等，从纺织品设计到装饰品元素，需根据进口国的具体境况进行差异化设计与修饰。例如，西亚地区大多数国家信仰伊斯兰教，阿拉伯国家服饰方面以黑白素色为主，无论男女均须佩戴头巾，因此这样的设计也就更受欢迎。在尊重这些文化元素的基础上，结合我国纺织业产业集群优势，对于不同国家不同产品订单，进行点对点加工，确保我国纺织品既找准市场又保证销路。

## 4.3 化工产品领域技术性贸易措施

### 4.3.1 技术性贸易措施概况

西亚北非地处一带一路重要节点，是我国化工产品重要的出口市场。化工产业作为我国的基础产业之一，也是我国传统出口产业，与经济社会发展和人民的生活息息相关。近些年来，随着经济持续快速增长，我国化工行业迅速壮大，效益也不断提升，已成为世界化工大国之一。但我国出口化工产品附加值低，以原材料、中间体和传统加工品为主，容易遭受反倾销调查，总体竞争力仍然较低。近年来，西亚北非国家也和欧美日韩等发达国家和地区一样，出台不少化工产品技术性贸易措施，成为阻碍我国化工产品出口的重要原因之一。

#### 4.3.1.1 有关化学品管理的国际公约和协定

为保护环境，目前国际上已签订了 100 多个多边环保协定，其中近 20 个含有贸易条款，其中许多法规都涉及化工产品的贸易。比如 1985 年签订的《保护臭氧层维也纳公约》，1987 年通过的《关于消耗臭氧层物质的蒙特利尔议定书》及其修正案，这些公约都禁止受控物质及其有关产品的国际贸易，而这些受控物质大部分为基本的化工原料，如制冷剂、烷、烯炔化工产品等，由于用途广泛，因而影响巨大，使我国化工产品出口西亚北非面临严峻挑战。此外，1992 年签署的《联合国气候变化框架》虽然对国际贸易没有直接影响，但由于温室气体减排涉及经济社会的方方面面，缔约国为履约而采取的措施必然影响对外贸易，尤其是高耗能的化学化工行业。我国于 2005 年加入的《关于在国际贸易中对某些危险化学品和农药采用事先知情程序的鹿特丹公约》规定：在出口列入其附件的 27 种危险化学品和农药时，必须征得进口国同意，履行知情同意程序才能出口，这对我国一部分化学品和农药出口企业形成新的壁垒。

#### 4.3.1.2 环保技术性贸易措施

随着环境的持续恶化，消费者环保意识的增强，许多西亚北非国家越来越重视化学化工产品使用过程中是否会对消费者的安全和健康及生态环境产生不利影响，因而制定或修订相关贸易法规。由于中国和西亚北非各国环境和技术标准依据、指标水平、检测和评价方法的不同，这就对我国化工产品进入这些国家形成了“绿色壁垒”。例如：2008 年 8 月 12 日，以色列工贸劳工部 WTO-TBT 咨询点通报了洗碗机用洗涤粉环境质量保证要求及标签要求，规定现行标准 SI 1417 的要求已宣布为强制性要求。2012 年 9 月 28 日，阿联酋标准化与计量局（ESMA）通报了阿联酋清洁剂控制法规草案，本控制法规涉及附录 1 列出的清洁剂和表面活性剂。法规确定了国内市场清洁剂交易和销售规定与强制要求，同时确保高级别保护环境，维护消费者健康和安全，工业用消毒剂和清洁剂材料排除在本法规之外。2013 年 1 月 23 日，土耳其经济部通报了关于为保护环境管理化学品进口的公告 No：2013/6（附录 1 中列出 HS 编码），本公告的目的是在进口阶段保护环境的框架内，规定公告的附录 1 中列出的化学品进口管理原则和程序。

#### 4.3.1.3 包装技术性贸易措施

许多西亚北非国家对各类化学品分类、生产、包装、标签方面都做出了严格的规定和限制。有些对包装和标签的技术要求可以达到非常细致的程度，有可能包装上一些不起眼的印刷，也可能形成无形的贸易壁垒。例如：2005 年 12 月 1 日，卡塔尔标准计量局通报了标签——化学产品标签，规定了化学品标签应符合卡塔尔标准第 4 条。2008 年 9 月 18 日，阿曼通报了“食用干酪素和酪蛋白”技术法规草案。涉及包装和标签的条款（条款 8 和条款 10）是强制性条款，其余条款是自愿性条款。2013 年 7 月 16 日，科威特标准计量局（KOWSMD）通报了关于精油：欧芹油的技术法规草案，涉及在第 3 项（定义）中提到的精油：欧芹油的有关要求、特殊要求、包装、储存和运输条件，以及标签的条款（第 4 条、第 5 条、第 6 条、第 7 条、第 8 条和第 9 条）是强制性的。2016 年 3 月 30 日，以色列工贸劳工部 WTO-TBT 咨询点通报了 SI 5438 第 3 部分：人类使用的水处理化学品　次氯酸钠，规定了修订涉及水净化用化学品次氯酸钠的强制标准 SI 5438 第 3 部分。本修订标准草案采纳了欧洲标准 EN 901—2013，修改了包装、标签、标志、存储和运输要求以符合代替欧洲法律的以色列强制标准 SI 2302 第 1 部分和第 2 部分。

#### 4.3.1.4　认证技术性贸易措施

认证壁垒也是化工产品出口容易遇到的一类技术性贸易壁垒。目前，西亚北非许多国家对进口产品都有认证或者合格评定要求，对出口企业来说，如果不能及时掌握出口国的认证信息，那么在出口的时候遭遇认证壁垒的可能性就非常大，出口的产品如果没有取得相应认证就无法进入该国市场。例如：2010 年 3 月 8 日，卡塔尔标准计量局通报了关于化妆品的卡塔尔技术法规——化妆品安全要求，规定了在海合会国家应用的统一的技术法规必须达到的基本安全要求、化妆品的合格评定程序，以及化妆品投放海合会国家的规则。2015 年 1 月 26 日，阿联酋标准化与计量局（ESMA）通报了阿联酋涂料和清漆产品中挥发性有机化合物与重金属合格评定计划，规定了本控制计划草案适用于交易、生产、分销或进口到国内在内部社区使用的涂料和清漆产品，包括水基涂料、乳胶漆、水溶涂料、塑料和陶土涂料及油漆。2016 年 4 月 14 日，沙特阿拉伯标准局（SASO）通报了洗涤剂技术法规 02-03-16-155，规定了以下内容：术语和定义、范围、目标、供应商责任、标签、合格评定程序、法律机关的职责、市场监督机关的职责、违法和处罚、一般规则、过渡期规则、附录（清单、型号）。

#### 4.3.1.5　社会责任标准技术性贸易措施

化工行业是劳动密集型行业，因而在产品出口时容易受到社会责任标准的限制。社会责任标准依据国际劳工组织公约、世界人权宣言及联合国儿童权利公约内容制定，是全球第一个企业道德规范标准，适用于世界各地、任何行业、不同规模的企业，因而对我国化工产品出口西亚北非构成一定影响。目前，西亚北非虽然没有具体规定，但欧盟一些国家对供应商社会责任方面有具体要求，未来西亚北非国家也有可能制定社会责任方面的要求，应当引起我们的重视。

上述技术性贸易措施，都不同程度地对我国化工产品出口西亚北非造成影响。

### 4.3.2　应对策略

#### 4.3.2.1　加强和完善化学品管理的立法工作

目前，欧美日等发达国家和地区逐步完善本国在化学品管理上的立法，西亚北非虽然在这方面不够完善，但未来加强立法必将是一个长期的趋势。从我国化学品管理的现状来看，当前我国化学品管理水平与国际上有较大差距，对危险化学品的管理，其危险性仅仅参考危险货物涉及的内容，发达国家和地区则考虑得比较全面，除了涉及易燃易爆、急性毒性，还对环境、生殖甚至基因突变都有相应的要求。“天津港 8.12 特别重大火灾爆炸事故”原因之一就是有危险化学品管理上的重大疏漏，因此加强立法工作不仅有利于促进化工产品出口，对我国危险化学管理以及相关环保和安全都有重大意义。

#### 4.3.2.2　加强化工行业标准化建设

我国化工行业的标准化和质检工作需要进一步加强，标准制定部门要在积极采用国际标准和国外先进标准、全面提升化工技术标准整体水平的同时，加强高新技术产品技术标准和相关检测技术的研究，推进行业的进步和发展。同时，国内标准和质检机构应加强合作，建立市场经济条件下的化工标准化和质检技术服务体系，检验检测机构也应加快整合步伐，使其成规模、上水平，确保出口产品的质量与国际接轨，出具的报告能得到进口国的认可。企业也必须积极采用国际标准和进口国标准来生产产品，使产品达到要求，获得市场准入。

#### 4.3.2.3　加强禁用化学品的替代品研究和开发

环保、安全和健康的要求将使得化学品面临着不断淘汰和升级的结构调整压力。目前大多数常用的染料、颜料、农药有机中间体、各种助剂等对生物和环境依然具有一定的危害性，因此，随着时间的推移，可以预见禁用和限用的化学品数量将越来越多。针对这种情况，对于明确具有化学毒性和污染特性的化学成分而言，加强替代品的开发将是唯一的选择。有关部门应实施有规划的替代方案以逐步实现安全化学物质对有毒化学物质的彻底替代，并交由专门的机构负责，同时加强对禁用化学品替代开发与研究的财政、信贷、税收和推广方面的支持力度，在科研立项方面给予倾斜扶持。

#### 4.3.2.4 加强信息收集和发布，及时做好应对

西亚北非国家对化工标准经常修订，这就要求我们及时了解和掌握化工标准的发展动态，特别是实时跟踪有关国家和地区的相关化工标准、技术法规及合格评定的发展和变动情况。因此，需要国家有关部门完善信息收集和发布机制，目前我国建立了国际技术标准信息发布制度和中国 WTO/TBT-SPS 通报咨询网，但还需要尽快建立国际化工技术标准信息网络，以便化工企业能快速得到所需的和最新的化工技术标准信息。

#### 4.3.2.5 加强转型升级，实施绿色生产

环境技术性贸易措施对我国化工行业和使用化工产品的下游行业等造成很大影响，但也反映了市场对环境、安全和健康的要求。在此类技术性贸易措施日益增多的现实面前，我国化工行业无论从社会责任还是自身利益考虑，都必须重新审视并调整自己的思维模式和经营战略，牢固树立绿色产品意识，积极采用清洁生产工艺，开发品质优、环保成本低且符合国际环保要求的满足消费者需求的绿色产品，树立企业的环保信誉和绿色形象。

#### 4.3.2.6 加强创新，重视社会责任标准

创新是企业发展的灵魂。化工行业应积极创建自主技术标准和环保技术标准新体系，积极学习，跟踪有关国家新兴技术标准、法规、合格评定、认证的技术准入要求，把适应西亚北非市场环境、安全准入标准的研发贯穿企业研发的全过程。同时，在社会责任标准方面，企业要在思想上产生足够的重视，短期虽然成本增加，但长远来看，不但能够减少市场阻力，更有利于建立制度化的企业管理和先进的企业理念，使企业赢得公众的信任和支持。

## 4.4 食品领域技术性贸易措施

### 4.4.1 技术性贸易措施概况

回顾 2016 年，全球经济回暖缓慢，贸易进入深度调整期。全球经济依旧疲弱，市场则日显疲态，对中国企业来说，这是战略转型的契机，许多企业采取市场多元化战略，转移出口重点，逐渐开拓新兴市场。新兴经济体国家面临的经济压力由此增大，也使得新兴经济体国家开始设置更加严厉的贸易壁垒。2015 年，中国出口

西亚北非 1411.68 亿元，同比下降 4.2%，中国农食产品出口西亚北非 21.92 亿元，占 1.5%。

农食产品在中国出口西亚北非份额中的比例很小，贸易壁垒问题对出口企业来说影响巨大。根据原国家质检总局发布的“2015 年国外技术性贸易措施对中国出口企业影响调查情况”显示，2015 年有 40.0% 的出口企业不同程度地受到国外技术性贸易措施的影响。全年出口贸易直接损失额为 933.8 亿美元，比 2014 年增加 178.6 亿美元，占同期出口额的 4.1%，农食产品占直接损失总额的 5.3%。企业新增成本 247.5 亿美元，比 2014 年上升 25.3 亿美元，占同期出口额的 1.1%。

自 1995 年 TBT/SPS 协定实施以来，西亚北非各国从 2004 年才开始积极向 WTO 提交 TBT/SPS 通报。截至 2015 年 12 月 31 日，西亚北非提交的 TBT 通报涉及农食产品 1751 件，SPS 通报涉及食品安全的 652 件。表明了食品始终是各国政府重点关注和管理的产品。从西亚北非各国提交食品方面的 TBT/SPS 通报情况看，最活跃的是卡塔尔、巴林、沙特阿拉伯；土耳其、约旦、埃及比较少；伊朗、伊拉克、巴勒斯坦、叙利亚等国家由于各方面原因从未提交过食品方面的 TBT/SPS 通报。西亚北非各国对食品的技术性贸易措施集中在清真食品要求、食品标签、食品添加剂等方面。日趋多变超前的技术性贸易措施，对我国食品出口产生越来越大的影响。

#### 4.4.1.1　清真食品要求

西亚北非地区科威特、沙特阿拉伯、阿联酋、阿曼、卡塔尔、巴林、也门七国加入了海合会标准化组织，对于清真食品的要求都基本参考海湾标准关于清真食品的规定，并在海湾标准的基础上添加了一些强制规定。

另外，同为伊斯兰国家的埃及也做了关于清真食品的通报：2015 年 3 月 10 日，埃及标准和质量总局通报了一部颁法令 No.561/2012，指定埃及标准和质量总局为负责给生产公司颁发商品和产品上粘贴清真标志的唯一机构。2015 年 6 月 1 日，发布了第一次补遗，通报了 G/TBT/N/EGY/78，其第 7 项规定：如是紧急措施，说明紧急问题的性质；向消费者提供明确的关于伊斯兰教义的产品状态，为伊斯兰消费者提供保证和信心，确保食品不包含不符合伊斯兰教义的物质，禁止关于产品的混乱或争论，为清真产品提供持续的支持和市场策略，出口国外的产品自愿使用清真标志。

西亚北非地区大部分国家都是伊斯兰国家，对清真普遍都有要求。由于清真食品具有其他普通食品所不具有的宗教性、民族性等社会性内涵，决定了清真食品具有许多其他普通食品所不具有的特殊性和复杂性。西亚北非国家中，海湾七国发展较快，加入了海合会标准化组织，共同制定了海湾清真食品标准，对清真食品的定义、分类、要求、等级、取样、检验方法、包装、蒸发、存储、标签等方面进行规定，并对发放清真食品证明的机构提出了认证认可要求。

#### 4.4.1.2 食品标签

由于食品标签表达的信息越来越丰富，起到的作用也日渐重要，许多国家和经济体对其重视程度也越来越高，相继制定了多部法规或标准对食品标签加以规范。食品标签虽小，它却是一个国家或地区经济、政治、科技和法治发展水平的浓缩体现。因此，对于食品标签的管理可以反映出一个国家或地区在诸多领域的意识形态管理。这就使得食品标签技术贸易壁垒不仅具有一般技术贸易壁垒隐蔽性、合理性的特点，还体现出其自身的特性。目前国外实施的一些食品标签制度已经成为我国食品出口遭遇的一道主要的非关税壁垒，出口到西亚北非的食品生产企业也应高度重视食品标签的问题。

2006 年 1 月 10 日，卡塔尔标准与计量常规组织通报了预包装食品标签的规定，规定了该技术法规草案关于人类食用预包装食品的标签要求，该草案还包括一般和强制要求、辐射食品标签、原材料标签等。2007 年 8 月 14 日，通报了食品营养标签的规定，规定了本技术法规草案涉及食品营养标签的程序。

2006 年 7 月 6 日，阿联酋标准化与计量局（ESMA）通报了阿联酋（UAE）标准关于预包装食品标签的草案，并在 2013 年 5 月 27 日对其进行了强制性要求，在 2016 年 8 月 3 日再次进行更新。2011 年 12 月 14 日，通报了阿联酋（UAE）关于营养标签准则的技术法规草案，并在 2015 年 10 月 21 日进行草案修改案的通报。2013 年 2 月 7 日，通报了关于营养和健康声明的相关要求，并在 2014 年 6 月 30 日对其进行补充说明。

2007 年 12 月 14 日，巴林标准计量管理局（BSMD）通报了营养标签指南，规定了本技术法规草案所有种类的食品营养标签指南，并在 2012 年 1 月 10 日为强制性要求。2011 年 12 月 7 日，巴林通报了预包装食品标签要求，规定了本技术法规草案“预包装食品标签”第 4 条和第 5 条为强制性要求，并在 2013 年进行了补充规定。在 2013 年及 2015 年对健身食品营养标签、能量饮料标签、标签内的反式脂肪酸含量标注进行了规定。

2008 年 11 月 4 日，以色列通报了预包装食品标签，规定了引用标准、食品配料标识，以及标示预包装食品时的说明，并在 2008 年至 2014 年这 6 年间对成分含量和类型标志、低钠食品、包装正面标签（FOP）要求、营养标签等进行补充说明以及八次修订。

2013 年 4 月 16 日，沙特阿拉伯食品药物管理局（SFDA）通报了有关营养与健康声明要求的技术法规草案。规定了主管机关要求的广告中食品标签的营养及健康声明的使用。

2014 年 2 月 6 日，土耳其食品农业和畜牧业部下属食品控制总司通报了关于土耳其食品法典法规的修正法规，规定了管理食品信息，尤其是食品标签的一般原则、要求和职责。其中特别规定了含有酒精以及猪源性食品的清真声明。2016 年 1 月 13 日，通报了土耳其食品法典食品标签与消费者信息法规，规定了食品标签信息的一般原则、需要和责任。

2015 年 7 月 10 日，科威特标准计量局（KOWSMD）通报了海合会技术法规草案“预包装食品标签”，涉及所有预包装食品标签及其说明要求。2015 年 8 月 13 日，发布第一次补遗，预包装食品标签技术法规（GSO 9：2013）将增加一条，规定必须标明反式脂肪含量。

以上通报中，卡塔尔、阿联酋、巴林、以色列、沙特阿拉伯、土耳其、科威特都有食品标签方面的通报。西亚北非国家中，海湾七国（科威特、沙特阿拉伯、阿联酋、阿曼、卡塔尔、巴林、也门）成立海合会，其中海合会标准化组织制定出了关于食品标签的海湾标准，海湾七国都以海湾标准为基础各自进行补充规定。除阿联酋、卡塔尔、沙特阿拉伯、以色列对食品标签有基本要求外，还规定了营养标签的基本要求；科威特起步较晚，在 2015 年才开始对食品标签进行通报，主要参考海湾标准；土耳其除了对食品标签的一般原则做出要求外，还补充了对酒类、猪源性等非清真食品的标签标识要求；巴林是西亚北非各国食品标签通报数量最多的国家，不仅有食品标签基本要求，还对营养标签、能量饮料标签、转基因、健身食品、辐照食品等做出规定，而且还对反式脂肪酸的标注做出规定。

#### 4.4.1.3　食品添加剂

食品添加剂是个大行业，是现代食品工业中不可或缺的一部分，有力地推动了整个食品工业的发展进程。可以说，没有食品添加剂，就没有今天的食品工业。现在，近 97% 的食品中使用各类添加剂。全球食品添加剂品种有 25000 多种，常用的添加剂品种有 5000 多种。食品添加剂与消费者日常生活息息相关，其质量关系到广大消费者的健康与安全，因此全世界大多数国家将食品添加剂纳入到了食品质量安全制度体系中。目前因为食品生产加工、饮食结构习惯、贸易保护等方面的原因，造成各国制定的食品中添加剂标准差异很大，这也使得食品添加剂成为国际食品贸易中技术壁垒的一个重要内容。西亚北非多个国家制定了关于食品添加剂的规定。

2014 年 2 月 21 日，科威特标准计量局（KOWSMD）通报了关于食品添加剂（6 页，阿拉伯语；4 页，英语）的技术法规草案，包括了定义、类型、指南编号、说明、特性、包装、运输、储存、标签。2014 年 12 月 16 日，科威特通报了科威特技术法规草案“食品中允许使用的添加剂”，本技术法规草案适用于食品中允许使用的食品添加剂。

2014 年 2 月 24 日，阿联酋标准化与计量局（ESMA）通报了阿联酋（UAE）关于食品添加剂——食品级矿物油的技术法规草案，本技术法规草案规定了在食品中作为上光剂、消泡剂和保护性涂层使用的食品级矿物油应当符合的要求。

2014 年 3 月 6 日，沙特阿拉伯标准局（SASO）通报了沙特阿拉伯关于“允许在食品中使用的添加剂”的技术法规草案。

2014 年 12 月 17 日，卡塔尔标准计量局通报了“食品准用添加剂”技术法规草案，适用于食品许可添加剂。

2015 年 4 月 8 日，巴林标准计量管理局（BSMD）通报了“食品中允许使用的添加剂”，该技术法规草案规定了海湾标准第 7 条、第 8 条（包装和标签）中的要求为强制性要求。

除了海合会成员国外，其他西亚北非国家也对食品添加剂制定了强制性规定。

2006 年 9 月 27 日，埃及国家农业食品质量卫生局（SENASA）通报了有关上市前食品控制的总统令草案。按照该法令草案，所有食品、调味品、饮料、饮食补充品或其原材料，以及食品添加剂应符合食品法典的要求。埃及国家农业食品质量卫生局负责食品注册和批准程序，以及监控卫生与健康、饮食学及标签要求的合格性，除非签有规定了食品控制体系等效性的协议。

2014 年 4 月 11 日，以色列 WTO-TBT 咨询点通报了“公共卫生法规（食品）（食品添加剂）（修正案）5774—2014”以色列卫生部法规修正草案，并在 2016 年 9 月 16 日对其进行补充说明。

2016 年 7 月 29 日，土耳其食品农业和畜牧业部通报了食品添加剂、食品酶和食品调味剂通用核准程序法规，规定了该法规的目的是确定食品添加剂、食品酶和食品调味剂及相关应用中使用的调味性质的食品成分原材料风险评估程序。2016 年 10 月

12 日，土耳其通报了食品添加剂规范法规，规定了该法规的目的是确定食品添加剂规范。

## 4.4.2 应对策略

### 4.4.2.1 建立健全食品质量与安全标准体系，完善食品相关法律法规体系

为实施食品进出口安全管理工作、促进对国际食品贸易发展提供技术基础和保障，其重点是要尽快与国际标准接轨，尤其是与美国、欧盟、海湾标准接轨的、涵盖生产全过程的食品质量保证体系相协调，特别在清真食品的指标上，要符合伊斯兰国家的要求。推进技术标准国际化，一方面要按 WTO《技术性贸易壁垒协定》要求，根据国际标准制定技术法规、标准和合格评定程序，另一方面要积极参与国际标准化活动，争取将我国已具备优势的技术标准纳入国际标准中。同时要完善实施标准化的配套和保障体系，加速建立食品质量安全法律法规体系，健全食品质量安全监督检测体系、执法体系和生产技术推广体系，完善标准认证体系，促进食品质量安全管理的法治化，确保我国食品的质量与安全符合西亚北非国家的准入标准。

### 4.4.2.2 完善信息传递机制，做到信息共享互联

监测国外政策动向，并及时传递给政府和企业是行业协会的重要服务内容。食品行业协会应加强协会内部信息服务机构的建设，及时为会员企业提供发达国家和地区食品行业发展状况、行业标准及相关技术法规的变动等动态信息。另外，要充分利用网络，建立信息发布及分享网络平台，推动行业组织与企业和政府之间实现信息共享、资源共享、成果共享的新格局，从而更好地发挥行业协会的信息情报功能，及时发布相关信息，通知企业提高警惕，保证产品质量。为企业提供最新最快的信息，以促进企业在市场经济中发挥正常作用，提高市场经济效益。

### 4.4.2.3 提高技术水平，注重产品优化升级

技术性贸易壁垒的关键在于“技术”两字，技术壁垒的根源在于国家间的技术差异。因而应对技术壁垒的核心策略在于提升自身技术水平，改进产品，以消除技术差异，通过技术创新提高竞争力。应增加科研投入以开发自主研发技术，并促使其成为行业标准、国家标准乃至国际标准，从而在未来竞争中把握主动权。可以利用引进国外先进技术，比如通过与跨国公司合作，利用模仿和扩散效应，带动整个产业链的升级换代，利用技术转移跨越技术壁垒。

## 4.5 动物产品领域技术性贸易措施

西亚北非地处"一带一路"的重要节点，是中国推进"一带一路"建设的重要合作伙伴。该地区是"一带一路"沿线国家和地区中动物产品技术性贸易措施实施较为活跃的地区。2011 年以来沙特阿拉伯、阿联酋、土耳其、以色列和科威特发布和实施 29 项 TBT 措施，在 SPS 措施领域，海合会 7 个成员国和土耳其、埃及、约旦是该地区 SPS 措施实施的主力。阿联酋 SPS 措施集中在活禽禽产品和活绵羊、山羊监管检疫。阿曼所有通报 SPS 措施均为动物检疫监管措施。巴林关注的产品多样，包括肉和肉制品、水产品、标识以及产品的污染物等。

### 4.5.1 技术性贸易措施主要类型

在技术性贸易措施的两个领域中，西亚北非地区在动物产品方面更热衷于利用 SPS 措施，并且以动物检疫措施为主，归于诸如兽药残留限量等科技要求较高的措施通报较少。对他国的动物产品尤其是家禽产品更为关注，措施手段以加强管制和限制为主，相对而言手段比较单一，多采用直接禁止产品进口的手段。

从西亚北非的技术性贸易措施的表现形式来看，动物源性产品技术性贸易措施的表现形式主要包括：

#### 4.5.1.1 动物疫情

西亚北非各国限制动物产品进口的主要技术性贸易措施是针对动物疫情，禁止进口有非洲马瘟、口蹄疫、高致病性禽流感、牛海绵状脑病、水产类病毒和疾病、新城疫、炭疽杆菌、布氏杆菌等的动物性产品。

##### 4.5.1.1.1 非洲马瘟

2004 年 6 月 28 日，阿联酋农林部（MAF）通报了 2004 年第（175）号部级政令。禁止进口来自赞比亚的马科动物，因赞比亚出现非洲马瘟。

##### 4.5.1.1.2 口蹄疫

2016 年 10 月 21 日，沙特阿拉伯农业部动植物检疫司通报了"多哥活禽鸟的临时进口禁令"(9/1/1438H)。暂停多哥活禽鸟进口。

##### 4.5.1.1.3 高致病性禽流感

2006 年 11 月 16 日，埃及兽医总局（GOVS）通报了法令，禁止进口来自尼日利亚的家养及野生禽鸟、孵化卵、食品用蛋以及家养和野生禽鸟的肉与肉制品，包括用于动物饲料和工农业的产品，立即生效。家养及野生禽鸟熟肉制品按照 2000 年 OIE 法典第 2.1.15.17 条经过补充验证的可以进口。

2011 年 3 月 2 日，沙特阿拉伯食品药物管理局（SFDA）通报了关于朝鲜“牛、绵 / 山羊、骆驼肉和肉类副产品（冷藏冷冻和加工）”执行令通知。暂停进口朝鲜牛、绵 / 山羊、骆驼肉和肉类副产品（冷藏冷冻和加工）。

2015 年 9 月 28 日，阿联酋环境与水资源部（MOEW）通报了有关进口活禽鸟及其产品法规的部级令。拟定部级令包括了批准出口阿联酋特定产品国家的必要程序和要求及进口条款和程序。

2016 年 1 月 18 日，沙特阿拉伯农业部动植物检疫司通报了“伊朗产家畜的临时进口禁令”。暂停伊朗活牲畜的进口。

2016 年 2 月 4 日，沙特阿拉伯食品药物管理局（SFDA）通报了“关于产自美国印第安纳州家禽肉、蛋及其产品的临时进口禁令”。暂停进口美国印第安纳州家禽肉、蛋及其产品、加工家禽肉及蛋制品（经热处理或其他保证禽流感病毒灭活处理除外）。

2016 年 2 月 29 日，沙特阿拉伯农业部动植物检疫司通报了源自科威特的牲畜进口临时禁令。

#### 4.5.1.1.4　牛海绵状脑病

2007 年 4 月 18 日，埃及兽医总局（GOVS）通报了允许按 GOVS 条件进口去骨冷冻水牛肉（提供阿拉伯语，1 页——本通报提及的内容描述为非官方译文）。GOVS 批准从巴西符合进口要求的省份进口去骨冷冻水牛肉。屠宰场在 GOVS 指派的兽医技术代表团兽医人员监督下，按去骨冷冻水牛肉进口和不超过 24 月龄水牛肉的条件接受检验并获得批准。

2012 年 5 月 25 日，沙特阿拉伯农业部动植物检验司通报了“进口产自加州（美国）活牛科动物的临时禁令”。自 2012 年 4 月 26 日 OIE 第 11893 号报告报道加州（美国）再次爆发牛海绵状脑病（BSE）后，沙特阿拉伯认为有必要预防牛海绵状脑病（BSE）传入境内。因此，沙特阿拉伯暂停进口加州（美国）活牛科动物。

2012 年 12 月 21 日，沙特阿拉伯食品药物管理局（SFDA）通报了“源自巴西牛肉（生、冷冻、冷藏及加工）进口临时禁令”的通知（01/02/1434AH）。根据 2012 年 12 月 7 日第 12682 号 OIE 报告，巴西爆发了牛海绵状脑病（BSE）。沙特阿拉伯认为有必要预防牛海绵状脑病（BSE）传入国内。因此，沙特阿拉伯暂停进口巴西牛肉（生、冷冻、冷藏及加工)。

2014 年 5 月 26 日，沙特阿拉伯农业部动植物检疫司通报了产自巴西的“活牛进口临时禁令”的决定通知(13/07/1435AH)。国际兽医局 2014 年 5 月 2 日第 Ref. No.15148 号报告指出，巴西发生牛海绵状脑病。沙特阿拉伯认为有必要防止这种疫病传入境内。因此，沙特阿拉伯暂停进口巴西活牛。

2014 年 7 月 22 日，沙特阿拉伯农业部动植物检疫司通报了源自罗马尼亚的“活牛进口临时禁令”的决定通知(16/09/1435AH)。临时禁止罗马尼亚活牛出口沙特阿拉伯。

#### 4.5.1.1.5 水产类病毒和疾病

2015 年 4 月 10 日，沙特阿拉伯农业部动植物检疫司通报了“源自南非活鲶鱼的临时进口禁令”的通知(09/06/1436AH)。暂停源自南非活鲶鱼出口沙特阿拉伯。

2015 年 12 月 22 日，沙特阿拉伯农业部动植物检疫司通报了“暂停进口奥地利产活锦鲤鱼的决定”。沙特阿拉伯暂停进口奥地利活锦鲤鱼。

2016 年 10 月 24 日，沙特阿拉伯农业部动植物检疫司通报了“津巴布韦活鲶鱼的临时进口禁令”，暂停津巴布韦活鲶鱼的进口。

#### 4.5.1.1.6 新城疫

2016 年 5 月 9 日，阿联酋环境与水资源部(MOEW)通报了除热处理肉以外的罗马尼亚进口家养 / 野生禽及其产品实施的检疫措施，对进口除热处理肉以外的罗马尼亚家养野生禽及其产品进行监管，阿联酋特采取检疫措施。这是继 2015 年 12 月 2 日罗马尼亚爆发新城疫后向国际兽医局发送的直接通报。

#### 4.5.1.1.7 炭疽杆菌

2014 年 7 月 14 日，阿联酋环境与水资源部(MOEW)通报了进口源自阿塞拜疆活绵 / 山羊及其产品的监管检疫措施。遵照 2001 年有关海合会成员国检疫法规实施条例第(460)号部级令及根据阿塞拜疆动物卫生状况，阿联酋环境与水资源部实施一项进口产自阿塞拜疆活绵 / 山羊及其产品的监管要求，具体如下：进口活绵 / 山羊应随附兽医卫生证书，证明：1)动物源自出口前至少 20 天无炭疽热的地区，或装运前至少 20 天及 6 个月前接种过炭疽热疫苗；2)装运前 28h 内动物接受过官方兽医检验未发现临床疾病，包括昆士兰热及炭疽热；3)动物在检疫期间接受过绵 / 山羊普鲁氏菌病检验，结果为阴性。

#### 4.5.1.1.8 布氏杆菌

2014 年 7 月 14 日，阿联酋环境与水资源部（MOEW）通报了进口源自墨西哥活牛、绵 / 山羊及其产品的监管检疫措施。遵照 2001 年有关海合会成员国检疫法规实施条例第（460）号部级令及根据墨西哥动物卫生状况，环境与水资源部实施一项进口产自墨西哥活牛、绵 / 山羊及其产品的监管要求，具体如下：进口活牛、绵 / 山羊应随附兽医卫生证书，证明：1）装运当日，动物接受过官方兽医检验，未发现临床疾病；2）动物在检疫期间接受过绵 / 山羊普鲁氏菌病 / 牛布氏杆菌病检验，结果为阴性；3）动物在装船前 28 天及运至装船地期间存于媒介保存设施内，以防库蠓属（*Culicoides*）侵害，并在接受蓝舌病血清试验期间，检验结果为阴性；4）动物在装运前至少 60 天接受过原产国所有血清的疫苗接种。

#### 4.5.1.1.9 蜂巢小甲虫

2016 年 1 月 4 日，沙特阿拉伯农业部动植物检疫司通报了意大利活蜜蜂的临时禁令。根据 2015 年 10 月 30 日国际兽医局有关意大利爆发蜂巢小甲虫（*Aethina tumida*）的信息，沙特阿拉伯认为有必要防止意大利蜂巢小甲虫（*Aethina tumida*）传入国内。因此，沙特阿拉伯暂停进口意大利活蜜蜂。

2016 年 3 月 17 日，沙特阿拉伯农业部动植物检疫司通报了进口巴西联邦共和国圣保罗（SaoPaulo）州活蜜蜂的临时禁令。国际兽医局 2016 年 2 月 24 日 29 期第 5 号报告指出，巴西圣保罗州爆发蜂巢小甲虫（*Aethina tumida*）疫情，阿联酋认为有必要防止蜂巢小甲虫（*Aethina tumida*）传入国内。因此，阿联酋暂停进口巴西圣保罗活蜜蜂。

### 4.5.1.2 食源性动物传染病介质

2013 年 4 月 3 日，土耳其食品农业和畜牧业部食品控制总司通报了控制沙门氏菌及其他具体的食源性动物传染病介质相关法规。本法规目的是确保包括饲养在内的所有生产阶段，采取适当有效措施，检测和控制沙门氏菌及其他食源性动物传染病介质，以降低其流行性及对人类健康构成的风险。

### 4.5.1.3 转基因生物及其产品

2010 年 7 月 28 日，土耳其通报了转基因生物及其产品法规。转基因生物（GMO）污染物已有定义，如分析结果确认产品含 0.9% 或以下的 GMO，则可按 GMO 污染物处理。如存在 GMO 污染物的产品检出污染物基因，则产品应根据生物安全局批准的使用目的来使用。

#### 4.5.1.4 畜禽类产品药物残留

2000 年 5 月 30 日，土耳其农业乡村事务部（MARA）下属控制保护总司通报了 2000 年行政令，取消蛋类及蛋类产品、精炼脂肪、加工动物蛋白、牛肉及其产品、奶类及乳制品的进口禁令。MARA 将取消来自比利时的上述产品的进口禁令；MARA 被要求提供来自比利时、荷兰、法国和德国的新鲜禽肉及产品、猪肉及其产品未受到二噁英污染及未超过 200ng/g 的多氯联苯（PCB）限量水平或此产品来源于 1999 年 12 月 20 日屠宰的动物胶生产的蛋类证明。

2015 年 3 月 11 日，埃及标准和质量总局发布了关于肉和肉制品的标准中涉及天然激素和合成激素代谢物的有关条款。部分修订包括：删除"埃及标准中的天然激素最大残留限量表"。删除埃及标准中的"合成激素代谢物"语句。生产商和进口商可以通过官方公报公布的行政命令随时了解关于该埃及标准的修订。根据有关"在动物源食品中的兽用医药产品的最高残留限量"的强制性标准 ES No.7135 和 FDA 法规，对有关激素和兽药残留的条款做出修订。

#### 4.5.1.5 动物福利

2004 年 7 月 29 日，阿联酋农渔部（MAF）通报了有关动物福利的部级决定草案。该草案包括阿联酋即将采纳的有关动物福利的一般立法。该立法几乎包括了动物福利的所有方面。

2005 年 6 月 13 日，阿联酋农渔部（MAF）通报了 2005 年 3 月 2 日第 64 号部级法令：有关阿联酋进口动物宠物的条款和条件。包括禁止进口的猫和狗的种类，与为保证动物健康和福利而发布的立法有冲突的，农渔部认为对人和动物或任何其他动物物种有危险的种类，必要时，动物司将审核和修改该名单。抵达本国任何官方出境口，且不符合出口阿联酋的卫生条款和条件的每个动物，应当立即退回出口国，费用由货主承担，如货主拒绝承担，则予以销毁或没收。

2013 年 12 月 16 日，阿联酋环境与水资源部（MOEW）通报了阿联酋环境与水资源部计划开始使用一种签发阿联酋活动物及动物产品出口兽医健康证书的新电子系统。本措施目的是制定一套促进出口商获取兽医健康证书的措施。

2016 年 6 月 14 日，应阿联酋代表团的要求，发送如下信息：有关猫狗进口法规的第 204/2016 号部级令说明了出口国及阿联酋为保证猫狗进口船货的卫生状况及适宜性而实施的原则及监管要求。指令规定了进口猫狗的健康证书，包括具体证明书。

#### 4.5.1.6　标签标志制度与包装要求

##### 4.5.1.6.1　水产品

2016 年 8 月 11 日，埃及标准和质量总局通报了第 256/2016 号部级令——为遵守埃及 ES 1725/2016“咸鱼”标准，向生产商及进口商提供 6 个月过渡期，它替代第 130/2005 号部级令实施的 ES 1725/2005 标准。

##### 4.5.1.6.2　肉类

2007 年 8 月 29 日，以色列工贸劳工部 WTO-TBT 咨询点通报了以色列标准 SI 1188 肉糜和肉糜制品，以及含有肉糜的食品修正案，规定了本修正草案包括的更新的范围：更新参照某些方面的技术要求和微生物分析（例如增加定义）以及新的标签要求，此外，本草案将“高脂肪标准”的最高限量限制到 30%。

2015 年 5 月 1 日，阿联酋标准化与计量局（ESMA）通报了更新阿联酋（UAE）技术法规“冷藏和冷冻牛肉、水牛肉、绵羊肉和山羊肉”，规定了本技术法规草案涉及所有冷藏和冷冻肉，包括冷藏箱和冷冻箱定义、温度控制中心、滴水百分比、肉的类别、等级和切割，冷藏和冷冻肉的物理、化学、微生物和辐射特性，冷藏和冷冻肉的取样方法和检验方法、包装、运输和存储及标签要求。

##### 4.5.1.6.3　乳制品

2014 年 2 月 21 日，土耳其食品农业和畜牧业部下属食品控制总司通报了 Codex 土耳其食品公报——奶酪。该公报目的是确定直接消费或进一步加工的奶酪特性，规定了生产、加工、运输和营销符合相关技术及卫生条件。

2015 年 3 月 3 日，埃及标准和质量总局通报了埃及奶粉及奶油标准草案，该标准规定了直接消费或符合定义项目的其他生产工艺的奶粉及奶油的主要要求及描述标准。2015 年 8 月 14 日，埃及标准和质量总局通报了埃及软干酪标准草案第 2 部分：奶油干酪（高脂厚奶油）。该标准详述了供直接消费或进一步加工奶油干酪的主要要求及描述标准。

#### 4.5.1.7　公共卫生

##### 4.5.1.7.1　屠宰场相关要求

2013 年 12 月 16 日，阿联酋标准化与计量局（ESMA）通报了阿联酋（UAE）关于屠宰场认可通用要求的技术法规，规定了为确保符合伊斯兰规则和健康要求，本技术法规涉及希望将肉类和禽类及其制品出口到阿联酋的屠宰场要求和必须提供的条件。2014 年 1 月 21 日，阿联酋标准化与计量局通报了阿联酋（UAE）技术法规：依照伊斯兰法典屠宰动物要求，规定了该UAE/GCC法规涉及依照伊斯兰法典屠宰动物和禽类一般要求。

#### 4.5.1.7.2 兽医检验

2010年7月27日，土耳其通报了兽医、植物卫生、食品及饲料法。2011年7月26日，土耳其食品农业和畜牧业部下属食品控制总司通报了其他国家入境产品兽医检验组织的管理法规草案。本法规草案授权土耳其边境检查站对入境产品进行兽医检验。

2015年6月16日，土耳其食品农业和畜牧业部通报了关于确定活动物及动物产品进口卫生证书标准范本的法规草案。该法规包括确定有关动物及动物产品进口时使用的卫生证书标准范本的法规和原则。法规草案是依据委员会决定2007/240/EC号关于规定进入共同体的动物、精液、胚胎、卵子和动物源产品的新兽医证书制定的。

## 4.5.2 应对策略

### 4.5.2.1 加大政府对动物产品支持力度，促进产业结构升级

根据商务部统计，2016年我国出口动物源性产品种类有：猪肉、鸡肉、鸡肉制品、蜂蜜、烤鳗、墨鱼、鱿鱼、虾等。我国出口量较大的动物源性产品是水/海产品，从水/海产品出口种类来看，我国水/海产品出口大宗产品为：烤鳗、鱿鱼、对虾、罗非鱼，而且出口主要以初级加工品为主，冻鱼、冻鱼片、虾仁仍然占据出口数量的60%以上，而且我国动物源性产品由于疫病、药物残留、商业品质等因素，出口只具有比较优势而没有竞争优势，出口特点是数量推动型，而不是质量推动型。大规模、低价格的数量推动型出口不仅会使国外加强检查手段，同时极易导致进口国采取反倾销措施。

有鉴于此，需要政府进行专项整治，帮助企业进行产业升级，这有助于对动物产品实行追踪并进行全程监控，提高动物产品安全监督效率。政府要加大对主要动物产品配套产业的扶持力度，引进这方面的人才，购进相关药物残留检测仪器，并对西亚北非国家相关SPS和TBT措施进行跟踪研究。

### 4.5.2.2 完善动物产品的质量安全控制以及法律法规体系

我国动物产品的质量安全标准较低，控制体系以及法律法规体系不健全。针对这些情况，我们可以构建与国际接轨的质量安全控制体系以及法律法规体系，为动物产

品行业提供一个良好的外部环境。这包括以下 3 个方面：

（1）健全动物产品质量安全控制体系。加强对各类动物产品进行安全风险分析和危险性评估，这对我国企业或政府进行国际谈判、解决国际纠纷以及贸易争端具有重要作用。风险分析和危害性评估是我国的薄弱环节，但是对于我国完善产品质量安全控制体系具有重要的意义。

（2）完善动物产品安全相关的法律法规体系。我国在动植物疫情控制方面的立法还存在空白，所以，要建立和不断完善与各主要农产品相关的法律法规。

（3）我国动物产品出口中产品质量参差不齐，要建立严格的检验检疫标准体系并在市场上以质量取胜，就要结合实际情况，建立中国严格的并具有权威的检验检疫标准体系。从本质上来看，SPS 和 TBT 措施是各国政府之间的博弈，特别是经济和技术之间的博弈，严格的检验检疫标准是破解国外 SPS 和 TBT 措施的有力武器，也能使我国动物产品出口企业掌握一定的主动权。

#### 4.5.2.3　搭建 TBT/SPS 平台，梳理并应对动物产品质量的共性问题

由政府主导，广泛收集西亚北非相关法律法规、标准、合格评定程序、通报和预警等信息，如市场准入要求、安全卫生限量指标，通过建立信息共享平台，及时把西亚北非相关信息提供给生产企业。开展多方面协作，加强合作交流，共同利用政策资源，开展政研攻关，建立区域内科研合作和技术资源共享机制。可以考虑共建联合实验室、研究中心等，确立共同的关注和诉求，研发针对动植物疫病疫情的预警和监控技术，防止动物产品质量安全问题的传入和扩散。

## 4.6　植物卫生领域技术性贸易措施

### 4.6.1　技术性贸易措施概况

#### 4.6.1.1　植物病虫害

2003 年 4 月 15 日，约旦农业部植物保护局植物检疫处通报了桃实蝇（*Bactrocera z-onata*）（2 页）。为防止桃实蝇传入并在约旦定殖，本法规维持在全国范围的植物卫生紧急措施，该紧急措施应持续 2 年，针对出现或记载桃实蝇的所有国家的所有宿主植物的新鲜果实。

2005 年 7 月 8 日，阿联酋农林部（MAF）通报了 2005 年第（40）号部级令：修

订 1991 年有关禁止向阿联酋出口海枣树、椰子树、观赏棕榈树及其分枝的第（39）号部级令（提供英语，3 页）。不准从报道感染拜尤德（Bayoud）病、致死黄化病的国家进口海枣树及其枝条、椰子树和观赏棕榈树以及任何已证实会自然感染上述疫病或为上述疫病寄主的植物。也不准从报道感染椰子象甲的国家进口海枣树及其枝条、椰子树和观赏棕榈树，以及任何已证实会自然感染上述疫病或为上述疫病寄主的植物。

2006 年 11 月 16 日，应埃及代表团的要求，发送如下信息：推迟执行 G/SPS/N/EGY/5 中通报的 GOVS 令，根据对香蕉穿孔线虫（*Radopholus similis*）的生物及寄主领域的审核，在植物保护法执行令附件 I“禁止的植物或植物产品、国家或地区及主要相关有害生物”中增加了香蕉穿孔线虫（*Radopholus similis*）寄主植物和分布国家，以防止有害生物传入。具体如下：本措施新增加的 5 种寄主植物：喜林芋属（*Philodendron* spp.），竹芋属（*Maranta* spp.），背竹属（*Stromanthe* spp.），鳄梨属（*Persea* spp.），鹤望兰属（*Strelitzia* spp.）。本措施新纳入的 5 个国家或地区：帕劳、关岛、密克罗尼西亚联邦、巴布亚新几内亚及所罗门群岛。本植物卫生暂行措施对附带 2006 年 11 月 12 日及之后签发的植物卫生证书的货物有效。该补遗通报涉及：意见反馈截止日期的修订，法规批准、生效、公布的通报，以前通报的法规草案的内容及 / 或范围的修改，撤销拟定法规，更改拟定批准日期、公布或生效日期，其他评议期如补遗通知增加了以前通报措施涉及的产品及 / 或可能受影响的成员范围，则应提供一个新的接收评议截止日期，通常至少为 60 天。其他情况，如延长原定的最终评议期，则可以更改补遗通报内的评议期。

2008 年 1 月 9 日，土耳其农业乡村事物部（MARA）下属控制保护总司通报了针对某些马铃薯疫病有关马铃薯种子所需的资格措施，涉及针对某些马铃薯疫病有关马铃薯种子所需的资格，在植物检疫法规第 5 条的框架内被称为质量疫病，2% 的马铃薯种子要接受检验。由检验员从检验材料中抽取 5% 的样品，并基于以下标准进行质量疫病的检验。另外，每 100t 抽 200 个块种，送实验室进行疫病检疫。马铃薯粉痂病（*Spongospora subterranea*）：症状覆盖面占块茎面 1/3 或以上的马铃薯块质量不得超过抽样质量的 5%。马铃薯疮痂病（链霉菌 *Streptomyces* spp.）：症状覆盖面占块茎面 1/3 或以上的马铃薯块质量不得超过抽样质量的 5%。马铃薯黑痣病（*Rhizoctonia solani*）：症状覆盖面占块茎面 10% 或以上的马铃薯块质量不得超过抽样质量的 8%。马铃薯银腐病（*Helminthosporium solani*）：受银腐病影响，开始收缩的块茎质量（细胞松弛膨胀）不得超过抽样质量的 5%。马铃薯干腐病（*Fusarium solani*）：染有干腐病切块的质量不得超过抽样质量的 2%。马铃薯晚疫病（*Phytophthora infestans*）：病症状的切块的质量不得超过抽样质量的 6%。

2013 年 12 月 12 日，约旦农业部通报了植物健康委员会建议的及官方公报（刊号 5245）发布的 2002 年第 44 号农业法第（6）条（j）段措施（2013 年 10 月 13 日）。此新决定以从贸易伙伴进口植物和植物产品的相关植物卫生措施为基础，用以防止植物检疫有害生物传入国内。

2014 年 6 月 4 日，土耳其食品农业和畜牧业部下属食品控制总司通报了栗瘿蜂（*Dryocosmus kuriphilus*）疫情警示。内容包括：1）土耳其亚洛瓦省（Yalova）某些村庄确定存在栗瘿蜂，它分布于有限区域，现已开始进行有害生物风险分析（PRA），详细评估其侵染程度，审核土耳其植物检疫法规确定的种植用栗属植物的进口要求；2）在完成有害生物风险分析前，禁止从已知存在该有害生物国家进口作为栗瘿蜂寄主的栗属种植用植物，该有害生物被视为一种严重危害栗子的植物有害生物；3）根据与欧盟委员会 2006 年 6 月 27 日第 2006/464/EC 号决定并列的土耳其有关栎树猝死病、松树脂溃疡病、柑橘天牛及栗瘿蜂法规草案，土耳其现已启动监督和控制计划及检疫措施。

2014 年 6 月 4 日，土耳其食品农业和畜牧业部下属食品控制总司通报了黄叶病（*Fusarium oxysporum* f.sp.cubense）指令。内容包括：1）现已开始对黄叶病进行有害生物风险分析，以详细审核土耳其植物检疫法规确定的种植用香蕉（*Musa* spp.）植物的进口要求；2）在完成有害生物风险分析前，禁止从已知存在该有害生物国家进口作为黄叶病寄主的种植香蕉植物，该有害生物被视为一种严重危害香蕉植物的植物有害生物。

2014 年 10 月 24 日，约旦农业部通报了农业部 2014 年 9 月 18 日第 4/10/5/26689 号决定——2014 年 8 月 24 日植物健康委员会第 15 号建议措施。此新决定是关于进口苹果，防止以下检疫有害生物传入的植物卫生措施：果实寄生蝇（*Bactrocera* sp.）、按实蝇（*Anastrepha* sp.）、梨小食心虫（*Grapholitha molesta*）、美国白灯蛾（*Hyphantria cunea*）、西花蓟马（*Frankliniella occidentalis*）、埃及吹绵蚧（*Icerya aegyptiaca*）、梨圆蚧（*Quadraspidiotus perniciosus*）、拟长尾粉蚧（*Pseudococcus longispinus*）、丁香假单胞杆菌番茄致病变种（*Pseudomonas syringae* pv.syringae）及假单胞菌（*Pseudomonas cichorii*）。为保护该国植物财富，防止检疫有害生物的传入，防止破坏国际贸易，便利染有上述有害生物的国家的进口需要在以下基础上采取措施：1）植物卫生证书附加声明证明货物不存在上述有害生物；2）如一国染有梨小食心虫及美国白灯蛾，货物应在产地接受40天的冷处理（1±0.5）℃，如无法进行，则经计算转移耗费时间和温度后在约旦一家设施内进行该处理；3）如一国染有实蝇（果实寄生蝇 *Bactrocera* sp.，按实蝇 *Anastrepha* sp.），货物应在产地接受一次40天的冷处理（1.5±0.5）℃，如无法进行，则经计算转移耗费时间和温度后在约旦一家设施内进行该处理；4）如货物来自一转口国家，则应在约旦一设施内接受一次冷处理。

2014年11月25日，约旦农业部通报了农业部2014年10月1日第4/10/5/28161号决定——2014年9月16日植物健康委员会第17号建议措施。根据欧洲植物保护组织（EPPO）2014年4月有关查获以色列 *Bactrocera zonata* 的报告，农业部对进口以色列芒果和鳄梨实施临时禁令。

2015年9月16日，约旦农业部通报了农业部2015年7月8日第10/2/20121号决定——2015年6月16日植物卫生委员会第12号建议措施。紧急措施防止叶缘焦枯病菌（*Xylella fastidiosa*）传入约旦和在约旦境内扩散。措施规定了该病菌寄主或可能寄主特定植物的进口或流通，及时确定感染区及根除的条件。措施包括以下方面：1）除进口许可证现有条件外，果实必须随附一份官方政府植物卫生证书，附加声明中注明货物来自非疫区（PFAs）；2）暂停签发源自意大利的果树苗和观赏植物的进口许可证。

2015年10月27日，约旦农业部通报了农业部2015年9月10日第4/4/26247号决定——2015年8月26日植物卫生委员会第16号建议措施。农业部决定针对进口荷兰洋葱实施临时禁令。该新决定是基于洋葱进口的植物卫生措施，防止以下检疫性有害生物传入：西花蓟马（*Frankliniella occidentalis*）、草莓芽线虫（*Aphelenchoides fragariae*）、马铃薯块茎线虫（*Ditylenchus destructor*）、根结线虫（*Meloidogyne hapla*）、北方穿刺短体线虫（*Pratylenchus penetrans*）、灰霉病（*Botryotinia fuckeliana*）、马铃薯黑胫病（*Erwinia carotovora* subsp.atroseptica）、大丽花青枯病（*Erwinia chrysanthemi*）、莴苣缘枯病（*Pseudomonas mar ginalis* pv.marginalis）、块茎坏死病毒（*Tobacco rattle virus*）、甜菜环斑病毒（*Tomato black ring virus*）。

#### 4.6.1.2 植物卫生证书

2011年6月6日，阿联酋环境与水资源部（MOEW）通报了海合会控制进口食品指南。本指南介绍了出口国及海合会成员国为保证船运进口食品货物的安全和适合性而须采纳的原则和法规要求，该指南内还提供动植物卫生认证证书。在海合会成员国之间的进口食品要求和程序尚未完全协调一致时，该指南将继续有助于协调程序。特别是海合会成员国将继续朝着保证进口食品安全的方向努力。

2013 年 11 月 29 日，阿联酋环境与水资源部（MOEW）通报了阿联酋环境与水资源部开始应用一种签发植物卫生证书的新电子系统。这不影响原来的人工版证书的有效性。采取该措施的目的是建立促进出口商获取植物卫生证书的程序。

2014 年 4 月 24 日，应阿联酋代表团的要求，发送了植物及植物产品出口和转口的植物卫生样板证书。进口国家既可接受电子版也可接受人工（手写）版植物卫生证书。

#### 4.6.1.3 植物卫生要求

2004 年 10 月 5 日，土耳其农业乡村事务部（MARA）下属保护与防治总司通报了因植物卫生措施采用标志木质包装材料法规及其修改法规。土耳其拟采用植物卫生措施的第 15 项国际标准：用于国际贸易中木质包装材料管理准则（ISPM 15），进入土耳其所有地区的木质包装材料必须按照 ISPM 15 的要求，经过处理和出证。符合 ISPM 15 要求的木质包装材料应去皮；经过甲基溴（methyl bromide）熏蒸或热处理；按 ISPM 15 标准打标记。本法规规定，从事国际贸易使用的木质包装材料生产、销售及植物卫生处理的自然人、法人必须在农业乡村事务部注册，以获得使用国际公认的标志或印章的许可。

2006 年 1 月 12 日，约旦农业部通报了根据 2002 年第 44 号农业临时议事程序（A）段的规定发布的 2005 年第（Z/4）号指令——用于货物加工的木质包装材料的处理说明，根据 ISPM 15 关于木质包装材料标识的法规。

2006 年 3 月 24 日，埃及兽医总局（GOVS）通报了禁止进口和转运来自加那利群岛的底部直径超过 5cm 的棕榈植物。

2006 年 7 月 12 日，阿曼农业和渔业部通报了植物检疫法执行法规。本法规目的是防止有害生物传入，保护环境、植物资源及促进贸易。该法规分 8 个章节，最主要的章节涉及农产品货物的进出口。如第 2 章与进口有关，它介绍进口程序是怎样的，说明进口要求、禁止进口的产品及有害生物是什么。第 3 章涉及出口，它介绍植物卫生证书签发的条件和程序。其他章节涉及过境货物、运输方式、有害生物污染物及根除等。

2006 年 8 月 2 日，阿曼农业和渔业部通报了用于国际贸易中木质包装材料管理准则（ISPM 15）。阿曼将批准实施以上标准，该标准描述了采用批准的措施处理木质包装材料以防止有害生物的程序并认可特定标识以在进境点检验中方便验证。

2008 年 2 月 27 日，卡塔尔标准计量局通报了某些豌豆技术法规，涉及某些拟供人类消费的带皮或去皮豌豆。不适用于工厂分级包装豌豆、工业加工豌豆、拟用于动物饲料的豌豆，或以发酵形式出售的发酵豌豆，或其他可能制定单独标准的豌豆（种类、要求、包装、运输、储存、抽样、检验方法及标签）。

2009 年 4 月 6 日，土耳其通报了农业检疫法规。

2010 年 12 月 16 日，沙特阿拉伯农业部动植物检疫司通报了暂停 20/8/1431H（2010 年 8 月 1 日）第 246999 号部级决定，采纳之前 9/7/1415H（1994 年 12 月 12 日）第 49943 号指令。除第 10 条——将原定 0.5% 土壤污染接受限值改为 1% 外，沙特阿拉伯马铃薯种进口植物卫生要求应符合 9/7/1415H（1994 年 12 月 12 日）第 49943 号部级令的要求。

2012 年 1 月 16 日，沙特阿拉伯农业部动植物检疫司通报了暂停之前 9/7/1415H（1994 年 12 月 12 日）第 49943 号指令，重新采用［17/12/1432H（2011 年 11 月 13 日）］修改的 20/8/1431H（2010 年 8 月 1 日）第 246999 号部级决定。自植物检疫法规公布后，修改和重新采纳 20/8/1431H（2010 年 8 月 1 日）第 246999 号部级决定及 9/7/1415H（1994 年 12 月 12 日）第 49943 号暂停令提及的沙特阿拉伯进口马铃薯种的植物卫生新要求。沙特阿拉伯进口马铃薯种的植物卫生要求应符合 20/8/1431H（2010 年 8 月 1 日）第 246999 号部级决定、17/12/1432H（2011 年 11 月 13 日）第 1 修改案规定的要求。

2012 年 5 月 11 日，土耳其食品农业和畜牧业部下属植物生产总司通报了球茎花卉物种监管规定。出于在不毁坏和耗用自然界球茎花卉物种的情况下达到保护本国植被的目的，重点是对这些物种种子、球茎和其他相关部分收集、生产、储存和出口进行监管。

2014 年 1 月 21 日，土耳其食品农业和畜牧业部下属植物保护总司通报了有机、有机矿物肥、土壤改良剂及含微生物、酶和其他产品的产品生产、进 / 出口和营销的相关法规。本法规包括生产、进出口、营销有机及有机矿物肥、土壤改良剂及含微生物、酶和其他产品的产品。

2015 年 1 月 9 日，土耳其食品农业和畜牧业部下属食品控制总司通报了有关引进及在国内流动的植物、植物产品及其他物品、科研试验及良种繁殖用有害生物的公报。本公报目的是制定 2011 年 12 月 3 日 28131 号官方公报公布（G/SPS/N/TUR/23）植物检疫法规附件 1 ~ 附件 5 所列植物、植物产品、科研试验及良种繁殖用其他物品和有害生物的引进及国内流通期间必须执行的原则。

2015 年 9 月 4 日，阿联酋环境与水资源部（MOEW）通报了肥料和土壤调节剂的生产进口和流通的拟定部级令。本拟定部级令包括进口所有贸易伙伴的有机肥料 / 土壤调节剂 / 改良剂的植物卫生措施，以防植物有害生物的传入。

2015 年 12 月 22 日，阿联酋环境与水资源部（MOWE）通报了 2015 年第 800 号部级令：有关种子及块茎的监管。“种子和块茎登记”相关部级令旨在保证各类进口及本地种子的管理及文件收集。除按照部级令要求登记外，禁止进口这类种子。另外，除按照部级令要求登记外，不准地方产种子流通。除附有一份国际种子检验协会（ISTA）认可实验室或一政府实验室或产地国主管机构认证实验室签发的发芽率及纯度证书外，种子货物不得放行。

2016 年 1 月 5 日，阿联酋环境与水资源部（MOEW）通报了第 824/2015 号部级令——关于 1）检疫性有害生物名单及附件，2）非检疫性监管有害生物名单。

2016 年 2 月 16 日，阿联酋环境与水资源部（MOEW）通报了拟定部级令有关监管有益生物体的进口和流通。本部级令旨在改进有关有益生物体的进口和流通的控制措施。在经过有害生物风险分析后，结果如满意，则根据拟定部级令要求注册后，方可进口有益生物体。另外，有益生物体还需接受检疫措施处理。

2016 年 3 月 16 日，应阿联酋代表团的要求通报部级令，旨在改进有益生物体进口和流通的控制措施。

### 4.6.2　应对策略

西亚北非国家在植物卫生领域通报数量相对其他方面数量较少，主要涉及一些植物病虫害、植物卫生证书、植物卫生新要求等领域，针对已通报内容，提出以下应对策略。

加强对西亚北非植物卫生措施信息跟踪，提升综合应对水平。密切跟踪西亚北非植物卫生相关技术性贸易措施变化新动向，掌握关键时间节点，加强信息收集、评议、解读、研判、风险识别、预警发布等工作，及早发布预警信息，争取应对前置。逐步理顺市场、政府、企业、社会公共机构在国际市场竞争环境下的职能作用。减缓、化解、消除技术性贸易措施对我国外贸经济的冲击影响，防范“壁垒”风险，不断提升应对能力，加快应对速度，果断应对突发事件。同时，要不断提升社会公共机构的研究和应对能力，引导产业、企业发挥市场主体应对功能。

做好国内有害生物本地调查工作。可以看出，西亚北非国家通报了较多的植物病虫害方面的措施，这些措施涉及的都是一些具体的植物病虫害，必须积累充足的原始资料，才能提出有科学依据的评议意见。加强国内有害生物本地调查工作，为应对国外植物卫生相关技术性贸易措施评议提供强有力的科学支撑。

关注西亚北非植物卫生新要求。西亚北非国家发布了大量关于熏蒸处理标识、有害生物名录、植物卫生证书格式等一系列植物卫生新要求，应该密切关注这些新要求，让出口企业及时跟进，避免造成不必要的损失。同时针对一些不合理的要求要积极提出意见，促使对方国家及时调整相关规定。

# 第 5 章 西亚北非技术性贸易措施案例分析

## 5.1 阿联酋技术性贸易措施案例分析

【案例：涂料和清漆产品的要求】

2015 年 1 月 26 日，阿联酋标准化与计量局（ESMA）发出 G/TBT/N/ARE/253 通报，制定了阿联酋（UAE）涂料和清漆产品中挥发性有机化合物与重金属合格评定计划，本控制计划草案适用于交易、生产、分销或进口到国内在内部社区使用的涂料和清漆产品，包括水基涂料、乳胶漆、水溶涂料、塑料和陶土涂料及油漆。

关于挥发性有机化合物（VOC）的限值（g/L）要求高于目前中国国家标准的问题：相较于中国的标准 GB 18581 和 GB 18582，虽然分类不同，但是可以看到的是明显要比中国国家标准要求更加严格。另外我国国内在 2015 年 1 月给出了一项油漆免税的要求：VOC 小于 420g/L 的产品可以免交消费税（4%）。这能够从侧面看出，目前我国国内油漆的 VOC 水平尚未能全部达到这个限制，而阿联酋的要求中，即使是最宽松的要求也是 380g/L。该限量必然会对中国出口阿联酋的油漆产业形成冲击，出口阿联酋的涂料企业要提前做好准备。此外，阿联酋所提的通报也存在一些问题：

（1）通报中关于不得含有重金属、卤代烃、三苯基锡、三丁基锡的条款，在实际中会以检出限为标准。而且三苯基锡、三丁基锡两个项目没有对应的检测方法，限量要求不得检出，但是不同检测方法的检出限不同，为便于贸易方依据法规限量进行三苯基锡、三丁基锡的符合性判断，建议规定统一的检测方法。

（2）通报中关于不得含有卤代烃的条款，卤代烃会在部分功能性涂料中存在，例如具有阻燃功能的功能性涂料等，如氯化石蜡。

（3）通报文本中的 4-1-1 条款，针对用于包装产品的金属容器成分中不得含有铅材料的规定过分严格，目前发达国家美国对儿童玩具及相关产品中的限量为 0.009%（增加法规条目）。

（4）该法规中的管控内容阐述的不够明确，虽说是管控了“内部人类聚居区内使用的油漆、清漆产品”，但是针对油漆稀释剂没有明确说明。针对芳香烃的测试方法 ASTM D 3257—2006 并没有油漆的前处理方法，因为该标准是针对溶剂的要求。

针对这个问题，尤其是多组分漆中的稀释剂是否纳入管控范围或者如何管控（是单独测试还是按比例调配后测试，或者按最高比例调配），通报的管控范围应该予以明确。

【案例：电子电气产品中有毒有害物质含量限制】

阿联酋标准化与计量局（ESMA）通过 WTO 发布 G/TBT/N/ARE/265 号技术贸易措施通报，根据通报，阿联酋将对进入该国市场的电子电气产品中有毒有害物质含量进行限制，其内容要求与欧盟 RoHS 指令相近。鉴于阿联酋在海合会中的地位，该新规实施后可能被其他国家效仿成为区域性技术壁垒，堪称中东版 RoHS 指令。新规主要内容见表 5-1。

表 5-1　电子电气产品中有毒有害物质含量限制新规

| 项目 | 主要内容 |
| --- | --- |
| 管控范围 | 管控的电子电气产品，包括大型家用电器、小型家用电器、信息技术和远程通信设备、消费类设备、照明设备、电气和电子工具、玩具、休闲和运动设备、医疗设备、检测和控制设备包括工业用检测和控制设备、自动售货机等 |
| 管控物质 | 管控了 10 种有害物质，包括 Pb、Hg、Cd、$Cr^{6+}$、PBBs、PBDEs、DEHP、BBP、DBP、DIBP，限值与欧盟 RoHS 一致 |
| 豁免情况 | 法案的附件 3 和附件 4 中分别列出了对所有电子电气产品的豁免以及专门适用于医疗和监控设备的豁免条款 |
| 过渡期限 | 在法案正式出版前投放市场的产品可以销售至 2018 年 1 月 1 日；对医疗和监控设备可以豁免到 2020 年 1 月 1 日 |
| 合格评定 | 所有产品必须符合法案对有害物质的限值要求；产品生产商需起草一份符合性声明文件；产品生产商需至少提供产品的一般性描述、产品的设计等信息的详细描述，及检测报告等文件 |
| 处罚方式 | 从市场上召回并退回原产国以及其他必要的更正措施 |
| 注：PBB 为多溴联苯，PBDE 为多溴联苯醚，DEHP 为邻苯二甲酸二（2- 乙基已）酯，BBP 为邻苯二甲酸丁基苄酯，DBP 为邻苯二甲酸二正丁酯，DIBP 为邻苯二甲酸二异丁酯。 | |

对于出口企业：1）要加强对新规的跟踪，对照相关要求不断完善配件和原料供应链，从源头确保出口电气产品的安全环保要求；2）要按照市场要求提前做好注册认证工作，并定期进行产品测试，加强符合性验证把关。应与 ESMA 或相关当局工作人员密切合作，在需要证实产品的符合性时提供包括检测报告在内的技术文件。

【案例：真空吸尘器产品性能要求】

2016 年 9 月，阿联酋政府发布 G/TBT/N/ARE/342 通报，该通报是拟增加真空吸尘器产品能效标签的技术法规。在法规性能要求中，明确了真空吸尘器应当符合的最低能效标准。阿联酋新法规通报草案的性能要求中，基本采用欧盟 EU 666/2013 第二阶段的法规，但其中关于“硬地板除尘率（$dpu_{hf}$）”这个参数比欧盟更高，欧盟要求为 0.98，而阿联酋新法规限制要求为 0.99。真空吸尘器产品性能要求见表 5–2。

表 5–2　真空吸尘器产品性能要求

| 名称 | 年度耗电量 /（kW·h/a） | 额定功率 /W | 地毯除尘率（$dpu_c$） | 硬地板除尘率（$dpu_{hf}$） | 灰尘再排放率（dre） | 噪声 / dB（A） | 软管耐久 / 次 | 电机寿命 /h |
|---|---|---|---|---|---|---|---|---|
| EU 666/2013 第一阶段 | ＜ 62.0 | ＜ 1600 | ≥ 0.70 | ≥ 0.95 | 未提及 | 未提及 | 未提及 | 未提及 |
| EU 666/2013 第二阶段 | ＜ 43.0 | ＜ 900 | ≥ 0.75 | ≥ 0.98 | ≤ 1.0% | ≤ 80 | ≥ 40000 | ≥ 500 |
| 阿联酋新规指标 | ＜ 43.0 | ＜ 900 | ≥ 0.75 | ≥ 0.99 | ≤ 1.0% | ≤ 80 | ≥ 40000 | ≥ 500 |

目前我国出口到阿联酋的真空吸尘器，因无能效要求，相对要求低，价格便宜；阿联酋本国无家电行业，家电产品主要进口，市场上主要是中国产品与日本、欧盟等发达国家和地区的产品在竞争，在此特别需要提醒的是出口到阿联酋的真空吸尘器的企业，除了产品应满足的安全要求外，还将会有与欧盟一样的能效要求。

【案例：化妆品及清真化妆品的要求】

2014 年 1 月 15 日，阿联酋标准化与计量局（ESMA）发出 G/TBT/N/ARE/183 通报，制定了关于“清真化妆品的要求”的技术法规草案。该法规规定了清真化妆品的原则，明确了清真化妆品行业在化妆品供应链接收、制备、加工、储存、包装、贴标签、控制、处理、运输和分销等各阶段，应遵守的（通用和特殊）要求。该标准适用于标准 #UAE.GSO 1943 涵盖的所有类别化妆品和个人护理用品，以及所有类型的组织机构。该标准将是清真产品计划的一部分。

2014 年中国出口阿联酋化妆品 9653 万美元，同比增加 18.3%。阿联酋是中国第 13 大化妆品出口国，占中国出口化妆品的 23.1%。

2015 年 1 月 7 日，阿联酋标准化与计量局（ESMA）发出 G/TBT/N/ARE/247 通报，制定了化妆品——化妆品和个人护理用品安全要求。本技术法规草案涉及所有化妆品和个人护理用品安全参数和一般要求，还规定了产品定义、安全要求、标签、产品声明、包装及验收和退货规则。

2015 年中国出口阿联酋化妆品 10595 万美元，同比增加 9.8%。阿联酋是中国第 12 大化妆品出口国，占中国出口化妆品的 2.25%。

阿联酋是世界化妆产品的主要消费者，而该消费者的大多数是主要关注清真问题的公民、居民和游客代表的穆斯林。由于清真产品不仅确保了清真性，而且同样也确保了产品的安全和质量，所以除了穆斯林，非穆斯林同样也有选择清真产品的倾向。因此阿联酋的市场上有许多声称为清真的化妆品和个人护理用品。然而没有可以检查这些产品的清真性和保障消费者权益的国家标准。鉴于此，制定标准，其中的术语"清真"用作绝对术语。

## 5.2 土耳其技术性贸易措施案例分析

【案例：玩具上市前必须遵守的一般和特殊风险安全标准】

（1）措施

2016 年 10 月 12 日，土耳其海关署、工业和贸易部通报了玩具安全法规实施细则，通报表示土耳其已于 2016 年 10 月 4 日正式发布了有关实施新玩具安全法规的第 29847 号官方公报，新玩具法规将全面接轨最新的欧盟玩具安全指令和欧盟 EN71 等强制性标准，取代 2013 年开始实施的原 28807 号法规，并将于 2017 年 4 月 1 日起强制执行。法规包括上市的产品类型特别是最敏感和关键的消费类型：儿童和婴儿。

相较于原有的法规，新玩具安全法规将与堪称"史上最严"的欧盟 2009/48/EC 玩具安全指令进一步协调一致，并引入了欧盟指令及标准近年的新增内容。在监管要求上，除市场监督和检查过程外，新法规将由土耳其海关和贸易部门组织执法，并且将通过欧盟官方公报上发布的协调标准来验证符合性。对制造商、授权代表、分销商等产业链各级成员的义务做出了详细规定。

在具体指标上，新法规对各类玩具产品的化学安全、物理机械性能、电气安全以及标签标识等方面均制定了详细的条款要求。如对此前在旧法规中未制定限制要求的甲酰胺、防腐剂、双酚 A 和阻燃剂等将加以管制；对 66 种致敏芳香剂设定了 100mg/kg 的限量要求；对 36 个月以下儿童玩具或其他可放入口中的玩具提出了 *n*–亚硝胺、亚硝基物质及铝、铬、有机锡等 19 类迁移性物质的限量要求和标识要求。

在标签标识上，对于活动玩具、水中玩具、功能性玩具等不同类型的产品分别制定了明确的标签要求和警示语规范。如滑轮或滑板玩具必须标注"必须穿戴防护器具，不得用于交通”。

（2）影响

除机电产品、贱金属及制品和纺织品及原料等产品外，家具玩具制品也是土耳其自中国进口的主要大类商品（HS 类），在进口中的比例超过 5%。2015 年土耳其从中国进口的家具、玩具和杂项制品（HS 编码 94-96）超过 13 亿美元，占该项进口总额的 53.5%。

（3）应对

对此，我们认为：1）要密切关注土耳其等新兴市场国家的最新技术法规要求，特别是近年来中东地区国家参照欧盟标准出台了大量针对儿童用品、食品接触材料等商品的最新技术性贸易措施，出口企业须引起重视；2）要切实做好质量控制，从产品设计、生产工艺控制等环节强化质量把关，杜绝侥幸心理，及时根据相应法规进行相应的检测，保证产品符合准入要求；3）要加强与国外客户的密切联系，由于新规对产品进入市场监管要求严格，企业需要与客户明确责任和义务，以免因质量问题等原因产生纠纷。

## 5.3　以色列技术性贸易措施案例分析

【案例：限制酒精饮料广告和销售法案】

2012 年 1 月 30 日，以色列议会（Knesset）批准了卫生部提出的限制酒精饮料广告和销售法案 5772—2012。法案包括以下内容：区分致醉饮料和强致醉饮料；禁止在展台和报纸或其他为 18 岁以下儿童少年提供的印刷材料上广告宣传致醉饮料；禁止在电视或收音机节目中通过奖品、参与竞赛或抽奖推广强致醉饮料；限制广告宣传致醉饮料；限制致醉饮料在报纸上和电子媒体上做广告；要求所有商业广告中增加警告；要求致醉饮料容器正面增加警告标签；法案通过之后卫生部部长为以色列议会经济委员会审核制定了细则，详细规定了上述法案第 8 款提到的警告标签要求。

本条例草案采用了两种不同类型的酒精消费警告，这些警告的使用取决于酒所含酒精含量。根据许多科学研究，无论酒精饮料的类型如何，都是过度消费对健康有害的酒精。关于通报的规章草案中的警告信息，“强烈醉酒”和“醉酒”之间的区别可能误导消费者，消费者可以得出结论认为某些酒精饮料比其他酒精更有害。因此，以色列当局应当考虑仅提供一种形式的警告声明，禁止过度消费酒精饮料。此外，在什么地方必须贴上警告信息，以及以色列当局是否接受附加的标签或贴纸，并在分发阶段增加所要求的警告。如果警告必须出现在标签上，以色列当局应当注意这样一个事实，即这种义务将对以色列进口产生负担和代价高昂的影响，因为生产国将不得不在生产前加贴专供以色列市场的标签。最后，关于警告的大小，以色列可以提供限制较少的要求的信息，限于消息的大小和可读性。关于文本颜色或包含黑框的严格规定过于规范，似乎没有道理。

【案例：以色列只接受最大年龄为 36 个月的牛】

1997 年 4 月 1 日以来，以色列因为与疯牛病有关的问题决定采取措施限制肉类贸易。措施包括要求出口到以色列的牛肉来自最大年龄为 36 个月的牛。此外，无论原籍国的卫生条件如何，该措施都适用。

以色列在这方面不符合卫生和植物检疫措施协定，主要是因为拟议措施的科学依据不明确。以色列根据一些未做进一步澄清的参数，如某些监测结果、进口限制条例和疯牛病病例记录等，对国家的疯牛病状况进行分类。以色列的通知没有提供足够的资料，列出了一些似乎不合理的强制性要求。

世界动物卫生组织法典委员会建议，对国家或国家地区人类和动物健康风险的评估应基于疯牛病的传播和应用控制风险的措施的结合。世界动物卫生组织预见了从 A 到 F 列出的 5 个不同类别，其中疯牛病的风险和发病率单独考虑，并形成分类的基础。世界动物卫生组织法典委员会质疑以色列分类计划的基础，该计划显然不符合卫生和植物检疫措施协定第 2.2 条和第 3.1 条的规定，并要求提供关于该措施背景和风险评估的更多信息。根据卫生和植物检疫措施协定第 5.8 条，欧洲共同体代表要求对所通报的立法，特别是以色列用于风险评估的指南以及根据其疯牛病状态对国家进行分类的标准进行解释。欧洲共同体代表还要求对一些其他问题提出书面答复，包括禁止进口和使用哺乳动物肉和骨粉作为动物饲料的科学依据是什么；什么考虑导致了牛用于育肥和屠宰的特定年龄限制，以及这些限制是否适用于出口国。

## 5.4 科威特技术性贸易措施案例分析

【案例：科威特通报化妆品和个人护理用品技术法规草案】

（1）措施

2015 年 1 月 14 日，科威特标准计量局（KOWSMD）通报了关于化妆品和个人护理用品的技术法规草案，通报号为 G/TBT/N/KWT/258，内容涉及所有化妆品和个人护理用品安全参数和一般要求，规定了产品定义、安全要求、标签、产品声明、包装及验收和退货规则。

（2）影响

科威特是中国第 81 大化妆品和个人护理用品出口国，占中国出口化妆品和个人护理用品的 0.05%。中国商务部统计数据显示，2016 年中国出口科威特化妆品和个人护理用品（HS 编码 33 章）2115681 美元，同比减少 40.75%。

（3）应对

对于法案 9.1 中规定“每批化妆品和个人护理用品都必须出具由国家标准化组织或由国家标准化组织认可的官方组织提供的符合海湾标准的声明”，由于没有对“国家标准化组织或由国家标准化组织认可的官方组织”进行明确的规定，因此很难知道是由哪个部门来执行，这不利于法规的有效实施。考虑到法规的科学性、严谨性和可操作性，中方建议科方对“国家标准化组织或由国家标准化组织认可的官方组织”给予明确，并且需要对符合性声明的内容、程序等加以细化，使其更具有可操作性。此外，9.1 中还要求每批产品都需要提供符合性声明，根据 TBT 最小贸易限制原则，需科方提供做出此规定的原因。

对于法案 4.1 中规定“化妆品和个人护理用品中不得含有不符合 Halal（清真）法规的成分，如猪肉和猪油”，根据 TBT 透明度原则，建议列出化妆品中不符合 Halal（清真）法规的所有物质清单，使其更为明确和细化。

法案 4.9 中规定“重金属的最高残留限量为：铅 0.001%、砷 0.0003%、镉 0.0003%、汞 0.0003%、锑 0.0005%”，我国《化妆品卫生技术规范》（2015 年版）中未规定化妆品中锑的最高残留限量，汞、铅、砷、镉的最高残留限量分别为 1mg/kg、10mg/kg、2mg/kg、5mg/kg。欧盟化妆品法规 EC 1223/2009 中对化妆品中的镉未设定限量，而对化妆品中锑的最高残留限量设为 0.001%。我们赞成加强对重金属的管理，但是科方所采取的措施必须基于充分合理的科学依据，以免超出必要的限度而对贸易造成不必要的障碍。根据 TBT 最小贸易限制原则和协调原则，建议科方提供合理充分的科学依据，对如此设定铅、砷、镉、汞和锑的限量要求进行风险评估，并提供相关评估结果。

【案例：海合会机动车辆认证法规升级】

（1）措施

海合会（GCC）是中东地区一个重要的政治经济组织，科威特是其成员国之一。自 2005 年起，GCC 下属的海合会标准化组织（GSO）要求在其成员国内销售的机动车辆必须进行 GCC 认证。2015 年 5 月 21 日，GSO 技术委员在阿曼举办的会议中一致通过 GSO 42/2015《机动车一般安全要求》最终修订版本，并确定于 2017 年正式实施。新版法规做了 26 处重大修改，其升级对我国汽车出口科威特造成较大影响。

（2）影响

科威特是中国第 81 大汽车出口国，占中国出口汽车的 0.14%。中国商务部统计数据显示，2016 年中国出口科威特汽车（HS 编码 87 章）86550415 美元，同比减少 21.54%。

从 GCC 新法规的变化来看，增加车身稳定控制系统、刹车优先系统、双安全气囊、胎压监控系统等高配置的强制要求，说明 GCC 法规正在逐渐向欧美等发达国家和地区标准看齐。这对于我国汽车出口企业来说，会造成一定的压力和挑战。

认证标准不断升级提高了汽车的技术准入门槛。GCC 法规对汽车安全性能和发动机的冷却性能要求比较高，其中部分汽车零部件如散热器、蓄电池、轮胎等与我国国家标准要求不同甚至比我国国家标准更为严格，如对于轮胎滚动阻力和湿滑路面抓地力的新增要求在我国标准中并未涉及。

我国汽车进入海湾市场时间较短，出口车辆所用的塑料和橡胶件多根据国内使用环境生产，在恶劣的天气和道路状况下容易断裂，电镀后视镜、电镀门把手等电镀塑料件经热胀冷缩后金属部分容易起包。此外，一些汽车出口企业在海湾地区没有自己的售后服务体系，进一步降低了中国汽车在海湾汽车市场上的保有量和认可度。

（3）应对

建议汽车企业：尽快掌握 GSO 42/2015 法规的新增安全项及要求，重点关注那些与我国强制性标准不同或者要求更严格的项目，尽快推进产品认证工作。积极进行技术革新及产品升级规划，针对中东地区的沙漠气候环境做适应性整改。加强售后服务质量，不断完善售后服务体系，针对客户在汽车使用中发现的问题，实施主动召回，弥补汽车质量方面的不足，增加海外市场的品牌竞争力。积极开辟新市场，对市场开发要有主动性、前瞻性以及总体规划和部署，在全面客观的市场分析前提下向着目标市场多元化方向迈进，实现企业本身的利益最大化。

建议地方政府：出台有效规范汽车出口秩序的措施，避免企业低价恶性竞争，保证生产企业的整体利润。为汽车企业出口认证提供有力帮助，指导并保障 GCC 新认证的顺利进行。

建议原检验检疫部门：研究最新标准变化，为我国国家标准的更新制定提供参考。

建立国际标准法规信息及认证流程共享平台，解决企业应对技术性贸易措施时信息渠道不畅的困难，指导企业积极应对国际法规的新变化。充分发挥原检验检疫部门技术优势，为各企业提供国际标准法规的跟踪指导、产品质量检测、合格评定咨询等方面的服务。

【案例:《海合会低电压电气设备技术法规》强制认证要求】

（1）措施

2016 年 7 月 1 日起，海合会发布的《海合会低电压电气设备技术法规》正式生效。凡是列入该技术法规强制认证目录范围内的产品都需要获得海湾合格标志（G-mark）型式认证证书后方可进入海合会 7 个成员国（科威特是成员国之一）的市场。被列入强制认证目录的目前有包括电风扇、冰箱 / 冰柜、洗衣机 / 干衣机、食品加工器具、烤面包机、理发器 / 干手器、微波炉、热水器 / 液体加热器、电熨斗、插头插座类 / 充电器、空调、电热锅 / 烧烤器具、家用电加热设备等产品。

（2）影响

科威特是中国第 113 大电气产品出口国。中国商务部统计数据显示，2016 年中国出口科威特电气产品（HS 编码 85 章）462774199 美元，同比减少 18.05%。

此次海湾七国要求强制认证的品种占我国出口家电总品种的 70% 以上。而 GCC 认证证书仅有 1 年有效期，期满后还需重新申请。由于申请 GCC 认证，至少需要提前 3 个月申请，且负责审批的海合会标准化组织的夏季假期长达 3 个月，因此家电企业出现扎堆申请现象。由于申请“堵车”、获证困难，不少客户清关受到影响。

此外，新规对技术要求明显提高。此前，除沙特阿拉伯实施 SASO 认证外，其余国家对家电产品的要求仅需满足基本电气安规检测即可。新规实施后，电气产品除必须满足该技术法规中列出的安规项目外，还必须满足电磁兼容（EMC）要求。为达到要求，一些企业或将对产品重新设计，更换线路板、元器件甚至电机，这将大幅增加企业的时间成本和资金成本。为通过认证而调整设计方案和模具、更换物料甚至供应商等一系列产品供应链增加的费用，可能数倍于认证检测费用。

（3）应对

针对新规对我国家电出口企业带来的影响，一方面，政府相关部门要加强对新兴市场国家技术性贸易措施的跟踪和研究，为出口企业开拓新兴市场提供更加准确的标准和技术法规；另一方面，要加强与新兴市场国家的对外交流，推进标准、实验室资质、检测认证报告互认，为企业降低成本，化解繁琐程序。同时，要加强公共技术服务平台建设，推进产学研合作，为企业应对技术性贸易措施提供服务和帮助。

## 5.5 约旦技术性贸易措施案例分析

【案例：20 项能源相关产品的生态设计和 / 或能效标签法规草案】

（1）措施

2012 年 6 月 27 日—29 日，约旦向 WTO 秘书处通报了共 20 项能源相关产品的生态设计和 / 或能效标签法规草案 G/TBT/N/JOR/11—30 号。与欧盟的 ErP/EuP 生态设计和能源标识法规体系相似，在两项框架法规下约旦针对具体产品发布了产品的实施法规草案，其内容和要求也近似于欧盟指令及相关实施条例的要求。

其中产品涉及电子产品（电视机、外部电源、简单机顶盒）、家用电器（冰箱、空调、洗衣机、洗衣干衣一体机、滚筒干衣机、洗碗机、电炉和烤箱）、照明设备（白炽灯、荧光灯、放电灯）、工业设备（电动机、循环器、风机）等。见表 5–3。

表 5–3 能源相关产品的生态设计和 / 或能效标签法规草案

| 序号 | 通报号 | 产品 | 法规内容 | 参考欧盟标准 |
|---|---|---|---|---|
| 1 | G/TBT/N/JOR/16 | 能源相关产品 | 本技术法规草案规定了约旦能源相关产品生态设计要求的框架，以确保这些产品在市场上的自由流通。同时，提供所涵盖的能源相关产品要求的实施技术法规，以投放市场和 / 或投入使用 | European Directive 2009/125/EC |
| 2 | G/TBT/N/JOR/23 | 能源相关产品 | 本技术法规草案规定了能源相关产品提供关于能源及其他重要资源消耗信息的能效标签和标准产品信息，从而允许终端使用者选择更有效产品。本法规适用于对于能源及其他重要资源消耗具有重大直接或非直接影响的能源相关产品 | European Directive 2010/30/EU |
| 3 | G/TBT/N/JOR/11 | 电视机 | 本技术法规草案规定了电视机的能效标签和辅助产品信息要求 | Commission delegated regulation（EU）No.1062/2010 |
| 4 | G/TBT/N/JOR/21 | 电视机 | 本技术法规草案规定了投放市场电视机的生态设计要求 | Commission Regulation（EC）No.642/2009 |
| 5 | G/TBT/N/JOR/19 | 简单机顶盒 | 本技术法规草案规定了简单机顶盒的生态设计要求 | Commission Regulation（EC）No.107/2009 |

表 5-3（续）

| 序号 | 通报号 | 产品 | 法规内容 | 参考欧盟标准 |
|---|---|---|---|---|
| 6 | G/TBT/N/JOR/12 | 家用洗衣机 | 本技术法规草案规定了电动家用洗衣机和电池驱动的电动家用洗衣机的标签和辅助产品信息要求，包括出售的家用和内置型家用洗衣机，不适用于家用的带脱水功能的洗衣机 | Commission delegated Regulation（EU）No.1061/2010 |
| 7 | G/TBT/N/JOR/22 | 家用洗衣机 | 本技术法规草案规定了投放市场的电动家用洗衣机的生态设计要求 | Commission Regulation（EC）No.1015/2010 |
| 8 | G/TBT/N/JOR/25 | 家用洗衣干衣一体机 | 本技术法规草案规定了电动家用洗衣干衣一体机的标签和辅助产品信息要求，但不适用于使用其他能源的家用洗衣干衣一体机 | Commission Directive 96/60/EC |
| 9 | G/TBT/N/JOR/30 | 家用电动滚筒干衣机 | 本技术法规草案适用于家用电动滚筒干衣机，不包括使用其他能源的产品，以及洗衣干衣一体机 | Commission Directive 95/13/EC |
| 10 | G/TBT/N/JOR/13 | 电动机 | 本技术法规草案规定了投放市场和投入使用的电动机的生态设计要求，包括整合至其他产品的零部件 | Commission Regulation（EC）No.640/2009 |
| 11 | G/TBT/N/JOR/14 | 外部电源 | 本技术法规草案规定了外部电源空载功耗和平均有效效率的生态设计要求 | Commission Regulation（EC）No.278/2009 |
| 12 | G/TBT/N/JOR/15 | 风机 | 本技术法规草案规定了投放市场或投入使用的风机的生态设计要求，包括那些整合至其他能源相关产品生态要求技术法规所涵盖的能源相关产品 | Commission Regulation（EC）No.327/2011 |
| 13 | G/TBT/N/JOR/17 | 循环器 | 本技术法规草案规定了投放市场独立式无轴封循环器以及整合至产品的无轴封循环器的生态设计要求 | Commission Regulation（EC）No.641/2009 |
| 14 | G/TBT/N/JOR/18 | 家用制冷设备 | 本技术法规草案规定了投放市场的储存容积不超过 1500L 的电源驱动家用制冷设备的生态设计要求。本技术法规草案适用于家用制冷设备，包括那些非家用或冷藏非食品的制冷器具，并适用于电池驱动的家用制冷设备 | Commission Regulation（EC）No.643/2009 |

表 5-3（续）

| 序号 | 通报号 | 产品 | 法规内容 | 参考欧盟标准 |
|---|---|---|---|---|
| 15 | G/TBT/N/JOR/29 | 家用制冷设备 | 本技术法规草案规定了储存容积在10L~1500L之间的电动家用制冷设备的能效标签和辅助产品信息要求。法规适用于家用电源驱动家用制冷设备，包括那些非家用或冷藏非食品的制冷器具以及内置型器具 | Commission Delegated Regulation（EU）No.1060/2010 |
| 16 | G/TBT/N/JOR/24 | 家用空调 | 本技术法规规定了额定制冷 / 热量≤12kW的电源驱动的空调的能效标签及辅助信息要求 | Commission Delegated Regulation（EU）No.626/2011 |
| 17 | G/TBT/N/JOR/20 | IT 设备、办公设备、家用电器 | 本技术法规草案规定了电子电气办公及家庭设备待机和关机模式的能耗要求。本法规草案适用于家用和办公用电子电气设备，不适用于投放市场的带有低电压外部电源的家用和办公用电子电气设备 | Commission Regulation（EC）No.1275/2008 |
| 18 | G/TBT/N/JOR/26 | 家用洗碗机 | 本技术法规草案规定了电源驱动和电池驱动的家用洗碗机的标签和辅助产品信息要求，包括那些非家用出售和内置型家用洗碗机 | Commission Delegated Regulation（EU）No.1059/2010 |
| 19 | G/TBT/N/JOR/27 | 家用电炉和烤箱（炉灶、烤箱、工作台及类似器具） | 本技术法规规定了电源驱动的家用电炉和烤箱的标签和辅助产品信息能耗要求，包括作为大型家电的烤箱。本技术法规不包括蒸汽功能的能耗，除了热蒸汽功能 | Commission Directive 2002/40/EC |
| 20 | G/TBT/N/JOR/28 | 家用电灯（白炽灯、荧光灯、放电灯） | 本技术法规草案适用于电网直接供电的家用电灯（灯丝和整体式紧凑型荧光灯），以及家用荧光灯（包括线性，以及非整体式紧凑型荧光灯），即使当非家用销售。该设备可通过终端用户拆卸，本技术法规"灯"是指发光部分 | Commission Directive 98/11/EC |

（2）影响

约旦属于中国贸易的新兴市场，属于多元化的国际贸易市场。2011 年，中国是约旦第二大贸易伙伴，对约旦出口主要商品是机械设备、电子产品、纺织品、钢铁制品和家具。约旦此次 G/TBT/N/JOR/11—30 通报类似于欧盟的 ErP/EuP 生态设计和能源标识法规体系，在两项框架法规下，约旦还针对具体产品发布了产品的实施法规草案，其内容和要求也近似于欧盟指令及相关实施条例的要求。短期内我国电器行业必然受到冲击，可能会造成约旦市场份额的减少，利润降低，同时对企业的生产线改造、技术更新、检测认证、供应链管理等多方面都带来挑战。

本次通报法规的生效时间及分阶段实施的制定对我国出口影响最大，该规定势必增加制造商的生产成本，导致我国企业出口受阻。再者，由于通报法规中相关测试和计算方法不清晰，让执行方难以操作和执行，因此建议约旦参考国际惯例和国际标准对相关方法给予补充和明确。

在电器能效类法规的规定下，企业应该意识到，在安全、环保、节能、健康已经逐渐成为全球制造业共同遵循的理念时，必须转变外贸增长策略，只有将价格竞争力转变为技术和品质的竞争力，才能在国际市场竞争中保持优势。

（3）应对

我国对以上通报进行研究，并提出以下方面相关建议：明确电视机能耗计算、测试协调标准、增加其他类别洗衣机能效系数的计算方法；推迟 IE3 效率等级要求的实施日期；延长法规实施前生产的产品过渡期；降低电冰箱能效考核指标；增加能耗实测值与标称值 10% 的上偏差；给予发展中国家的制造商更长的过渡期和准备期；不对家用洗衣机的洗涤效率进行强制性规定；对能耗计算公式予以说明和明确；优先采用国际标准 ISO 5151 对定频空调制定能效考核方法及指标；没有必要制定不同的气候区域代码（A、W、C）；明确空调器的测试方法及计算方法标准；明确标签色标号、使用约旦的标签、统一同一内容的标签；中约双方相互认可各自有资质的检验机构和检测实验室所出具的检验证书和检测报告，并在适当时候由双方官方机构协商签订有关检验证书和检测报告互认协定。

【案例：关于玩具安全技术法规】

（1）措施

2012 年 9 月，约旦标准计量局（JSMO）通报了玩具安全技术法规草案，规定了玩具安全及在市场中自由流通规则，草案由欧洲玩具安全指令 2009/48/EC 转换而来。目的是保护儿童健康，确保仅提供安全玩具给市场。法规涉及管理玩具领域的认可、市场监督和通报机构。

（2）影响

约旦由于其特殊的地理位置，是商品进入伊拉克的重要通道，同时与黎巴嫩、科威特、叙利亚等周边国家保持着紧密的经贸关系，约旦已成为中近东地区一个重要的贸易中心，市场可延伸至北非、中东、南欧、南亚、西亚及周边阿拉伯国家拥有 15 亿消费人口的广大市场，本地的制造业落后，多数产品都要依赖进口，约旦市场上销售的玩具大多产自中国，该法规对中国出口玩具影响较大。2012 年上半年，中国出口玩具 44.9 亿美元，比去年同期增长 8.3%。法规提高了婴童玩具的技术要求和检验要求，新指令的实施会大大增加产品合格评定费用、产品设计成本和质量控制成本，会使我国婴童产品的出口企业面临严峻的技术挑战和出口困境。

（3）应对

中方经研究提出：希望约方对采用欧盟玩具安全指令 2009/48/EC 的合理性及可操作性等给出解释；提供关于 CMR 物质（指致癌的、致基因突变的、有生殖毒性的物质）所引用的欧盟第 1272 号有关化学品和混合物的分类、标识和包装的法规［Regulation（EC）No.1272/2008］，关于合格评定所引用的欧盟第 768 号有关产品市场销售的共同框架决议（Decision No.768/2008/EC）；提供第 17–2 条规定 CE 标识必须满足的市场监督指引文件；欠缺第 38–1 条、欠缺第 16–2 条中所提及的附录Ⅲ，法规中没有提供第 12–3 条所规定的用阿拉伯文字表示的警告标识，附录 EB 部分第 1 节中缺少该节第三行文中所提及的年龄警告图形标志；增加内容较多，特别是化学方面的要求，建议约方推迟该法规的生效日期，明确"禁止使用 CMR 物质和 55 类过敏性芳香物质，11 类过敏性芳香物质在浓度超过 0.01%时必须标示"的协调标准和检测方法。

【案例：关于约旦能效法规要求】

（1）措施

约旦能效认证是由约旦标准计量局（JSMO）颁布实施的强制性认证。JSMO 是约旦制定能效相关标准的国家标准组织。JSMO 于 2000 年颁布《国家标准和计量法（第 22 号法令）》，并依据该法规先后出台了一系列针对管控产品强制实施能效标签计划的法规。计划自 2014 年 1 月 1 日起，所有在管控范围内的产品，都必须通过产品测试以获取能效证书，并加贴能效标签，方可在约旦市场上销售。

根据约旦跟欧盟的协定，约旦可以接受符合欧盟规定的能耗标签，产品如果贴有欧盟能效标签，将不需要另外加贴约旦能效标签。涉及产品见表 5–4。

表 5–4　产品及能效标签参考标准

| 产品名称 | 能效标签参考标准 |
| --- | --- |
| 空调 | EU 626/2011 |
| 洗碗机 | EU 1059/2010 |
| LED 灯具 | EU 874/2012 |
| 一般家用灯具 | EU 874/2012 |

表 5-4（续）

| 产品名称 | 能效标签参考标准 |
| --- | --- |
| 荧光灯 | EU 874/2012 |
| 冰箱 | EC 1060/2010 |
| 电视机 | EU 1062/2010 |
| 烘衣机 | EU 1061/2010 |

（2）影响

近年来，我国对中东国家的贸易强劲增长，约旦在近年连续发布了能效方面的法规，这些法规的出台都将对我国企业出口高耗能产品提出新的要求，造成我国在约旦市场份额减少，利润降低。

（3）应对

美国国家电器制造商协会（制造商和生产厂的代表）和美国保险商实验室（检测、检验和认证机构的代表）提出了对约旦等国家的机电产品的电气标签、测试和认证要求、打印机的安全和能效标签、能源标签、备用电源和新能源燃料效率等法规进行关注。约旦认可并接受美国的标准和规范。然而，约旦已要求进口商品需满足额外的产品标准。相关电子电气的生产出口企业要实时关注国外法规的新进展，加强与国外客户的信息交流，了解其相关的最新要求，避免出口产品遭退运或召回的贸易风险；与相关具有相应资质的第三方实验室建立良好的合作关系，在产品的设计开发过程中确保自身产品的生态设计以及能效标签达到进口国的有关要求。

【案例：机电产品不符合规定被退运】

（1）措施

2015 年 1 月 1 日，约旦标准计量局（JSMO）发布通报，所有出口约旦的产品须符合基于国际标准的约旦技术法规的要求，在没有相关约旦技术法规时则须符合相关国际标准要求。必要时本地产品须接受检查、取样和检验。必要时进口产品须在边境接受检查、取样和检验，而不是在供应国检查和检验。进口产品和本地产品的检查比例基于风险评估系统。进口商提交由签订 ILAC/IAF 多边承认协定的认可机构认可的合格评定机构颁发的合格证明或检验报告（证明或报告经过真实性、有效性和关联性检查，如相同的生产商、产品、型号等）可免于进口货物中取样检验。不同的产品所需要的不同的测试标准可以查询约旦标准计量局网站：http：//www.jsmo.gov.jo。例如 LED 球泡灯出口约旦需要基于 IEC 62560 测试报告，通过约旦标准计量局颁布实施的强制性认证，并通报约旦标准计量局，如未通报测试计划，将很难在约旦当地清关。LED 灯具、一般家用灯具、荧光灯能效标签参考标准 EU 874/2012。

（2）影响

2016 年 6 月，两批于 2015 年 10 月出运约旦 LED 照明灯管被当地市场监管部门抽查检验不合格，遭到禁止销售，下架退运，该批灯管电气参数标识为 160V~240V、50Hz~60Hz、32W，共计 3000 只、货值 21300 美元。约旦市场品质监管部门对其实施抽查并送中东检测和技术服务实验室（MELTTS）按 IEC 60598-1：2008 标准实施检测。检测结果显示，样品灯管的电气强度、端头连接标志、导线截面积、外部接线等不符合标准规定，禁止该批灯管在市场上销售，要求进口商做下架销毁或退运处理。经过与生产企业的沟通协商后，约旦进口商将未销售的 2053 只 LED 灯管予以下架退回，给生产企业造成较大的经济损失。

（3）应对

近年来，中东、非洲等国家对进口产品的要求不断加严，如埃及、苏丹、海合会国家都要求进口产品必须符合本国的强制性标准或国际标准，因此必须转变多年来形成的亚非国家产品质量要求标准低的惯性思维。要按照进口国的相关标准和要求，做好生产管理环节的严格把关，强化产品的质量控制。否则，不仅会使企业蒙受损失，也影响了中国产品质量的国际信誉，亟需引起高度重视。

## 5.6 卡塔尔技术性贸易措施案例分析

【案例：食品及动物源食品内兽药的最大残留限量】

卡塔尔标准计量局发布了 G/SPS/N/QAT/52 通报，列出了对食品中 153 种兽药最大残留限量的规定。本技术法规草案适用于食品及动物源食品。

该法规制定限量及适用食品种类除参照国际公认的食品法典委员会（CAC）制定的规范外，部分食品种类兽药残留规定还参照了澳大利亚、日本、加拿大、兽医药品委员会、欧盟法规等众多法规和标准。与国际公认的 CAC 食品中兽药最大残留限量规定相比，在食品种类及对应的食品组织上增加了适用范围。中方就 2011 年食品内兽药最大残留限量（MRLs）法规草案是否符合相关国际标准在食品法典委员会第 35 次会议（2012 年 7 月）上提出了质疑：

（1）对于氟苯尼考来说，海湾阿拉伯标准依据澳大利亚的残留容许量拟定了鱼肌肉中氟苯尼考的 MRLs 为 500μg/kg。

根据卡塔尔通报中给出的氟苯尼考的每日允许摄入量（ADI）为 1μg/kg（体重），而欧洲药品管理局（EMEA）通过大量的科学试验得到氟苯尼考的 ADI 为 3μg/kg（体重）。

目前，国际食品法典委员会未对氟苯尼考制定 MRLs。中国和欧盟均规定鱼组织中氟苯尼考的 MRLs 为 1000μg/kg；日本规定水产品中氟苯尼考的 MRLs 为 30μg/kg~200μg/kg；加拿大规定鲑科鱼（Salmonids）中氟苯尼考的 MRLs 为 800μg/kg。卡塔尔选择参考澳大利亚的限量标准，而此限量标准是严于大部分国家现行限量标准的。

（2）对于甲氧苄啶来说，海湾标准依据加拿大的残留容许量拟定了甲氧苄啶在鱼肌肉中的 MRLs 为 10μg/kg，但实际上加拿大仅规定了鲑科鱼肌肉中甲氧苄啶的 MRLs 为 10μg/kg。海湾标准将限制范围扩大，更为严苛并缺乏科学依据。根据海湾标准中提供的甲氧苄啶的人体每日允许摄入量（ADI）为 20μg/kg（体重），按照海湾标准 10μg/kg 的 MRLs，以成年人 60kg 体重计算，需要每天至少消耗 120kg 的水产品才能达到推荐的 ADI 值，从实际每日消费食物情况分析是完全不可能的。

目前，国际食品法典委员会未对甲氧苄啶制定 MRLs。中国和欧盟均规定鱼组织中甲氧苄啶的 MRLs 为 50μg/kg；日本规定水产品中甲氧苄啶的 MRLs 为 50μg/kg~80μg/kg。海湾标准是严于其他国家现行限量标准的，也缺乏科学依据。

（3）对于三卡因间氨苯酸乙酯甲磺酸盐（MS-222）来说，海湾标准依据加拿大的残留容许量拟定了 MS-222 在鲑科鱼肌肉和皮肤中的 MRLs 均为 10μg/kg。欧洲药品管理局（EMEA）通过对 MS-222 的评估后发现其具有低口服毒性，能有效代谢且快速排出，因在鱼上残留而被人体食用的量非常少，不会造成毒理学上的顾虑，根据科学评估结果推荐无需制定鱼体中 MS-222 的 MRLs。目前，国际食品法典委员会、日本、澳大利亚和中国等均未对水产品中 MS-222 设定限量值，也没有关于 MS-222 的 ADI 值可供参考。因此，卡塔尔制定鲑科鱼中 MS-222 的 MRLs 是缺乏科学依据的。

（4）对于氟苯脲和奥芬达唑来说，海湾标准依据加拿大 2011 年《食品中最大残留限量》分别拟定了鲑科鱼类肌肉和皮肤中氟苯脲的 MRLs 为 300μg/kg 和 320μg/kg；奥芬达唑的 MRLs 均为 100μg/kg。而根据加拿大 2014 年 2 月发布的《食品中兽药最大残留限量》规定鲑科鱼肌肉和皮肤中氟苯脲的 MRLs 为 300μg/kg 和 3200μg/kg（宽于海湾标准 10 倍）；未规定奥芬达唑的 MRLs。

以上法规无疑增加了对出口企业的技术限制，增加了企业的负担和成本，不利于我国食品外贸发展。

## 5.7 阿曼技术性贸易措施案例分析

【案例:《海合会低电压电气设备技术法规》开始生效】

（1）措施

2016年7月1日,《海合会低电压电气设备技术法规》正式生效，即日起凡是列入该技术法规强制认证目录范围内的产品都需要获得海湾合格标志（G-mark）型式认证证书后方可进入海合会7个成员国（包括阿联酋、阿曼、巴林、卡塔尔、科威特、沙特阿拉伯、也门）的市场。GCC标准组织决定电子和家电设备必须符合由GSO技术规范针对低电压和家用电器设备的评估步骤。

法规特点:1）要求强制认证的国家范围大。新规实施之前，海湾七国中只有沙特阿拉伯、阿联酋、科威特三国要求我国出口电器产品提供国际认证公司对该批货物出具的符合性证书（COC），其他国家一般不做强制性要求。而新规实施之后，上述七国均要求我国家电产品做强制性认证。2）要求强制认证的产品种类多。此次新规要求强制认证品种主要涉及大部分的白色家电和小家电，具体包括空调、洗衣机、家用冰箱、电扇和微波炉等在内的13个品种，占到出口家电总品种的70%以上。3）GCC认证证书有效时间短。新规规定，GCC认证证书仅一年有效期，期满后需重新制作申请延期文件，申请新的GCC证书，并依据延期所在的年份新增标准，需重新测试新增标准项目，与GCC证书一并提交海合会标准化组织（GSO）。

（2）影响

海湾七国是我国出口电器产品的重要目的地，2016年1月—6月，我国对海湾七国电器产品出口总额约70亿美元，占该地区总出口额的12%。本次海湾合格标志（G-mark）型式认证的实施，统一了7个成员国的要求，有利于我国电器产品出口流程的透明化和便利化，但同时也需要企业提前应对，及时关注认证规则，研判标准要求，确保产品顺利取得证书。

被列入强制认证目录范围的电气设备包括电风扇、冰箱/冰柜、洗衣机/干衣机、食品加工器具、烤面包机、理发器/干手器、微波炉、热水器/液体加热器、电熨斗、插头插座类/充电器、空调、电热锅/烧烤器具、家用电加热设备13类产品，占我国出口家电总品种的 70% 以上。

新规对技术要求明显提高。此前，除沙特阿拉伯实施 SASO 认证外，其余国家对家电产品的要求仅需满足基本电气安规检测即可。新规实施后，电气产品除必须满足该技术法规中列出的安规项目外，还必须满足电磁兼容（EMC）要求。为达到要求，一些企业或将对产品重新设计，更换线路板、元器件甚至电机，这将大幅增加企业的时间成本和资金成本。为通过认证而调整设计方案和模具、更换物料甚至供应商等一系列产品供应链增加的费用，可能数倍于认证检测费用。

新规对我国的影响具体表现为 3 个方面：1）产品出口风险陡增。申请 GCC 认证要求至少提前 3 个月向 GSO 提交申请材料，而 GSO 每年夏季的假期长达 3 个月，因此如果我国企业未掌握好 GCC 认证的时间节奏，不能及时获得 GCC 认证或证书延期，将影响产品的及时出口，甚至出现取消订单或索赔现象，企业将面临较大损失。2）企业出口成本增加。每个样品的 GCC 认证费用至少要几千元，家电企业需要认证的产品少则几十个品种，多则几百个品种，涉及的认证费用高昂。国内的报告审核和证书的代理费用大约需要 1500 美元～ 2200 美元，预计企业完成认证检测成本将增长 30% 左右。3）贸易主动权多方受制。由于 EMC 测试报告和安全测试报告均须由 GCC 认可的实验室出具，GSO 可通过控制其认可的实验室资质和数量限制我国产品出口，同时利用每年夏季 3 个月假期以及必须提前至少 3 个月申请证书的条件，推迟证书发放可长达 6 个月，进而延长我国产品出口时间。另外，利用 GCC 证书只有 1 年有效期且期满必须延期的规定，辅以每年是否新增标准，来控制证书的申请。由于申请“堵车”、获证困难，不少客户清关受到影响。

（3）应对

政府相关部门要加强对新兴市场国家技术性贸易措施的跟踪和研究，为出口企业开拓新兴市场提供更加准确的标准、技术法规以及合格程序要求。加强与新兴市场国家的对外交流，推进标准、实验室资质、检测认证报告互认，为企业降低成本，化解繁琐程序。加强公共技术服务平台建设，推进产学研合作，为企业应对技术性贸易措施提供服务和帮助。

作为企业，要及时关注认证规则，研判标准要求，确保产品顺利取得证书。中国质量认证中心（CQC）是国内首家获得海合会标准化组织（GSO）授权及海合会认可中心（GAC）认可的指定机构，可直接进行产品测试并颁发海湾合格标志（G-mark）型式认证证书，该型式认证证书针对制造商进行。自 2015 年 6 月 1 日该法规进入试行期以来，已有企业陆续在 CQC 进行认证咨询、提交申请并获得证书。

## 5.8 埃及技术性贸易措施案例分析

【案例：埃及工业与外贸部出台新部长令】

（1）措施

2014 年 12 月，埃及工业与外贸部出台新部长令，新部长令要求进口商品必须符合埃及标准，不符合埃及标准的商品将被退运，没有注明埃及标准号的装运前检验证书将不能通关。对于埃及有强制性标准的，产品要符合埃及强制性标准；对于埃及没有强制性标准的，产品要符合埃及标准或者埃及认可的 6 种国际标准；上述情况之外的产品要符合中国国家标准或者合同标准，但是要注明与之等效的国际标准。在第三种情况下，出口商要向埃及进口商和埃及官方提供中国标准的英文版。经过中国原国家质检总局、中国商务部、中国驻埃及大使馆等相关部门与埃及工业与外贸部、埃及进出口控制总局和埃及标准和质量总局进行多次交涉，埃方同意延迟至 2015 年 4 月 1 日起生效。之后，又再次宣布延迟至 2015 年 9 月 30 日执行。然而，2015 年 6 月 3 日，埃及工业与外贸部发布 2015 年第 444 号部长令，单方面取消了该部 2010 年 257 号部长令，中止了中埃政府之间签订的装运前检验协定。

（2）影响

新法令的出台实施要求严、过渡时间紧、涉及范围广，给出口生产企业及贸易商带来较大影响，让不少企业措手不及，无形中提高了进入埃及市场的质量门槛，还有部分产品无埃及标准及相关国际标准。以重庆地区为例，2014 年 1 月—11 月，重庆地区出口埃及商品共计 431 批，4041.9 万美元，涉及汽车及零配件、轮胎、汽油发动机、发电机、摩托车配件、电池、微耕机、高锰酸钾等 150 余种商品，涉及 80 余家企业。原重庆出入境检验检疫局随机抽取其中 30 份装运前检验证书，没有 1 例采用埃及标准。多家企业因此暂缓或取消对埃出口。

埃及新法令明显缩小了装运前检验标准依据的范围，提高了贸易技术壁垒，过渡时间紧。新法令从发布到正式实施过渡期短，期间出口企业需结合自身产品搜集相应标准，如果经检验不符合埃及新法令要求，企业还需要返工整改，货物从中国到埃及海运时间就需要一个多月，时间非常紧迫，搜集标准难度大。过渡期内仅依靠埃及进口商向国内出口商提供相应标准难度大，有部分商品为非标产品，还有不少商品埃及进口商无法提供相关标准，涉及范围广。从安徽出口到埃及的商品大部分为须装运前检验的工业品，产品基本涵盖了机电类、轻工类和化工类等所有工业产品，涉及的企业也较多，企业生产成本压力大。质量标准门槛的提高必然会导致出口产品制造成本的上升，而我国输埃企业大部分为利润较薄的劳动密集型企业，成本的上升对中小企业是致命的打击，贸易风险大幅升高。在新法令下，货物滞港无法清关、买家拒收、买家以质量问题为借口要求折让或拖欠货款等风险可能大幅上升，收汇风险不容忽视。

（3）应对

对此，我们认为：面对埃及颁布的新法令，在过渡期内尽早搜集所经营出口产品的埃及标准。可以在与埃及客户签订贸易合同时索取有关标准文本，也可登录埃及进出口监管总局网站，使用查询系统按照品名或 HS 编码查询产品的埃及标准，还可以登录中国国家市场监督管理总局网站，下载由总局搜集到的埃及标准目录，参考使用。

企业需要强化自身的质量责任意识。企业在接到订单后，在生产安排、质量控制和产品检测等方面都要做好相应准备，确保产品质量符合相关标准要求，并及时申请装运前检验。

企业和行业协会要加强与海关部门的沟通。海关总署应与埃及进出口控制总局进行交涉，企业和行业协会应主动积极加强与当地海关部门的沟通，及时获取最新的政策信息，行业协会也应通过自身的信息交流平台向行业内企业发布最新的政策信息。

【案例：出口埃及商家必须进行 GOEIC 认证注册】

（1）措施

2015 年 12 月 30 号，埃及工业与外贸部出台新规定，对埃及出口商品的生产厂商需在埃及进出口控制总局（GOEIC）注册，缴纳注册费（约 300 埃镑）。未完成注册的厂商，埃及海关将对其产品不予放行。新规定将在出台后两个月即 2016 年 3 月 1 日正式生效。注册须由生产厂商的法定代表人、品牌所有者或前两者的法定委托人完成。需注册的商品清单如下：零售奶制品，零售水果罐头及果干，零售食用油及油脂，零售的巧克力及其他含可可类食品，糖类，面食，零售果汁、纯净水、矿泉水及汽水，化妆品、护肤品、牙齿护理品、除臭剂、洗浴用品、香水，零售肥皂、香皂类清洁用品等。新规还规定，装运单据（提单、发票、产地证等）必须由出口商银行直接交给进口商银行，不可交给进口商或通过出口商递交给进口商银行，否则将被拒收。

（2）影响

此新规要求注册的商品清单涵盖范围广，波及企业众多，涵盖25大类产品，给我国产品出口埃及造成巨大障碍。国家统计局统计数据显示，2015年中国同埃及出口总额1195858万美元，我国出口埃及贸易额大，企业数量众多，新规给我国出口埃及贸易企业带来巨大风险，部分企业因未能及时完成在埃及进出口控制总局注册，将面临货物滞港、货物退运，买家以新规为由单方面取消购销合同等情况，同时在埃及进出口控制总局注册程序繁琐，耗时长，成本较高，一定程度上提高了我国企业贸易成本，收汇风险增高，经营或因此受困。

（3）应对

对此，我们认为：企业应第一时间通过当地海关了解GOEIC认证注册程序及渠道。注册方式主要有两种：1）有关出口商可直接在埃及进出口控制总局网站（www.goeic.gov.eg）上根据要求进行注册。同时需要注意的是，在完成文件提交后，将会收到一份确认邮件和一个注册号，企业需凭注册号缴纳注册费，即为完成注册。我国国内公司也可授权当地进口商到埃及进出口控制总局缴费。2）通过检验检疫部门注册，企业所提交文件须经注册的翻译公司翻译，并经埃及驻华使馆认证。

此外，注册须由生产厂商的法定代表人、品牌所有者或前两者的法定委托人完成。同时，注册所需有以下资料：生产商营业执照复印件；法人实体及经营范围证件；生产商自有品牌及其代理或授权的品牌信息；工厂申请并获得质量监管认证、符合环境标准和国际劳工组织公约的证明以及国际实验室认可合作组织（ILAC）的认证；同意接受埃方技术团组对工厂安全生产和环境标准进行核查。

# 第 6 章　我国应对西亚北非技术性贸易措施现状及存在的问题

## 6.1　我国应对西亚北非技术性贸易措施现状

2001 年 12 月 11 日，我国加入 WTO。2002 年，《国务院办公厅关于做好我国加入世界贸易组织有关贸易政策通报咨询和审议工作的通知》（国办发〔2002〕50 号）提出，“考虑到 WTO《技术性贸易壁垒（TBT）协定》和《卫生与植物卫生措施（SPS）协定》专业性强，参照 WTO 其他成员的通行做法，在质检总局设立 WTO/TBT 和 SPS 咨询点，负责 TBT 和 SPS 通报咨询的国内协调，并按照上述原则受理、答复有关咨询”，该文件确定了质检部门在国家技术性贸易措施工作中的职能作用。2003 年初，《国务院办公厅转发商务部等部门关于进一步实施科技兴贸战略若干意见的通知》（国办发〔2003〕92 号）提出“加快技术性贸易措施体系建设”，这也是中央政府层面第一次使用“技术性贸易措施”这个术语。2003 年 3 月，国务院批准成立了由 18 个部委组成的“技术性贸易措施部际联席会议”，建立了信息共享、措施协调、部门联动、一致对外的国家技术性贸易措施工作机制，原国家质检总局是部际联席会议的召集部门。2008 年 7 月，《国务院办公厅关于印发国家质量监督检验检疫总局主要职责内设机构和人员编制规定的通知》（国办发〔2008〕69 号），除原有 WTO/TBT-SPS 通报资讯的组织协调职能外，进一步把“加强技术性贸易措施应对工作”作为“职能调整”交给原国家质检总局，从而进一步突出了原国家质检总局及全国质检系统在国家技术性贸易措施工作中的主导地位。

2016 年全国质检工作会上，支树平局长强调要加强技术性贸易措施工作，“这项工作关涉国内国际两个市场、国内国际两个大局，贯穿于质检工作的各个领域，是党和国家赋予质检部门极端重要的职责，务必要加强领导，加大投入，摆到更加突出重要的位置”，同时，将“实施技术性贸易措施能力提升工程”作为原国家质检总局 2016 年八项重点工作的第二项。2016 年 8 月，《质检总局关于印发〈关于加强技术性贸易措施工作的意见〉的通知》（国质检外〔2016〕444 号）正式印发。

质检系统开展技术性贸易措施工作主要围绕内外两个层面、八个重要环节展开。

内层基于国际、国内两个市场的需要，基于我国质量技术基础设施，基于科学技术发展水平和产业化程度，依托 WTO 规则，研发、制定、通报实施我国技术性贸易措施工作。外层包括跟踪、评议、预警、应对 WTO 其他成员技术性贸易措施的工作。

加入 WTO 以来，原检验检疫系统基于自身技术和信息优势，在技术性贸易措施通报咨询评议、西亚北非技术性贸易措施研究与解析、应对措施开发与推广应用、完善国内技术性贸易措施体系、开展技术性贸易措施信息化建设、服务企业应对需求、促进企业质量提升、减轻企业负担、便利对外贸易、推动产业转型升级、服务国家经济发展等方面做了大量工作，有效维护了我国的合法权益和相关产业利益。此外，依托"一带一路"检验检疫国际研讨会、"一带一路"食品安全合作论坛等搭建沟通平台，我国与西亚北非主要贸易国在技术性贸易措施领域签订了一系列的合作协定，并取得了突出成效。

## 6.2 存在问题

### 6.2.1 内部问题

#### 6.2.1.1 法律法规滞后

《中华人民共和国进出境动植物检疫法》自 1991 年通过，至今只修正了一次。有些条款已难以与国际通行规则接轨，不适应市场经济发展的需要，与 WTO 不一致，甚至相悖。《中华人民共和国进出口商品检验法》有一些与国际通行做法不适应的规定，如该法关注的商品品质、数量和质量等项目，与立法所强调的维护社会公共利益，保护安全、卫生、健康、环保等原则不符。此外，该法仍然强调国家机关的强制性检验，将商品的检验权控制在政府手中，与发达国家和地区普遍重视中介检验鉴定机构的作用相比，仍然保持着计划经济的特色①。

#### 6.2.1.2 质量技术基础不强

我国国家标准由国家标准化管理委员会发布，没有经过中央政府批准的法律程序颁布。国家标准制定周期平均为 3 年，远远落后于产业快速发展的需要。标准更新速度缓慢，"标龄"高出德、美、英、日等发达国家 1 倍以上②。截至 2016 年，由中国主

① 韩星忠 . 论中国出入镜检验检疫法律制度之完善［D］. 中国海洋大学，2011.

② 国务院 . 国务院关于印发深化标准化工作改革方案的通知［DB/OL］. http://www.gov.cn/zhengce/content/2015-03/26/content_9557.htm，2015-05-31.

导制定的国际标准化组织、国际电工委员会国际标准只有 179 项，不足国际标准总数的 1%。中国现行有效国家标准 3 万余项，但国际标准的采标率仍不到 80%，大约相当于英法德等发达国家 20 世纪 80 年代的水平。国际标准化组织合格评定委员会（ISO/CASCO）发布的认证认可基础通用标准中，没有一项是由我国提出或牵头制定。我国检验检测行业 10 万元以上现场检测设备，99% 以上是国外进口设备。

#### 6.2.1.3　评议和特别贸易关注能力有待提升

原国家质检总局标法中心聘请了 500 余名 TBT 评议专家和 600 余名 SPS 评议专家，但由于评议、特别贸易关注等技术性贸易措施工作未与专业技术人员职称评定挂钩、TBT/SPS 评议专家遴选退出机制、聘期工作评价体系、合作等管理制度不健全等原因，参与技术性贸易措施工作的时间和质量有待进一步提升。政府与行业协会、企业联动机制不健全。2005 年—2015 年，我国累计评议国外技术性措施 1262 件，而同期国外发布的涉华技术性措施共有 3 万余件，占比不足 5%。评议对象主要集中在欧美日韩等发达国家和地区，涉及西亚北非国家的比例严重不足。特别贸易关注亦是如此，针对西亚北非国家的更是微乎其微。

#### 6.2.1.4　信息化支撑不足

加入 WTO 之后，我国建立了“中国技术性贸易措施网（中国 WTO/TBT-SPS 通报咨询网）”，但随着时间的推移，网站顶层设计先天不足、应用软件逐渐过时、硬件配备更新缓慢、设计理念已经落伍、人机界面不够友好、信息服务功能不强等深层次结构性问题日益凸显。受人力、物力、财力资源的限制，受制于国外技术性贸易措施的现象大量涌现，该网站在国别涵盖面上、产品涵盖面上、技术性贸易措施涵盖面上，在研究的深度、指导应对的力度、应对措施的及时性、有效性等方面，均与强烈的社会需求还有较大差距。2013 年后，技术性贸易措施信息化建设战略在实体架构上往“三网一平台”发展，即转变建立技术性贸易措施公共信息综合服务平台，同时支撑三个分立的网站：1）分立的 WTO/TBT-SPS 通报咨询网，着重实现标法中心作为国家通报咨询中心的职能作用；2）分立的中国技术性贸易措施网，着重实现国家通报咨询中心的服务功能；3）分立的标法中心门户网站，着重体现标法中心职能部门的各项工作。目前“三网一平台”雏形初现，但支撑能力与国际发达水平相比，还存在较大差距，如通报的数据检索分析功能远不如 WTO 的 TBT-IMS 和 SPS-IMS，评议和答复内容未像欧盟那样建立数据库[①]，技术性贸易壁垒预警与快速反应系统未真正有效建立。

## 6.2.2 外部问题

### 6.2.2.1 政治经济文化多样

西亚北非国家政治体制各异。部分国家存在领土争端、政权不稳、战争暴乱、贪污腐败等政治风险，存在检验检疫政策延续性不强、监管人员自由裁量权过大等问题。西亚北非各国经济发展差别大，阿联酋和卡塔尔等海湾国家与其他国家经济水平差别很大，口岸基础设施建设、检验检测能力、本国物产资源、产业结构等同样差异很大。其中，沙特阿拉伯自 20 世纪 70 年代以来逐步改变单一农业生产，向以生产粮食为主的农、林、牧、副全面发展，同时努力扩大耕地面积及解决农业用水问题。由于沙特阿拉伯采取一系列有力措施，近年来本国的农食产业得到迅猛发展，沙特阿拉伯的农食产业已成为本国产业支柱。科威特矿产资源以石油和天然气为主，其石油储量居世界前列，由于本国的石油资源、矿产资源丰富，化矿金属类的发展成为科威特的重点。

### 6.2.2.2 质量技术基础不协调

海湾七国组成的海合会是 IEC、ISO、OLML（国际法制计量组织）等国际标准化组织的成员，其制定的海湾标准基本与国际标准保持一致。土耳其是欧洲关税同盟成员国，为了早日加入欧盟，自 2004 年 4 月 10 日起，发布了相关法规，在进口环节中正式采用欧洲标准。如土耳其已将低电压设备、电磁兼容等欧盟方法指令转化为本国的技术法规并生效。以色列电气安全标准主要采纳 IEC 标准体系，也是更换 IEC 新版标准速度较快的国家。但伊朗、叙利亚、伊拉克等国由于领土争端、政权不稳、战争暴乱、贪污腐败等问题，质量技术基础发展较慢，导致西亚北非各国质量技术基础发展不协调。

### 6.2.2.3 贸易保护愈演愈烈

金融危机后，部分西亚北非国家经济增长放缓，贸易保护主义抬头，自由贸易区的一体化进程初现波折。由于关税等传统贸易保护手段受到限制，技术性贸易措施的隐蔽性被加以利用，推行进口替代，振兴本土产业。2008 年是西亚北非经济大幅增长的分水岭。2008 年中东局势相比 2007 年以前有所缓和，由于欧美等发达国家和地区的积极参与，西亚北非经济环境持续升温，西亚北非各国通报数量从 2008 年开始呈井

① http：//ec.europa.eu/growth/tools-databases/tbt/en/search/.

喷式增长。2016 年西亚北非通报数量为 630 件，与 2014 年的 688 件、2015 年的 594 件一同维持在历史最高点水平。近 5 年的通报数量占近 20 年的 57%，近 10 年的通报数量占了近 20 年的 93%。西亚北非 16 国中，除叙利亚、巴勒斯坦、黎巴嫩、伊朗、伊拉克外均为 WTO 成员，须履行通报的义务。巴林、埃及、以色列、科威特、卡塔尔、土耳其和阿联酋是 WTO 的创始成员，约旦和阿曼 2000 年加入 WTO，沙特阿拉伯 2005 年加入 WTO，也门更是 2014 年才加入 WTO。以也门为例，其 2015 年才发出第一件 TBT 通报，在 2016 年才发出第一件 SPS 通报。西亚北非国家频繁采用 SPS 紧急通报，以规避常规通报至少 60 天的评议期，我国企业应对时间短。截至 2016 年，西亚北非国家 SPS 紧急通报 219 件，占通报数量的 23.7%，与欧美同期不足 3% 的紧急通报比例形成强烈反差。阿联酋紧急通报占到西亚北非国家 SPS 紧急通报的六成，更是高到 WTO 政策审议时被提出异议。

# 第 7 章　我国应对西亚北非技术性贸易措施的对策建议

## 7.1　政府层面

### 7.1.1　完善技术性贸易措施顶层设计，适时修订完善相关法律

在政府层面的 2 点建议：

（1）按照国际惯例完善技术性贸易措施顶层设计。技术性贸易措施的战略性、系统性、关联性较强，需要战略上高度重视、统筹推进。从国际上看，发达国家高度重视技术性贸易措施体系建设工作，以美国为例，设在白宫的美国贸易代表办公室直接协调与技术性贸易措施有关的工作，其与联邦相关部门、驻外机构、主要行业协会间建有高效的信息传递和立场协调机制，共同致力于美国关注利益的实现。应全面提升技术性贸易措施体系战略地位，将其列入党中央、国务院重要文件，要从战略高度谋划和推进技术性贸易措施工作，并提高全国技术性贸易措施部际联席会议规格，切实加强相关部门协调配合力度。

（2）按照与国际接轨和依法行政的要求，全面分析检验检疫制度现状，适时稳妥修订完善检验检疫法律。1）完善《中华人民共和国国境卫生检疫法》及其实施细则。按照《国际卫生条例》要求，扩大检疫传染病范围，更加重视公共控制职责，完善卫生处理制度，增加行政强制措施，保障人权。2）完善《中华人民共和国进出境动植物检疫法》及其实施条例。引入 SPS 协定中风险分析制度，明确国家“适当的保护水平”，制定“允许进境的国家和地区的动物和动物产品名单”，统一内外动物传染病目录，改进进境动植物检疫许可制度，引入动物福利概念，控制生物防疫。3）完善《中华人民共和国进出口商品检验法》。突出宏观管理，注重发挥第三方机构的作用，深化出口法定检验改革。

### 7.1.2　做好通报咨询工作，建立预警机制

在政府层面的 5 点建议：

（1）充分利用 WTO 成员方按照 TBT/SPS 要求提供的有关技术标准、法规的国家级咨询点和 WTO 各成员方的官方出版物来收集信息。目前，西亚北非地区的民俗、宗教文化、社会治安等形势均较为复杂，部分地区国家处于战乱、恐怖袭击等严重威胁正常贸易的状况当中，地区国家之间关系盘根错节，因此及时有效掌握该地区信息成为重中之重。须加大对各个国家级咨询点和 WTO 各成员方的官方出版物的关注力度，充分利用，保证渠道畅通，有效获取、利用贸易信息。

（2）强化咨询点建设，发挥驻外经商机构的优势，调动行业协会、商会、消费者团体等非政府组织的作用，定期收集、整理、发布西亚北非技术性贸易措施的最新动态，研究主要贸易国技术性贸易措施对我国出口贸易的影响，及时采取积极防御措施。

（3）建立西亚北非技术性贸易措施预警机制。预警评价指标包括西亚北非政治因素（政体、利益集团、战争等）、宏观经济指标（各国 GDP、人均 GDP、汇率、外汇等）、贸易情况（出口额变动、中国进口占比等）、技术指标（技术法规数量、标准数量、TBT/SPS 通报、评议情况等）和贸易争端（退运、案件等）。

（4）加强公益性查询系统建设。统筹协调海关和商务部等部门，避免重复建设和信息孤岛。进一步完善中国 WTO/TBT-SPS 通报咨询网，当前检索系统和导出功能与 WTO 通报的网站均有较大差距，且翻译水平有待进一步提高。不断完善充实西亚北非地区的通报咨询覆盖范围，优化设置专业快捷高效的标准检索、文本索取和预警服务，同时应加大推广宣传力度，引导企业有效利用查询系统，不断提高使用频率和效率。

（5）有理有据行使 TBT/SPS 评议。重点根据最小贸易限制的原则、科学依据的原则、积极采用国际标准的原则、透明度原则、等效与互认原则及非歧视待遇原则等，对西亚北非新通报的产品技术新标准、新规定行使评议、提出意见的权利，消除各种不合理的国际贸易壁垒，建立合理、公正的国际贸易秩序和规则。中方赞成加强对重金属的管理，但是阿联酋和科威特所采取的措施必须基于充分合理的科学依据，以免超出必要的限度而对贸易造成不必要的障碍。根据 TBT 最小贸易限制原则和协调原则，我方建议阿方和科方提供合理充分的科学依据，对设定铅、砷、汞、镉和锑的限

量要求进行风险评估，并提供相关评估结果。

### 7.1.3 与国际接轨，合理规避，科学利用争端解决机制

自 1995 年 TBT/SPS 协定实施以来至 2015 年 12 月 31 日，西亚北非地区共提交了 3994 件 TBT 通报和 726 件 SPS 通报，其中以以色列、沙特阿拉伯、土耳其占据了绝大多数。近几年，中国与西亚北非地区的双边贸易额增长迅速，2015 年，中国出口西亚北非 1411.69 亿美元，同比下降 4.2%，近十年来中国出口西亚北非贸易额增长了 254%，年增长率 15.1%，并且随着中国进一步深入推进“一带一路”倡议，西亚北非作为“一带一路”重要节点必将会推动双边贸易进入一个更高台阶，涉及西亚北非的世界贸易争端案件或将更为频繁。但由于技术性贸易措施的扩散效应和示范效应（发达国家和地区向发展中国家传导，单一产品向相关行业传导），西亚北非技术性贸易措施的争端解决不可懈怠。组织深入研究 WTO 基本原则和 TBT、SPS 的具体规定，积极参与谈判协商，在积极促进公平合理国际贸易规则建立的基础上，最大限度争取对我国有力的谈判结果。由于非歧视性原则，往往西亚北非技术性贸易措施影响的不仅仅是中国，应加强国际交流，尽量团结受影响的其他国家，通过协商、谈判或启动 WTO 争端解决机制。

### 7.1.4 加强区域互认，降低贸易成本

当前很多国家和政府组织都在开展“经认证的经营者”（AEO）制度。AEO 制度是世界海关组织（WCO）倡导的，为实现贸易安全与便利而引入的管理制度。不同国家或地区之间可以通过 AEO 互认，对各自认证的 AEO 企业予以互相认可。中国海关积极开展 AEO 国际互认合作，但与西亚北非地区则仍有待进一步实现互认合作，提升中国—西亚北非地区的贸易便利化。21 世纪以来，西亚北非地区贸易便利化程度呈现出极端分布的态势。在世界银行纳入测评的 191 个国家中，以色列的综合排名为第 12 名，为西亚北非地区排名最靠前国家，土耳其则位列中间水平，占第 90 名，其余国家贸易便利化程度排名普遍靠后，中国与西亚北非地区国家进行 AEO 互认合作，宜针对性地从以色列、土耳其等国家优先开展，先易后难，树立范例，将成功经验复制扩大，逐步打通中国—西亚北非贸易的“绿色通道”。

### 7.1.5　引导规范第三方检测市场

以检验检测认证机构整合为契机，保留少数政府实验室和认证监督机构作为行政执法的支撑，加强出口西亚北非产品公共检测服务平台建设、市场监督抽查、法规制定技术支撑、战略性和关键技术标准制定、预警和应急管理、TBT/SPS 评议和政府间谈判等。另外，整合大量中小型检测实验室，以市场为导向，通过归并整合、资产划转、并购、合资合作等方式整合检测实验室，与西亚北非等地区国家的本土检测机构合作，在西亚北非投资建设检测实验室，更好地了解当地检测认证等要求。

### 7.1.6　加强共性技术研发，引导产业转型升级

以沙特阿拉伯、伊朗为首的石油输出国是我国主要的原油贸易来源国家，而我国与埃及、土耳其等国贸易主要以农牧业产品居多。根据我国与西亚北非国家的主要贸易产品分类，并利用发达国家和地区新一轮产业升级和技术转移的契机，消化吸收先进技术，针对性地加强共性技术研发，加强石油、矿产等能源开发及利用、污染物排放、有毒有害物质、农牧业产品等技术法规限令关键指标攻关。

针对性地制定财政、信贷、税收等优惠政策，为主要贸易产品提供专项贷款和信贷担保基金，结合跨境电子商务、外贸综合服务企业、市场采购贸易等新型贸易方式，主动培育技术、品牌、质量、服务为核心的竞争新优势，走出低价同质化竞争的泥淖。

### 7.1.7　加强对技术性贸易措施的合理应用

建立健全贸易沟通机制，针对有关国家和地区进口中国产品，中国政府部门制定和实施技术性贸易壁垒措施，加大对外交涉力度。同时，对于违反 WTO 规则制定和实施有关影响我国出口的技术性贸易壁垒，应根据有关证据，以技术措施为手段，积极制定和适时有效采取技术性贸易壁垒反制措施，使有关的国家取消其歧视性和不合理的技术性贸易措施，以维护我国的合法权益。土耳其是西亚北非地区对我国发起反倾销调查最多的国家，自 1995 年—2011 年合计发起了 58 起针对我国的反倾销调查，其中多数案件中中国企业都存在应诉不利的情况，我国企业及政府组织仍需不断转变姿态，提升反倾销调查的应诉能力，以强有力的手段反制技术性贸易壁垒。

### 7.1.8 夯实国家质量技术基础

夯实国家质量技术基础，深入推进科技研究工作，要做到以下几点：

（1）加强“国家质量基础的共性技术研究与应用”（NQI）项目的科技攻关。按照全创新链布局、一体化组织实施的思路，在多个领域形成链条化的“基础技术－关键技术－应用示范”技术解决方案，增强一体化支撑国民经济社会发展的技术能力，实现我国国家质量基础技术能力升级换代，达到总体水平与发达国家和地区并跑，部分领域实现领跑。

（2）加快推进标准化工作改革。精简优化政府标准。取消强制性行业标准和强制性地方标准，逐步将推荐性标准交还给市场自主制定。培育发展团体标准。鼓励学/协会、企业联盟等团体自主制定适应市场迅速变化、科技快速进步的标准。放开搞活企业标准。建立企业标准的自我声明公开制度，逐步替代企业标准备案制度。强制性标准经中央政府批准的法律程序正式颁布，而非仅由中国国家标准化管理委员会发布。提高国际标准转化率，尽量使用国际标准作为制定技术法规标准的基础，除非因地理、气候或基本技术问题等因素导致转化国际标准无效。虽然西亚北非和印度除了海合会国家外采标率也不高，但我国采用国际标准有助于避免与目标出口国标准的差异，跨越技术性贸易壁垒，且推行 ISO、IEC 和 ITU 等国际标准体系已是大势所趋。

（3）按照国际通行规则建立完善的质量认证制度。国际标准化组织的 ISO 9000 质量管理体系认证和 ISO 14000 环境管理体系认证是进入国际市场的“通行证”，2016 年 7 月 1 日起，海湾七国决定市场低压电气设备和用品必须获得 GCC 型式认证。按照该规定需要强制认证的产品多达 13 类，包括电风扇、冰箱/冰柜、食品加工器具、理发器/干手器、微波炉、热水器/液体加热器、电熨斗、插头插座类/充电器、空调、电热锅/烧烤器具、家用电加热设备等。2008 年 7 月 10 日，约旦标准计量局（JSMO）通报了设计用于特定电压限值内的电气设备安全指令，规定了电气设备的安全要求；2009 年 2 月 4 日和 2009 年 5 月 21 日发布的叙利亚内阁文案，规定自 2010 年 9 月 1 日起所有受叙利亚产品符合性评定方案管控的产品需要在出口国接受检验，验证产品是否符合叙利亚标准（SS）或其他被认可的国际标准；2016 年 8 月 15 日，埃及标准和质量总局通报了关于要求实施家用及类似电器的埃及标准的部颁法令，规定了家用及类似电器生产商和进口商必须遵守的埃及标准，所列标准涵盖了音视频电子设备、家用电器等系列产品。

（4）推进检验检测认证机构整合。保留少数政府实验室和认证监督机构作为行政执法的支撑，退出市场后，向社会组织购买服务。坚持行政主导和市场机制相结合，通过归并整合、资产划转、并购、合资合作等方式整合检测实验室。防范国有资产流失和妥善安置人员，并完善财政配套。

### 7.1.9　提升特别贸易关注能力

深入研究西亚北非 TBT/SPS 特别贸易关注。随着发展中国家在 TBT/SPS 日渐活跃，中国与西亚北非贸易摩擦以特别贸易关注形式呈现和解决的数量将逐渐增多。与发达国家和地区被关注点多落在较高的技术门槛不同，西亚北非更多集中在通报的合规性和标签、认证等繁琐的进口限制政策。对于我国来说，一方面要重视第三方对西亚北非提出的 TBT/SPS 关注。因为特别贸易关注往往是影响较大的技术性贸易壁垒的缩影，且由于非歧视性原则，第三方关注的技术性贸易措施往往也会对我国造成影响。另一方面剖析对我国出口造成重大影响的技术性贸易措施，有助于指导企业出口，同时也可作为对西亚北非提出特别贸易关注储备池，便于进行技术性贸易壁垒反制。

建设特别贸易关注信息服务平台。当前我国已建成 TBT 通报咨询网，但尚未有 TBT-SPS 特别贸易关注的中文专业网站，应运用大数据和云计算等技术，建立含信息查询、内容显示、统计分析和报送审核等功能的基础信息服务平台，强化信息共享。同时，融合技术性贸易壁垒风险预警及快速反应系统，针对重点国家重点产品重点项目实施布控，根据风险分析结果，确定与风险等级相适宜的风险管理措施，有效应对技术性贸易措施。

### 7.1.10　加强信息化建设

建设一个国家层面、全球尺度，以技术性贸易措施领域全国最全面、最权威的数据库集群为后台，以贸易国别齐全、产品种类齐全、技术性贸易措施齐全为特色，以“技术性贸易措施门户网站”为前台的国家级技术性贸易措施公共信息综合服务平台。该平台能够围绕技术性贸易措施工作这个核心，实现动态跟踪、信息采集、文本翻译、数据加工、分类管理、通报咨询、在线评议、风险评估、风险预警等功能。同时能够支持对策研究、组织评议、组织应对、答复评议、对外交涉、协调立场、共享资源、信息服务、制定措施、趋势预测、战略规划等功能。

在建设时序上，技术性贸易措施信息化建设战略的安排是“三步走”。第一步，用现代信息技术对旧网站进行再生式的全面升级改造和拆分，完成加入 WTO 以来标法中心积累的技术性贸易措施信息资源的深度挖掘、数据清洗和软硬件升级，使之具有更优、更强、更专业的信息服务功能。第二步，以推广“自平台”建设的方式，完成原质检系统技术性贸易措施信息资源的整合和即时更新。第三步，继续推广“自平台”建设，完成技术性贸易措施部际联席会议成员单位技术性贸易措施信息资源的整合和即时更新。

## 7.2 行业协会层面

### 7.2.1 参与标准法规制定

随着标准化改革将强制性国家标准严格限定在保障人身健康和生命财产安全、国家安全、生态环境安全和满足社会经济管理基本要求的范围之内，学会、协会、商会、联合会等社会组织和产业技术联盟将有更多的空间，协调相关市场主体，根据西亚北非的具体情况，制定与国际接轨、满足市场和创新需要的标准，增加标准的有效供给。引导出口西亚北非企业积极采用国际标准，发挥比政府部门更了解产业情况的优势。

### 7.2.2 提供及时的信息服务

根据行业协会的特色，研究分析西亚北非有关的技术法规与标准，建立网络系统与驻外商务机构的联系，通过西亚北非咨询点、法规发布机构和数据库等获取信息，进一步分析筛选，定期向会员发布研究报告，举办培训班或专题研讨，为企业提供信息咨询服务，同时通过市场化运作，组织企业有针对性地进行技术攻关，提升产品质量标准和国际竞争力。

### 7.2.3 发挥非政府部门的作用

贸易措施的争端错综复杂，难以依靠单个企业解决，而政府又不可能介入每一个争端，这时借助行业协会力量组织企业维权则显得尤为重要。按照 TBT/SPS 协定，行业协会可以代表国家解决贸易争端，把缔约方境内的团体作为缔约方等同处理，而且非政府部门所行使的非政府行为受到的约束是间接的，需要通过对政府有关行为的约束来进行归置，并不能成为协定的直接规范对象。通过非政府机构的互认、磋商、维权，有助于避免国与国的直接对立，树立我国市场经济和法制社会的地位。

### 7.2.4　加强行业自律

行业自律的实质是自觉遵守游戏规则，不搞不正当竞争，不扰乱正常的国际贸易秩序。一方面行业价格自律。西亚北非地区国家的经济结构普遍单一且相似，抗风险能力较差，国家间经济发展不均衡，主要是依靠石油或农牧业、旅游业为主，部分国家国内贸易保护主义倾向强烈，市场产品价格易受各国国内政治因素影响且波动较大，政府干预有违市场经济的原则，应以行业协会的名义维护公平竞争。另一方面加强行业质量自律。恶性压价往往伴随着偷工减料掺假售假，容易遭遇西亚北非技术性贸易措施。此外，有条件的行业协会还可以试设仲裁机构，进行行业仲裁。

## 7.3　企业层面

### 7.3.1　提升出口西亚北非产品技术含量，跨越技术性贸易壁垒

通过国外经销商、TBT/SPS 咨询点、海关、商务部和驻外经商机构等全面掌握自身出口西亚北非产品的技术要求，了解行业国际发展动态。学习贯彻执行 ISO 9000 质量管理体系系列标准和 ISO 14000 环境管理体系系列标准，健全产品质量追溯体系。对于无法满足对方技术性贸易措施要求的，探索在成本可接受的前提下引进先进的生产设备、检测设备，购买国外专利和专利使用权，加强产品创新、工艺创新和管理创新。

### 7.3.2　加强与行业协会、政府的互动，及时反馈信息

企业处于市场的前端，是政府、协会的神经末梢。企业是西亚北非技术性贸易措施的亲历者，对技术性贸易措施感触更深，了解更透，提出的解决办法往往也更有针对性和可行性，尤其是技术层面上，如标准的采用、质量的管理等。发挥龙头企业作用，及时将西亚北非技术性贸易措施相关信息通知协会和相应的政府管理部门，有助

于全局统筹，快速应对非法或明显歧视性技术性贸易措施对我国出口西亚北非企业的阻碍。

### 7.3.3 走出去和引进来相结合

增加对外直接投资，吸纳更多当地人才，高效快捷地接触生产商品当地的技术要求，利用某些原产地的优惠，大大降低西亚北非技术性贸易措施的影响，尤其在出口额大、对国际市场依赖度高且受贸易壁垒影响较大的产业。有研究表明，国内具有比较优势的出口产业往往遭受技术性贸易措施最多、受影响程度最深，而外商（西亚北非东道国或欧美发达国家和地区）投资企业出口产品则相对较少。利用外商直接投资（FDI）的技术溢出效应，提升产品质量，确保满足目标国的技术性贸易措施要求。